古籍拍卖杂谈

书香春秋

韦力〇著

上海人民出版社

序言

司马迁说：“文王拘而演《周易》，仲尼厄而作《春秋》”，看来孔夫子是在其无法实现自己的抱负理想之后，才把期望寄托于《春秋》一书。然《春秋》一书，孔夫子究竟是编，还是著，历史上有不同的说法。按其所言的“述而不作”，《春秋》似乎应当是孔子按照鲁国史编纂而成者，但这样的说法很多人不同意，为此已经争论了两千年，我也就别在此啰嗦。然“春秋”二字作何解，却得在此置喙几句。

庄子在《逍遥游》中说：“楚之南有冥灵者，以五百岁为春，五百岁为秋；上古有大椿者，以八千岁为春，八千岁为秋。”“春秋”二字在这里的意思不过就是历史的纪年，一个春秋，也即一年之意。这种解释显然太过贴题，今文经学家肯定不同意，他们觉得孔子所作《春秋》包含着极其深刻的微言大义。孟子称："昔者禹抑洪水而天下平，周公兼夷狄、驱猛兽而百姓宁，孔子成《春秋》而乱臣贼子惧。"由此可知，《春秋》一书所包含的深刻意义，以至于让那些乱臣贼子看到后都为之胆寒。难怪《春秋》不被视之为史书，而名列"六经"之一。

"春秋"二字既然有着如此的伟大意义，这也难怪后世不敢轻用，尽管有《吕氏春秋》《吴越春秋》诸书传世，而其所用"春秋"二字，虽然与《春秋》一书同名，但完全无法与之媲美，因为《春秋》太神圣了。虽然，我的这本小书题目中也有这两个神圣的字眼，但我却在此慎重地申明：绝无剽窃之意，因为我所说的"春秋"既无微言大义，也不作纪年用，而是用这两个字的本义：仅指春季和秋季。

从20世纪90年代初期开始，中国兴起了艺术品拍卖会，而拍卖会的其中一个门类，就是古籍善本专场。古籍走入拍场，对爱书人而言，这当然是个新生事物，虽然这个事物接受起来总让人有些难度，这也算是遗老遗少情节吧：怀念前朝，习惯于固有的秩序。但遗老遗少并不等同于思维僵化，也正因为如此，古籍拍卖迅速地火起来，没经历多少年，这种形势就成了古籍流传的主渠道之一。

对于古籍走入拍场之事，虽然至今仅有二十多年的历史，但它并非直线上升或下降。前途光明，道路曲折，这句俗语用在拍卖上依然成立。就我个人的观察，整个的艺术品拍卖，包括古籍在内，跟世界经济，尤其中国经济的起伏有着很大的关联度。虽然这种关联并不跟经济的曲线同升同降，但它基本同频，只是有一定的滞后或翘尾效应。

从2008年开始，世界经济由突飞猛进转而陡然直下，那时原油的价格已经接近于150美元/桶，几年的时间，最低时跌到了27美元/桶，虽然这中间也有一定的反弹，但直到今日，也就在50美元左右。原油的价格可谓是世界经济的晴雨表，由其价格的变迁，完全可以比勘出世界经济的兴衰。虽然说，新能源的发展在某种程度上削弱了对原油的过度依赖，但直到今日，各种新能源依然未曾形成规模气候，原油的价格依然能够反映出世界经济景气指数。

在全球一体化的环境之下，中国经济若想独善其身，显然只是个美好的愿景。股神巴菲特说过这样一句名言："在别人贪婪时恐惧，在别人恐惧时贪婪。"他的这句名言被包括我在内的许多人视为经典，而就在2008年股灾初期，中国古籍拍卖市场也出现了一个大的滑坡，拍场中参拍人数骤减，恐慌情绪的蔓延，使得很多人只敢观望而不敢贸然出手，于是我抓住机会捡了不少的便宜，有一半的书，只要举牌就能到手，完全没有了一轮一轮的博弈，这种感觉令自己大感爽快。

随后的几年，古籍拍卖又有了一定的回升，这种回升表现出了人们对于市场规律反思后的觉醒。然而到了2010年之后，世界经济除了个别亮点之外，基本上没有起色，收入的减少以及对前途的担忧，致使艺术品市场产生了整体观念上的大分歧，有人把这种环境视为捡漏的机会，也有人认为弹药不充足，无法在拍场驰骋。而对于卖家，因为感觉到市场的不确定性，致使他们不愿意将手中的善本投入市场，这种情形渐渐形成了一种恶性循环的局面：卖家不愿意拿出好东西供应市场，买家因为看不到欲得之品又削弱了购买欲望。

大的环境虽然如此，但这过程中总有亮点闪现：常见的品种因为无人问津而价格渐渐走低，未曾得见的生货反而更加凸显出魅力，这种局面使得拍场在总体走低的情况下，仍然能爆出冷门，有不少的拍品拍出了比以前还要高的价格。

直到今日，整体的经济环境仍未显现前途光明的一面，然而古籍拍卖仍然在按部就班、一场一场地进行。按照约定俗成的方式，艺术品拍卖公司每年在春季和秋季大约的时段内，举办两场综合性的拍卖会，而在其他的时段内也会举办一些定期或不定期的小拍或中拍，因此我的这本书名中所用到的“春秋”二字，正是以此来代指春秋两季的古籍大型拍卖会。而书名中的“蠹鱼”二字当然指的是爱书人。

其实，把爱书人称之或自誉为蠹鱼，也是一个悖论，因为蠹鱼乃是伤书的害虫，古人为了消除这种害虫，想出了许许多多的灭虫之术，可是爱书人以保护书为天职，显然跟蠹鱼的伤书行为背道而驰。那为什么要用一个害虫的名称来形容爱书人呢？这我还真没考察出一个所以然来。宋代大诗人陆游就有过这样的诗句：“老死爱书心不厌，来生恐堕蠹鱼中。”而傅月庵先生有一本书的名称就是《生涯一蠹鱼》，可见无论是古代，还是当代，爱书人都乐意自誉为蠹鱼。反过来说，蠹鱼也就成为了爱书人的代称。因此说，拙作的这个书名——《蠹鱼春秋》乃是指爱书之人参加古籍拍卖的过程，而我将这样的过程记录成了文字，也就有了这样一本小书。

本书所收录者，乃是自 2014 年秋至 2016 年春，两年时间内跟拍场有关的文字。这些文字包括了我参加预展时的所见，整场拍卖会亮点的点评与综述，以及在这过程中我的所得和心得，虽然体例不一，却是在这种特殊时段内一种真实情况的记录。时至今日，整个世界的经济虽仍处动荡之中，而爱书人仍然根据自己的实力，以及对市场的个人观感，以此来参加这样的拍卖会，无论其有得还是无得，都是一种客观存在，正如卞之琳的诗句——“你站在桥上看风景，看风景的人在楼上看你”。每位参加拍卖会的爱书人都是历史的见证者，而每个人也同时成为了构成历史的元素，这也正是卞之琳这首诗的现实版解读。

本书中所记录的成交情况以及成交价格，乃是我根据自己的现场记录，而后参考了拍卖公司所提供的成交单综合而成，无论这种成交价是高还是低，它都反映出了一个特殊的历史时段内，人们对某类古籍的认可程度。柳宗元曾说：“故为之说，以俟夫观人风者得焉。”因此本书的这些客观记录，虽然仅是某个时段的记述，似乎也难看出这些数字有多大的价值在，但是按照柳宗元的观点，我的所记，是为了留给有心研究当代藏书史的学者专家，以此作为他们研究专著中的一点小资料。

韦力序于芷兰斋

2017 年 1 月 18 日

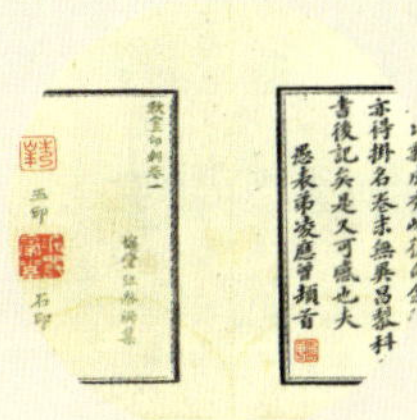
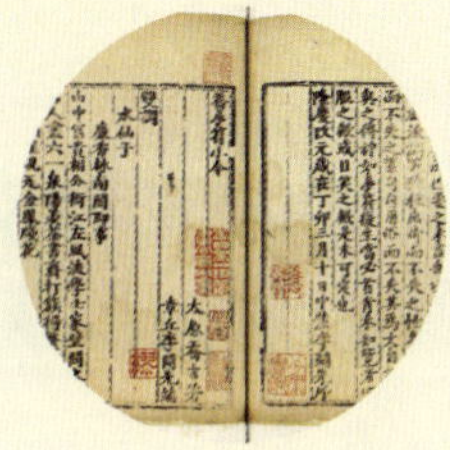

目录

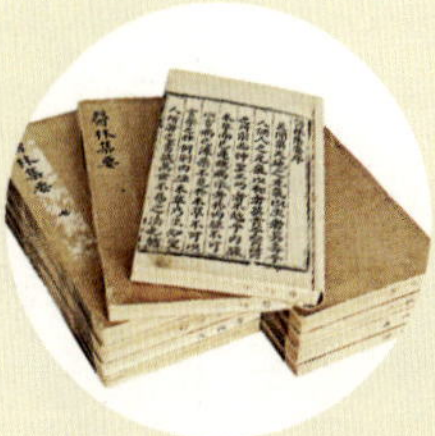  

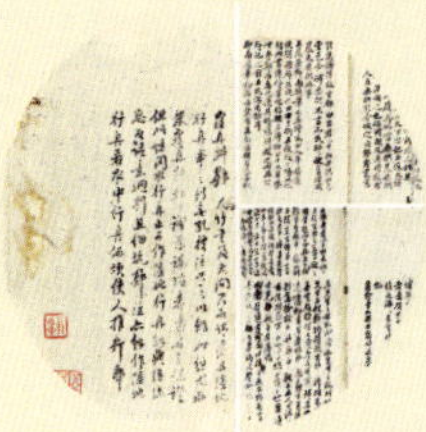

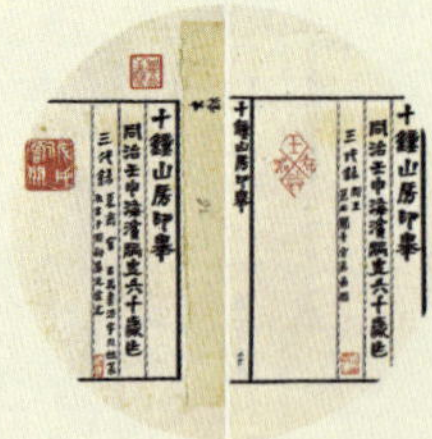

拍卖杂谈

嘉德二十年秋拍预展：抢了个“头条”

2014年秋是嘉德秋拍二十周年，我跟古籍部的总经理拓晓堂兄写了本《古书之媒》，谈的是二十年来古籍拍卖的各种趣闻。嘉德公司当然也很看重这个整年数，董事长陈东升在三联出了本书，叫《一槌定音》，他是站在领导的高度来谈论这个话题。嘉德公司本身也出了一大套纪念画册，有二十本之多，里面是二十年来所拍出的各种艺术品门类的精品，由故宫出版社出版。嘉德公司将这部书的首发式跟秋拍预展合二为一，于11月17日上午十点举行。按照邀请函上的说明，是十点钟举行仪式，十二点半预展开幕。因着是周一，我担心堵车，便早早地来到了会展中心。在门口遇到了嘉德副董事长王雁南女士，她拉着我去签到，我拿起笔就写下了自己

嘉德预展珍本古籍陈列

的大名，写完后才看清楚我是签到的第一人。等一大堆领导和专家签到之后，遇到多个朋友都说，你是第一个签到的，汪峰抢头条那么不容易，你却无意中讨得这个口彩。

开幕式等贵宾期间，我先到预展处拍照，受到几位工作人员阻拦，这让我有些不爽，于是回到签到处。刚开始签到的时候，工作人员让我在胸前别束花，我嫌麻烦没要，这时我觉得那束花应该是个标志，可惜的是签到处的花已经发完了。我没办法，只好去电古籍部，让他们给我送出一个不干胶的袖标，上面印着“特约记者”字样，这才使我能够拎着带三脚架的相机在里面胡乱拍照。

首先看的当然还是善本预展处，里面已经安排好，工作人员坐了一大排，然而看客的座椅却全是空的，这倒是方便了我拍照。古书摆在大厅的最里面，嘉德一直不搞开架看书，每次预展都聘请一大堆文博学院的学生负责给客人取拍品，这种看法很难把整场拍卖会的拍品看完。因为中间交叉等候的时候太长，我性子急，对此尤其不耐烦，所以都是在开展之前先全部翻看一过。但古籍场中的字画拍品却不容易看全，因为在办公室内一轴轴打开，再一张张卷起，是很烦人的一件事，我只看过几个重点字画，预展现场则把这些字画全部张挂起来，看上去确实方便很多，于是逐张浏览一过。

我关心的主要还是藏书家墨迹，以前的国家图书馆馆长任继愈先生有一副对联今日上拍。十余年前我去过他家，他为我在自己的十几本著作上签名题字，但当时我没好意思向他索要墨宝。其实他也给我写过一个，就是当年影印出版《辽藏》时，那个签条就是请任先生题写的。老先生很认真，题了三个不同字体的签条，让我选择。但严格说起来，那种小签条也算不上墨宝，今日见此对联，当然喜欢，细看之下，竟然是旧裱，是任先生 1982 年书写的。

碑帖部分悬挂着整裱本，有几十幅之多。近两年碑帖成了热门拍品，关心的人多了起来，价格也上涨了不少，但我觉得最有气势的，还是两个唐碑的整裱本。嘉德把它装在了镜框里，高度竟然顶到了房顶，的确比剪条本要有气势得多。前一阵听朋友讲，整纸本的碑帖，比剪条本价格卖得贵，并非因为整纸本保留了更多的信息，而是可以用来当作墙纸来装饰房子。

此次嘉德搞了印谱专场，但在印章专场中，也有十几部印谱上拍。因为二者不属于一个部分，所以我又走到另一个展室去观看。在别的场子中看到线装书，总有一种怪怪的感觉，我偏执地认为古书放在其他的场次中，识货的人少，那捡便宜的概率就会增大，但这种如意算盘屡屡落空，因为这种小伎俩恐怕是天下人都知道。细细看了一遍印章石，有一些真是漂亮，我以前刻章不太讲究材质，后来渐渐明白，好的材质更能让篆刻家发挥自如，心中暗自希望这场能够拍得一二。

嘉德的预展每次都占了会议中心的三层大楼，二楼是现当代字画及油画，三楼是古代字画，我对这个版块较有兴趣，仔细看了年羹尧的那幅字。年羹尧虽然不是藏书家，但他跟藏书有一个重要的关联，那就是他在雍正元年（1723年）曾刊刻过《陆宣公集》。此书刻得极为漂亮，而且雍正皇帝写了序言，也刊刻在书前。然此书刊刻不久，年羹尧就受到了雍正皇帝的查处而被迫自杀，因此这部《陆宣公集》成了一件那个时代重要史实的佐证物。然而他的书法作品我还是第一次见到，细看之下，也的确是旧装旧裱，但这是不是年的亲笔，我却难以确认，只能将信将疑地瞻仰一番。

嘉德公司每次预展时，都会请一些不同的专家来搞讲座，以便让买家对拍品有更深层次的认识。这次讲堂又请了十位专家，我认识的人中，只有一位海岩，他准备来讲明式家俱。海岩专藏黄花梨木的古家具，这么多年来致力于此，真佩服他的执着与专精。其他的几位也各有专长，然在以前，由于我的寡闻，都没听说过。

十点钟，《嘉德二十年精品录》首发式开始，工作人员让我坐在嘉宾位上，我说自己在拍照，于是站在了最后排。首先讲话的是故宫博物院常务副院长王亚民先生，因为他还兼任着故宫出版社社长，他的讲话当然是一大堆的伟大意义。之后是王雁南讲话，再之后是嘉德总裁胡妍妍讲话。我四处拍照，王亚民看到我挥手打招呼，王雁南很惊喜地问他："你们认识？"我说那当然。王总说："开幕式前到处找你，让你坐在贵宾席上。"我本想谦虚两句，没想到说成了："我不愿意装模作样在那儿坐着。"这句话一出口，二王两人都没说话，我才知道自己说话唐突了。

开幕式后，我又回到预展现场，转悠着看拍品，一瞬间古籍的台前就坐满了看客，看来关心古籍的人比以前多了起来。以往嘉德的预展现场，每个部门都会单设一间 VIP 室，以隔开大堂，让重点客户在里面查看拍品，现在这个 VIP 室却取消了，不知是不是受了国家清理楼堂馆所的禁令的影响。我只好出门先去看其他拍品。

大堂的一侧，在最显著的位置竟然看到了马克思的亲笔信。这封亲笔信在四五十年前应该是极重要的文物，然而今天的藏家还关心这些吗？我真的不知道。我在墙的另一侧还看到了爱因斯坦的签名，他在签名之下，还写了著名的相对论公式 $E = mc^2$。我有一种恶作剧的心理，很想知道这两件拍品各自的结果。

两代印缘：《铜鼓书堂藏印》归来记

今年（2014 年）嘉德公司第一次举办了印谱专场，其中有两部印谱很有故事。一部是《铜鼓书堂藏印》，另一部则是《秋室印剩》。

一个月前，我到上海开会，是关于上海图书公司成立六十周年。在那次会上，我结识了中国著名的篆刻家童衍方先生。十几年前，我就听说过他的大名。童先生除了在篆刻界有名气之外，他个人的收藏也极有特色。巧的是，我们在吃饭时，又相邻而坐，我向他讨教了一些篆刻界的情况，他也问到了我关于印谱的收藏。我向童先生简要地汇报了自己收藏印谱的情况。从交流中，我能明显觉出来，我与他在印谱观念上的差异：童先生是从学术入手，注重于流派印谱；而我是从文物收藏角度来看待印谱，因此，自己的所藏更看重历史性和稀见性。其

《铜鼓书堂藏印》

实，这也源于自己对篆刻的外行。

在聊天中，童先生突然问我，你有没有查礼的《铜鼓书堂藏印》。我说自己没有。他耐心地告诉我，此谱极其稀见，几十年来，自己仅见过一个残本。他劝我若见到这个印谱，一定不能放过。因为他这句话，我记下了有这么一部稀见的印谱名叫《铜鼓书堂藏印》。

跟童先生见面后不足半月，嘉德公司就从日本征集回来一大批印谱，那是金山铸斋的旧藏。在那一大批印谱中，赫然就有这么一部《铜鼓书堂藏印》。这么容易就见到了童先生所说的极为难得的印谱，多少让我有点不敢相信。细细翻看该谱，确实是查礼的那一部，这个结果让我兴奋不已，但同时也让我纠结。我不知道自己是该不吭声，偷偷摸摸地把它拍下据为己有，还是应当仗义地把这个好消息报告给童先生。

就在纠结之际，我接到了香港林章松先生的电话。他告诉我嘉德上拍的这一大批印谱，其中很多品种他都想得到，但又不希望跟我“兄弟残杀”，请我把自己必得之谱报给他，他肯定不会竞价。于是乎，我列了数部欲得之谱，其中就有这部《铜鼓书堂藏印》。

接着我又接到了童衍方先生的电话，也谈到了这批印谱。他说自己看到了《铜鼓书堂藏印》，除此之外还有其他几个印谱也想得到，跟我商量互让之事。我只好含糊其辞，说香港林先生已经给我列来了他所需要的印谱，你跟他商量就可以。我不知道林先生是否告诉童先生，自己的欲得范围之内已经有了这部《铜鼓书堂藏印》。第二天，童先生再来电话，他想让我帮着代举这部《铜鼓书堂藏印》。到了这个时候，我再要装糊涂有些说不过去，只好答应下来，问他出价多少，他让我举到 20 万。

拍卖的当天，我又收到童先生的短信，他把上限价格提高到了 30 万。以我的经验，这种做法说明两个问题：第一，当然是他势在必得；第二，也可能他听到了消息，别人也对这部印谱感兴趣，担心出价低而花落他家。

我给这个专场办了电话委托，此谱的起拍价是12000元，因为有朋友所托，只能一口一口跟着加价，到19万元才落锤。拍得之后，我短信告诉童先生，他听到后很是高兴。我跟他讲，这个事情太巧合了，是您告诉我这个印谱如何的稀见，但没想到不出一个月，您就得到了该谱，这个故事有些戏剧性，我想把它写在微信中，但需要您告诉我一些关于此谱的故事。

童先生告诉我，他的老师叶潞渊先生，20世纪20年代在上海的金氏书肆中，看到了《铜鼓书堂藏印》。当时在金氏书肆，叶先生还看到了其他的印谱，可能是因为当时的资金不那么充裕，叶先生就跟方介堪先生商量，决定先购买《齐鲁古印攈》，而考虑将《铜鼓书堂藏印》缓后再买。没想到的是，在此之后的二十多年，《齐鲁古印攈》竟然陆续地让叶先生见到过十几部之多，而《铜鼓书堂藏印》却再也没有出现过。直到1942年，叶先生才收到了《铜鼓书堂藏印》的一个残本，而且仅仅是四册中的一册。当时见到此残本，感觉就像吉光片羽，令叶先生大为兴奋，于是在这个残本后面写了两百多字的跋文，以说明这个失去与得到的故事。

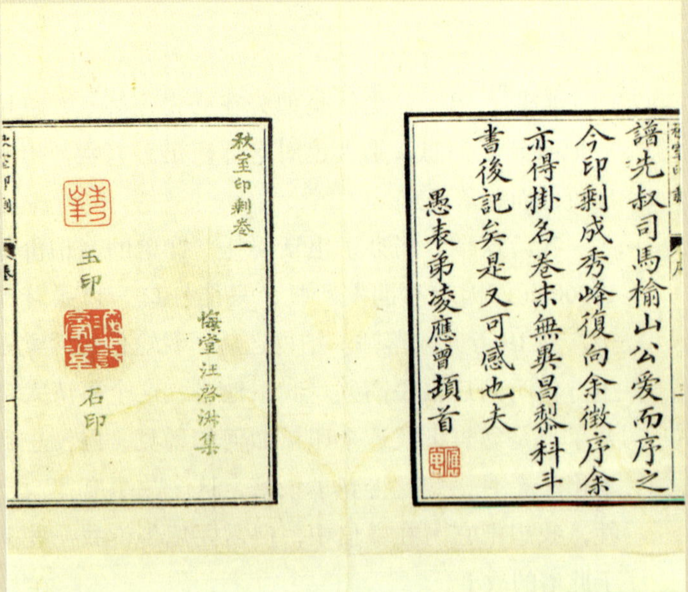

譜先叔司馬榆山公爰而序之
今印剩成秀峰復向余徵序余
亦得掛名卷末無異昌黎科斗
書後記矣是又可感也夫
愚表弟凌應曾頓首

秋室印剩卷一
悔堂汪啓淑集
玉印
石印

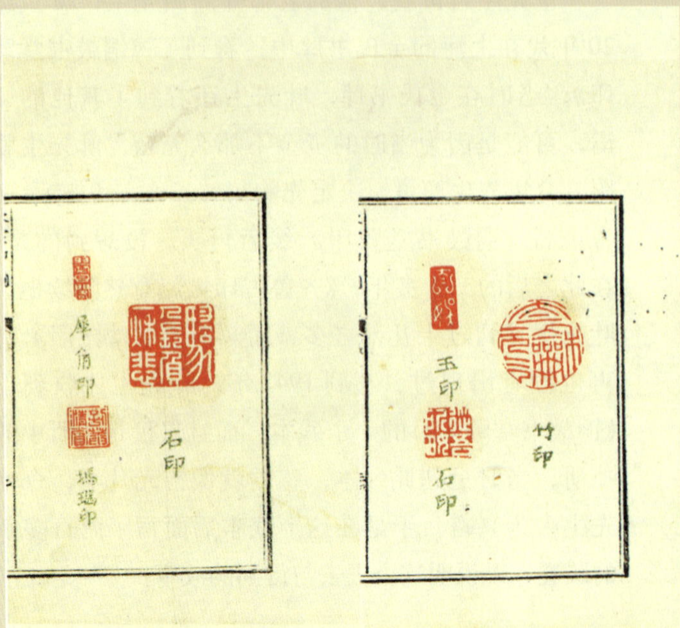

犀角印
石印
瑪瑙印
玉印
竹印
石印

《秋室印剩》卷首、内页

听到这个故事，我更加觉得，这个印谱最后归了童先生也是适得其所。我说叶潞渊先生如果知道有这么个大圆满的结局，也一定很是高兴。童先生黯然地说，他的老师在二十年前已经离世了。我又惦记起叶先生所藏的那个残本《铜鼓书堂藏印》，现在不知去了哪里。童先生告诉我，在二十多年前，叶先生把那个残本赠送给了自己，现在还存在他的书斋里。他的这句话，多少又勾起了我的嗔念：我以为您仅知道故事，而没有印谱，既然印谱已有，那为什么还要再来一部呢？早知如此，我真应该狠一狠心把它举下来。若这部《铜鼓书堂藏印》在我手里，我还可以好好地显摆一下。但我忍了忍，没有把这些心里话说出来，因为他一再说感谢我，再到上海时一定要请我吃饭，为了这顿饭，我只好继续做出大度状。

嘉德的这场印谱专场，我真正想得到的另一部书，则是汪启淑所辑的《秋室印剩》。

有清一代，对印谱贡献最大的人，我觉得有两位。第一位就是汪启淑，而第二位则是陈介祺。当然，我的这个观点印学专家肯定不同意。汪启淑所制的印谱，当今以收藏数量而言，西泠印社藏得最多。但即使如此，他们也没有这部《秋室印剩》。关于该书的国内公藏，仅上海图书馆藏有一部，可见其流传的确稀见。但是金山铸斋却藏有《秋室印剩》，这当然让我大感兴趣。

我觉得汪启淑实在是个很奇特的人，按说他也没有做过大官，虽然曾经当过水部都水司、兵部职方司郎中，但这两个官职都不大，按今天说来，大约是个副局长。然而，他却搞了二十六种印谱，也有人说是二十七部，以至于他搞印谱的名声掩盖了他的藏书之名。乾隆年间编《四库全书》，向天下藏书家征求底本，汪启淑一人就贡献了六百多种，是藏书家献书最多者之一。为此，乾隆赏赐了他一部雍正铜活字本的《古今图书集成》，并且在他所进献的两部书中，分别给他题了诗词，然后还给他，这两部书就是《建康实录》和《钱塘遗事》。但是在历史上，关于他藏书的资料却并不多见。

汪启淑对藏印极感兴趣，从他自号“印癖”就能说明问题。篆刻界流传一个故事，说他的朋友钱泳藏有一枚汉铜印，上面有“杨辉之印”字样，汪启淑看到后，特别喜欢，想让钱泳转让给他，但钱泳也极喜欢这方印，不愿割爱。于是，汪启淑跪在地上就不起来，直到钱泳不忍心了，同意把这方印送他，他才站起身来，可见他对印章是真的挚爱。

汪启淑收集了那么多的藏印，并且又做了那么多的印谱，但是他从哪里筹来资金，却从没见人提到过。有人把他的二十多种印谱一一列出名来，但其中的一半，今天都见不到了。因此，我对汪启淑的印谱极为关注，只要是自己没有的品种，就会尽力买下来。这次意外地在金山铸斋的旧藏中得到了一部他所制作的印谱，使我所藏的汪氏印谱又增加了一部，当然是值得浮一大白的事。

保利秋拍参观记：天下第二

中国古籍的刻本最早有年款的，是藏在大英博物馆的那卷唐咸通九年《金刚经》，此经的图片几乎出现在所有研究中国印刷史的书籍之中。中国印刷博物馆多年前请人翻刻此经作为展品，后来又有数次翻刻，但无论怎么翻刻它也不是真品，我想无数中国搞印刷史的人都梦想着中国也有这么一件最早纪年的刻本。可惜的是，这么多年来，从来没有发现过比它更早的有着确切纪年的印刷物。

今年（2014 年）保利公司的秋拍竟然一次性上拍了二十件唐宋时代的刻经和写经。唐人写经虽然珍贵，但毕竟并不稀见，但是唐代的刻经就太难得了。这次竟然一口气上拍了三件，其中一件后面刻着年款“天成二年十一月”。按照公元换算，天成二年是公元 927 年，而咸通九年是公元 868 年，则这件刻经比大英博物馆的那件晚了59年。但即使如此，按照中国人喜欢排座次的习惯，这件《佛说弥勒上生经》从年代上说，也是天下第二。如此想来，我觉得拿个第二也不错，但可惜的是，这件珍宝有太多的人盯着，恐怕这个第二很难拿下。最终，这部珍贵的《佛说弥勒上生经》由于种种原因撤拍了。

我很好奇这批经的来源，向保利公司的古籍文献部总经理孟楠兄请教，希望他跟我说实话，毕竟这属于他的商业机密。他告诉我，这些东西是出自一人之手，不像坊间传说的是此人卖过多次。孟兄肯定地说，此人只卖给过自己，而这是第二批。我奇怪于这些经的品相都很差，孟兄称听货主讲，这

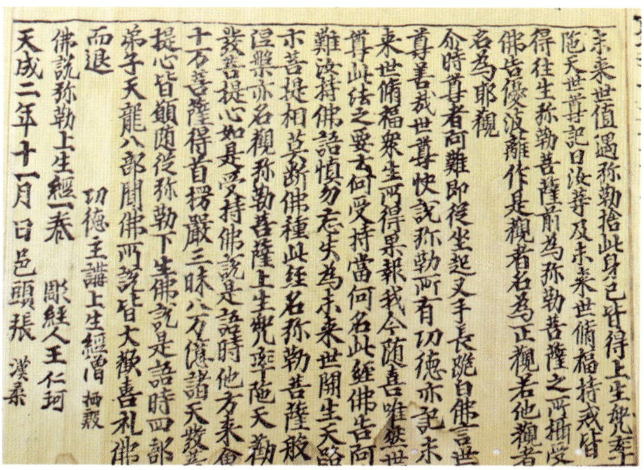
未来世值遇弥勒捨此身已皆得上生兜率
随天世尊記曰汝等及未来世脩福持戒皆
得往生弥勒菩薩前為弥勒菩薩之所摄受
佛告優波離作是觀者名為正觀若他觀者
名為邪觀
尒時尊者阿難即從坐起叉手長跪白佛言世
尊善哉世尊快説弥勒所有功德亦記未
来世脩福衆生所得果報我今随喜唯然世
尊此法之要云何受持當何名此經佛告阿
難汝持佛語慎勿忘失為未来世開生天路
示菩提相莫断佛種此经名弥勒菩薩般
涅槃亦名觀弥勒菩薩上生兜率陁天勸
發菩提心如是受持佛説是語時他方来會
十万菩薩得首楞嚴三昧八万億諸天發菩
提心皆願随從弥勒下生佛説是語時四部
弟子天龍八部聞佛所説皆大歡喜礼佛
而退
佛説弥勒上生經一巻　功德主講上生經僧　栖霞
天成二年十一月日邑頭張　漢柔　彫經人王仁珂

《佛说弥勒上生经》（局部）　天成二年刻经

是从倒塌的木塔地宫中发现的，因此都成了这种破烂品相，但他能保证一点，这些都是真品，并且请方广锠和李际宁两位先生仔细地鉴定过，他们都认为这是极难得的宝物。孟兄也直言，这些经中只有一卷写经是敦煌所出者。

我曾一卷卷地仔细看过这些经，其中一卷被老鼠咬掉了一块，让人想起杨宗纬唱的那首歌——《洋葱》里的一段歌词："如果你愿意一层一层一层地剥开我的心，你会发现，你会讶异"，这就是我看到这卷经外观时的感觉。这一老鼠的杰作，真的让我有些讶异，尽管如此，它仍然是件难得之物。

引玉之得：德宝拍品中的惊喜

因为APEC会议，利的一面是带来了蓝天，小小的弊端之一则是快递速度比以前慢了很多。大局俺当然懂，但是我对书先睹为快的愿望却并不听从于自己的理性。德宝公司的经理宫学军两天前就告诉我，图录已经寄出，两天的等待让我这个急性子难以忍受，于是径直开车去德宝看书。到其公司，工作人员递来一本图录，我马上急急地翻看，那饕餮的投入状，引来了宫总一句："你真是心急。你是秋拍第一位来看拍品的人。"

2014秋德宝古籍大拍的图录从厚度上讲，似乎比往年减少了一小半。某位名人说过，浓缩的都是精华，德宝的这场拍卖，庶几不负此言。在此琳琅之中，我突然看到一部书，让人眼睛一亮，那就是《乔梦符小令》，那一刻我脑子中真的闪现出了那个

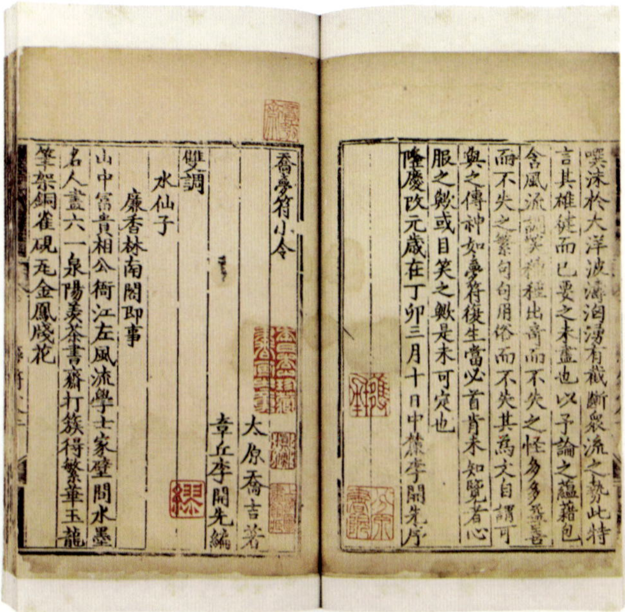
㗲沫於大洋波濤洶湧有截斷衆流之勢此特
言其雄健而已要之未盡也以予論之蘊藉包
含風流調笑種種出奇而不失之怪多多益善
而不失之繁句句用俗而不失其為文自謂可
與之傳神如夢符後生當必首肯未知覽者心
服之歟或目笑之歟是未可定也
隆慶改元歲在丁卯三月十日中麓李開先序

喬夢符小令
太原喬吉著
章丘李開先編
雙調
水仙子
廉香林南閣即事
山中宰貴相公衙江左風流學士家壁間水墨
名人畫六一泉陽羨茶書齋打簇得繁華玉龍
筆架銅雀硯金鳳牋花

《乔梦符小令》 明刻本

用烂了的成语——“抛砖引玉”。

这部书是明刻本，从稀见角度而言，当然很难得，但稀见的明刻本并不是极其难得，我对这部书感兴趣是因为与它有着太大的巧合。近几个月来，我在写《失书记》，所谈都是我这么多年来中意却未能到手之书，总计写了四十多篇，在《南方都市报》连载，其中一篇就写到了这部《乔梦符小令》。我很怀疑是否就是因为我的那篇失书记，而引出了这部原书，所以赶快查已经刊出的《失书记》诸篇中，有没有这篇《乔梦符小令》，但它确实不在已刊出之列，那么我只好把这种机缘想象成上天真有可能是因为我的精诚，被某位神仙“告之以帝，帝感其诚，命夸娥氏二子负二书”。我承认我篡改了这部历史名篇，因为我把“山”字换成了“书”，但唯有这样才能表达我的欢欣，让这部十几年前一瞥惊鸿的书再次出现。

我在德宝的文物库房中，大约调看了几十部书，但因为这部《乔梦符小令》，多少让我有些魂不守舍，我的注意力更多地集中在它的身上。我看到它跟十几年前年所见时容貌有了改变，并非是因为时间的推移而“徐娘半老”，恰是相反，后来的书主除了在它的脸上多了几方印迹，同时还将它原本完整的一册一分为三，换成了南方人所说的“雪裤装”，北方人则美其名曰“金镶玉”。这些年来它待在了哪里，有着怎样的遭遇，如果它是个“她”的话，一定会殷殷地跟我叙说这十几年来的悲伤与欢欣。

我以为再也不能够见到它，未料时隔不久它就出现在我眼前，那么今天我又写了重遇后的惊喜，不知是否又能引出一篇原书主或知情者的文章，告诉我们中间发生过什么。如果真能如此的话，把这两篇文章放在一起，那才叫大圆满。

我突然觉得自己是不是高兴得太早了，因为太多的事实告诉我，喜爱的东西未必能够到手，如果真能得到它，我再欢喜也不迟，写到这里我才意识到自己的冒失与鲁莽。附上写完而尚未刊登出的

《失书记》一段——《乔梦符小令》，与大家分享我的心路历程。

几年后的2000年春天，我到上海参加博古斋拍卖会。在拍场内，我意外地看到了严宝善老先生，这是我唯一一次在拍卖会上见到他，他坐在我后面隔着两排的位置上，由一位年轻人陪伴着他。我看到那位年轻人，扶着严先生颤巍巍地坐了下来，感觉他比我几年前见到的时候，又老了许多。我没有过去跟他打招呼，这倒不是我的无礼，而是担心自己想拍的东西跟他有重叠，遇到此况，双方都会尴尬。果然，拍到《乔梦符小令》时，他身边的那位年轻人开始举牌，而这也正是我想得之书。此书著录国内公共图书馆仅上图一家有藏，而上拍的这一部，正是上图旧藏，应当是后来退还之品。如此说来，该书也算是海内孤本，而起拍价仅三千元，我觉得一万元应该能够拿下。严先生指挥着那位年轻人举牌，我不想跟他争，希望他举不动时，我再跟别人争。然而，老先生竟然举过了一万二，这个价格远超当时的行市，看来老先生的价格能够跟得上时代。我在现场还看到范景中先生也在举牌，希望争得此书，但最终的结果是被一位不认识的人以一万六拍了去。此书甫一拍完，严老先生就在那位年轻人的搀扶下离开了拍场，看来这一场拍品中，他只对此书感兴趣。

争辉斗艳：德宝和美三山

今天是德宝公司 2014 年秋拍预展的第一天。近几年来，德宝公司的拍卖无论大拍和小拍一直在首都图书馆内举行，今日一大早我就赶到了这里，在停车场的入口处，看到了德宝预展的告示牌。有意思的是，跟这个并列着的还有另外一个告示牌，原来美三山公司也在这里同时预展。在同一个馆内，搞同样的拍品预展，这么多年来，我还是第一次遇到。按照拍卖行业不成文的规矩，同类别的拍卖尽量地跟其他家错开时间，即使是在同一个地点搞预展，也会有先后次序之别。今日的这种做法，让我感觉耳目一新。

我先到了德宝的预展现场。这次预展的场地在首图新馆内，展区面积比以前大了许多，但拍品数量仅三百多件，这是德宝公司历届大拍在数量上最少的一次。近两年因为受经济形势影响，古籍拍卖的成交价格略有下降，这一做法可能是德宝公司的领导有意为之，想以增值减量的方式提高买家购买欲望，当然这只是我的理解，并没有找他们证实过。

展览的现场格局也跟以往有了些许的变化，善本部分靠墙摆着一些玻璃橱，前面坐着一排工作人员，也像其他家一样由工作人员取放拍品。中厅的位置摆了回字形一圈玻璃柜，里面陈列的应该是本场拍卖的精善品。我围着柜台看了一圈，仍然搞不懂那些西夏文佛经的印本。德宝公司的宫总跟我说，为了能让客人对这些西夏文的佛经有所了解，此次专门请来了一位懂得西夏文佛经的研究者。我马上让宫总把这位术有专攻的学者请过来，竟然是一位二十岁上下的女孩，这让我多少有些感到意外。我试探着问这位女孩，你能不能帮我念一段这佛经上的文字？她严肃地说不能。我问她为什么。她告诉我这上面的字要一个一个地去查，她在学校时，学习西夏文的毕业论文就研究了西夏文中的一张纸，她用手给我比划了一下，我觉得那张纸的大小，也就在 16 开左右。她说为了研究清楚这一张纸上的西夏文，用了她一个学期的时间，同时她还告诉我，教她西夏文的老师，也不能拿起来就读西夏文的文献，也同样是一个字一个字地去查字典。我问她上拍的这些西夏文本，要把它们都翻译过来，需要多少时间？她瞥了一眼那些佛经说，至少半年吧。她的说法让我很泄气，看来把这些东西拍下来，找人翻译都不是件容易的事。

现场的另一个柜台，陈列的是画册和珂罗版的画轴，我问宫总为什么没有悬挂起来。她说因为拍品数量不多，拿给人查看拍品，还是放在下面更方便。我向她请教关于到美三山拍古籍的事情，她说跟这家公司倒是认识，如果需要拍照的话，她可以带我前去。

美三山的预展在首图的老楼内，以前这个位置是德宝公司搞预展的地方。其实新楼和旧楼相距也就二三十米，宫总把我带到里面，见到了美三山古籍部经理陈桂海先生。跟他客套两句，我就提出进现场拍照，他说当然可以，我慎重地告诉他，拍照之后会把这些图片放到微信上，他对此表示谢意，认为我是在帮他宣传。我这样说也是事出有因，因为这个微信还引起了一些不愉快，有的朋友觉得我把消息放在微信上，是暴露了他的隐私，而大多数人看到微信后，是表达感谢。这也提醒了我，为了防止误伤，上微信时一定跟对方确认，不要做了好事，还搞得彼此不满意。

美三山的预展跟德宝形成了鲜明的对比，至少从这场预展的情况看，德宝是在精简数量，而美三山预展场面之大超乎寻常。负责人告诉我，本场有

2281件拍品，创了中国古籍拍卖单场数量之最。美三山公司我没有参拍过，但总能收到此公司寄来的图录，我感觉这家公司的古籍拍品重资料性，而不太看重文物性，所以很少有我想要的拍品。我也一直好奇“美三山”三字作何解，今天很想问陈经理，但第一次见面，我感觉这样问有些唐突，所以这个名称只能存疑于此。

美三山的预展现场基本属于开架翻看，用很多张展台，一排一排把拍品全部摊开。我边拍照边浏览，看到这些拍品中除了我关心的古籍之外，最大亮点是民国旧平装，以及红色文献、字画、老照片、档案，最跟古书沾不上边的，竟然还有三版“文革”时期印的南京长江大桥整版邮票。

我看着这些展品，也努力让自己适应市场概念，并非只有自己喜爱的东西才是佳品，其实藏书跟其他的东西一样，萝卜青菜各有所爱。我也在想，这种拍卖方式可能有利于吸引更多的人参与到藏书这个圈子中来。

一口气拍了五件西夏文经

关于成吉思汗之死，历史上的记载竟然至少有五种之多，其中大多跟西夏国有关系。最具八卦精神的一种说法，是说成吉思汗被西夏王妃咬掉生殖器而死。但不管怎样，都是说成吉思汗死在西夏人手中。后来，元灭掉西夏也灭得最为彻底，致使西夏的典籍成了后世学者及藏书家们重点追寻的物件之一。在历代传下来的记载中，很少看到有人提及自己藏有西夏文的书籍，可见其流传确实稀少。

过去二十年来的中国古籍拍卖史上，仅出现过一次西夏文的典籍上拍，但那是民国的石印本。那个石印本影印得确实逼真，并且是用老纸所印，以至于这个影印本被很多藏家和学者误以为是真品。我看到那件拍品后，当时也思索再三，觉得即便是个石印本，亦是件难得之物，于是把那个石印本买了回来，这样至少在我的藏书中，有了一件西夏文的典籍，虽然是影印本，也算聊备一格吧。但我终究觉得是个缺憾。

2014秋的德宝古籍专场让我有了弥补缺憾的机会，一口气上拍了十几件西夏文的写经。当我到他们仓库中，看到这些珍宝时大感吃惊。因为自己毕竟很少看见西夏文真品的原物，以前只是在一些展览中，隔着玻璃远远地景仰过，从来没有上过手。这一次出现这么多，让我很有些目不暇接，真正体验到了刘姥姥进大观园时的心态。

我向德宝的副总王建亭先生请教这批西夏文经的来源。他说这批西夏文经来得很偶然，最初他是接到了一个客户的电话，说有这么一批西夏文的经，他连想都没想，一口回绝对方，说是假的不用看。因为近几年，市面上有不少假的西夏文写经出现，搞得沸沸扬扬，使得很多人避之唯恐不及。然而那个书主却很执着，说请他先看看照片再说。王兄无奈，只好说，那你把照片寄来看看吧。收到照片之后，王兄细细地看过一遍，感觉跟近些年出现的假西夏文经有很大的不同，于是跟书主联络。书主说，你可来此一看。于是，王兄前往内蒙古某地，见到了这批原物。看过之后，感觉确实是真物，于是问书主这些西夏文典籍的来源。书主仅是模糊地告诉他出土于内蒙古甘肃的某交界处，是从一个倒塌的佛塔中找到的。佛塔里还有很多东西，但那些人只收其他东西，对这些残破的佛经没兴趣，因此被书主以很便宜的价格收购到手。

王兄把这些西夏文经典取回来之后，请了几位专家来鉴定，大家都认为这是难得的真品。但王兄说自己也是第一次见，这类东西只能从纸张、墨色、字体等间接证据来断定真伪。我告诉他，自己同样如此。

此后，我为了这些西夏文经典，专程去看了两次，仔细翻看后，觉得的确是旧物。德宝预展时，我又跑去看了一次。德宝为此也下了功夫，预展时专门请了一位懂西夏文的女士，在现场给感兴趣的读者讲解。我把预展那天关于西夏佛经的对话，写在了微信中。没想到，拍卖的当天，我接到了德宝宫总的电话。他向我解释说，那个女孩当时没跟你说清楚，想再向你进一步讲讲这些西夏佛经。接电话时我正在扬之水老师家，因此没有细聊；离开扬老师家之后，我给德宝回电话，那个女孩又跟我细细地说明了这批经的价值。我告诉她，微信上的言语有些只是为了调侃，不必要认真。

德宝的拍卖我办了电话委托，拍卖之时，王建亭兄亲自为我代拍。此批残经分为九个标的上拍，第一件为《金刚般若波罗蜜经》，经折装，每页五行，小字双行同。当然上面的字我一个也不认识，

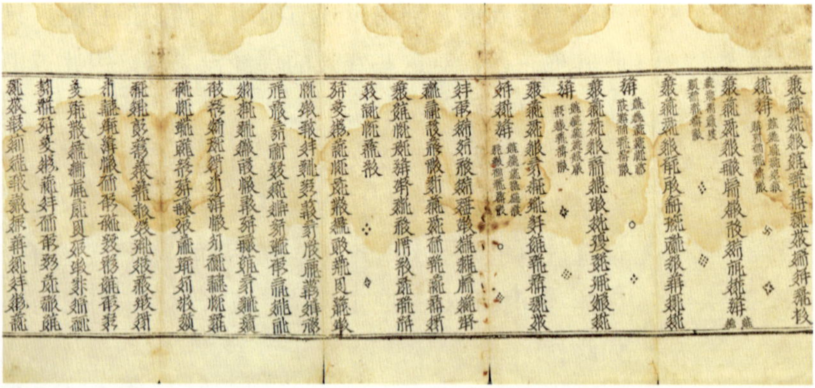

《金刚般若波罗蜜经》 西夏文经刻本

但这件残经从纸幅上讲，是这批经中最大者，我觉得它很有代表性。该经以 8000 元起拍，我举到 5 万元拿到了手，旗开得胜，让我很有些兴奋。

第二件，按照图录上的说明，是西夏文字典。这本书虽然残破，却是蝴蝶装的形式。在看不懂文字的情形下，当然只能买装帧。此字典以 1 万元起拍，我本以为 30 万内能够到手，没想到举至 50 万，仍然有人争，只好一口一口地跟人争下去，举到 60 多万，仍然难以到手。因为这种买法我心里没底，再说自己并不懂得其文字内容上面的价值，想了想只好放弃，被他人以 69 万元拍走。

第三件是西夏文的一件写本，也是经折装，但却是在这批西夏文文献中唯一的一件写本。这个写本还有一个独特之处：此经是双面书写，也是这批西夏文经中所仅见者。我仅以8000元就把它拍到了手，也是今天让我兴奋的一件事。

第四件，西夏文佛经，也是个奇特品种，它是该批西夏文经中唯一的活字印本，虽然仅残存一页，但从边框、字体及背面的深浅字迹等方面判断，确实是活字本无疑，只是不知道是什么材质的活字。尽管如此，这也绝对是难得之物。此经同样以8000元起拍，被我以2.8万元将其拍到。

我拍得的第四件也是西夏文佛经，这件更是独特，仅残存两页，然其所用的纸张跟其他各种都不同，近似于唐代常见的入潢纸。我看重它，倒不仅仅是因为纸张的不同，更重要的是这两页残经上各有三个汉字，虽然这几个汉字都已残损过半，但仍然能够惊奇地看到“吽”“唵”等字。我没有注意以前发现的西夏文文献中，是否出现过西夏文和汉文混合刊版者，只是以我有限的眼光，觉得它很稀见，因此也是本场的必得物之一，只是没想到仅以8000元就拍到了手。

我拍到的第五件更有意思，也是一个经折装的西夏文残本，每页六行，然而每隔一页，就有一个小图像，图像是十二生肖本命佛图。细看之下，十二生肖中，仅缺第一个鼠。而更有意思的是，这十二生肖图全部加了覆彩。这也是本批西夏文文献中仅见者。可能是覆彩的缘故，这件经以8000元起

覆彩版的西夏文“十二生肖本命佛图”

拍，我举到9.5万元才拿到手。

拍完之后，我揣上手机立即跑到现场付款取货。德宝的人问我为什么这么着急，我说这些残页翻一次破损一次，还是赶快取回来更让自己放心。在现场又遇到了那位懂西夏文的女孩，我笑着跟宫总说，您别跟她着急了，您看九组西夏文献，我举了一多半，没有受这位小姐所说西夏文难弄的影响。现场的人闻此都看着宫总哄笑起来。

特色拍品：土司刻本与御笔

泰和嘉成 2014 秋古籍大拍的拍品中，我觉得最有意思的一件是很不起眼的一部书《五代史记》，原书品相较差，现在做成了金镶玉。其特殊之处乃是刻书者，按照版本标明，这部书是清康熙年间鄂西土司刻本。恕我寡闻，在此之前，我还真没有听说过有这么一个鄂西土司。从图录上标明的简短资料，我知道这位土司名叫田舜季。这些资料引起了我的兴趣，我到泰和嘉成看拍品，第一部就先让库房找出了这本书。

该书的书品确实不佳，然细看后，原纸果真和寻常所见者不同，我感觉像是介于竹纸和棉纸之间的一种混料纸，纸质较脆，版面的整体清晰度不好，有许多断版之处，尤其书名前的题款，感觉像是递修时另添加上去的。该书分为六卷，这也是我的疑

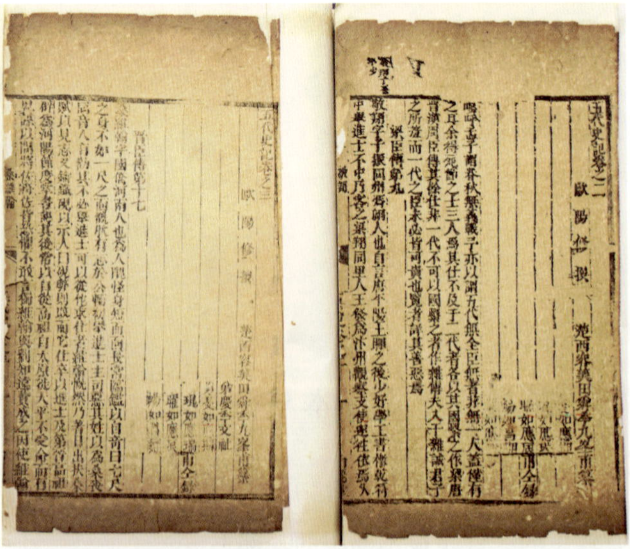

《五代史记》 清鄂西土司刻本

惑之处，因为欧阳修所撰的《五代史记》(即《新五代史》)，总共有七十四卷之多，而这部土司刻本却是六卷。在每卷第二栏的作者下，除了注明欧阳修撰之外，另有一行“楚西容美田舜季九峰甫纂”，由此说明，该书应当是这位鄂西土司从欧阳修的《五代史记》中做的节录。这个题名后的五行，分别又列了五个同录者，但从版面上看，这五位同录者是修版时另外添加上去的，可能是递修之时又加上了这些名字。

田舜季是在康熙十四年（1675 年），因袭其父而继任鄂西土司。这部书的原书主看来对此书也挺有认识，书函内附着一页田舜季的生平介绍，里面说田舜季曾经进京向康熙皇帝进贡了水仙茶，并且还跟皇帝对诗，皇帝龙心大悦，把田舜季收为义子。如此说来，从趣味性讲，我觉得这是泰和嘉成最有意思的一部书。

从稀见性来说，本场上拍的《新刻全像玄帝化书》最为难得。该书是明书林唐氏应元堂刻本，未见著录，里面有二十余幅插图，刊刻较为精美，是典型的徽派风格，然而这些版画却未见收录于各种版画史图录之中。

在场次的独创性上，泰和嘉成一直是匠心独运，本场又搞了一个新的门类——“知道了——清宫文书专场”，里面收录了多件满文本的世袭表，最长的一件竟然超过了20米。这种东西之前从未见过，可惜我对满文完全不认识，难以知道这些东西的价值。

本专场内还征集了一些奏折，上面有皇帝的御批，最有名的当然就是那三个字——“知道了”。让这三个字发扬光大的是台北的故宫博物院，他们将这三个字印在了胶带上，没想到这个小小的创意，却让市场大为风靡。很多大陆游客到台北故宫参观后，必买这完全用不上的胶带。台北故宫博物院胶带上的这三个字印的是康熙皇帝的手笔，而泰和嘉成上拍的这一件却是出自他的曾孙嘉庆皇帝。可见现在的艺术品仅有文物价值没有用，最重要的是有趣，才会让人们喜欢。

我好像也习惯说“知道了”这几个字，多位友人揶揄我，说我有当皇帝的潜质，我对此一笑置之，但心里总想起西方的那个小笑话：有个孩子跟同伴说，我妈说话特夸张，我刚说了一句谎话，她就说我有当政治家的潜质。

泰和嘉成春拍时，上拍了一些洪煨莲家的藏品，本场又上拍了一些，但主要是皇帝的御笔。这类书法作品，近些年来一向不便宜。我对这些御笔有着根深蒂固的偏见，这源于我二十年前的经历。当年附庸风雅，从一位文物公司退休的老人手中买到了一些古代字画，我印象中御笔最便宜，老人告诉我，这些东西真正的藏家没人在意。这句话让我印象很深，后来我把一件尺幅巨大的乾隆御笔随手就送了人。但没想到，此后的二十年，御笔的价格一路高歌猛进，几乎超过了所有的书法作品，这就让我更加无法下手。如此看来，搞收藏坚持底线和与时俱进是如此地难以调和，皇帝御笔书法，如果用股市的行话来形容，就是基本面很好，后市如何则要看人们对这只个股的信心。

西泠印社：大夫第里的拍卖公司

晚清直隶总督王文韶的故居，今日成了西泠印社拍卖公司的所在地。几年前，我第一次来这里看书时，就特别喜欢此处的氛围，我觉得这才是环境与艺术品的完美结合。有一年，我来此看书，正赶上杭州下起大雪，王文韶故居的院内摆着许多盆景，雪片落在这青翠的植物枝叶之上，是北方绝难看到的特殊景致。我站在雪中，到处拍着各种景色，完全忘了冬天的寒冷。

今日再来西泠看书，虽然没赶上大雪，但景色仍在，尤其那盆景上标明着的植物生长年代，动辄上百年，再配上那独特的古老盆饰，确实能让人顿发思古之幽情。院中还有一个面积不大的水池，里面游曳着几尾小鱼。看那鱼的品种，既不同于日本的锦鲤，也不像北方的金鱼，颜色略显浅红，我想了半天也不知道是什么品种。

我找到西泠拍卖公司古籍负责人杨柳女士，她拿着我的书单进库房去找书，然后遗憾地告诉我，本场拍卖最亮眼的两部书拿到北京巡展去了。我专程从北京来杭州看书，书却从杭州去了北京，只能说自己跟这部书没有眼缘。趁她找书的间歇，我继续拍摄着自己认为的可拍之物。上次我来此地时，公司的陆总接待我的那间屋子，现在堆满了家具，墙上依然挂着杨守敬的巨幅对联。当时陆总说，他买这副对联纯粹是因为便宜，我听了那个价格果然便宜，以今日的行市至少涨了三十倍。

西泠印社的古籍拍卖算得上是这个行业内的一匹黑马，虽起步较晚，却每场必有让人眼亮之物，使得它在很短时间内就引起了爱书人的关注。李东溟先生开创了此公司的古籍拍卖专场，他一开始就有大手笔，上拍了业界公认的名品——“顾批黄跋”，并为此召开了专门的研讨会。那场的拍卖结果创造了“顾批黄跋”的市场纪录，使得这些书的价格又上了一个台阶。黄永年先生以藏稿抄校本著名，有一次，他跟我谈到了自己的收藏，说清代批校名家的稿抄校本，他基本上都有了，唯独缺少黄丕烈校跋之书。我深深地记得他跟我说这句话时的那种遗憾之色，他说黄跋是论金条来计算的，自己是一介书生，怎么可能买得起。他的那句话刺激了我，于是后来我努力得到了两部黄跋。我很庆幸，自己是在西泠印社开拍的前几年得到黄跋，否则，按照这里的黄跋纪录，我只能望“黄”兴叹了。

其实对于黄跋，学术界跟藏书界观点有些差异，很多学者并不认可黄跋的价值，认为将其列为一级文物太过拔高。也有的学者看法较为公允，认为不是所有的黄跋都有价值，只是谈谈天气、生活及其心情，把这样的闲话列为一级文物有些太过，而黄丕烈研究版本递传的文字倒是有其学术价值，故主张将黄跋区别对待。其实，我觉得黄丕烈的最大贡献，正是在将书跋从学术化变为了生活化，使得书跋不再是高头讲章，而沾染一种可使人亲近的烟火之气。

西泠印社的古籍拍卖由杨柳女士接管之后，仍然是风采迭出。尤其今年（2014 年）秋天赶上西泠印社拍卖公司成立十周年，拍品的质量大大高于以往。其中最难得的拍品，是从日本征集回来的两件珍宝。一件是宋刻的《妙法莲华经入注》，另一件则是宋拓的《华严经入法界品善财参问变相经》。为了这两件重要的拍品，西泠印社专门组织了专家研讨会。最终的结论是：《妙法莲华经入注》被定为北宋本。哪怕是佛经，北宋刻本流传至今者，亦不多见，即使偶然面世，也基本上都是残本，而这部《妙法莲华经入注》却是七卷的完本。这种难得之物，当

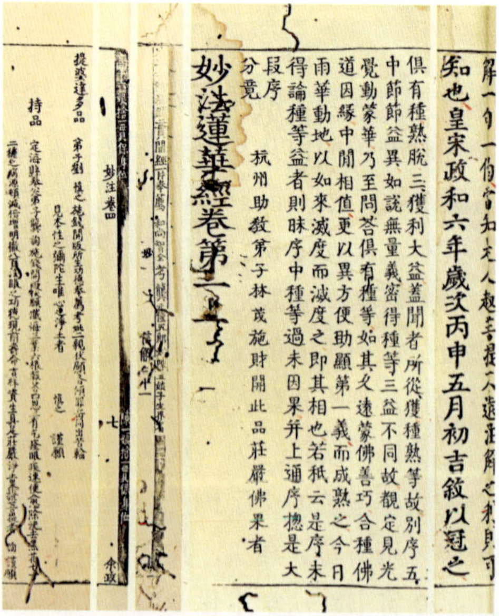

《妙法莲华经》 北宋刻本

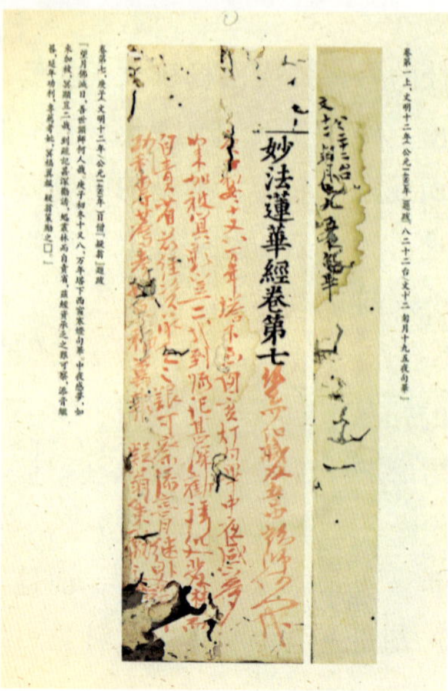

《妙法莲华经》后跋

然令我大感兴趣。今日来到西泠印社，调看了几十件拍品，其中最想看到的就是这部北宋刻经。但是杨柳却告诉我，这部经去了北京。她安慰我说，展览还有几天，等您回北京时再看即可。然而，待我回到北京时，这部经又运回了杭州，看来我与它是真的无缘。后来听说此经的起拍价是700多万元，最终以850万元落槌。

那部宋拓的《华严经入法界品善财参问变相经》，我对此没有太多的了解，再加上兴趣不大，故其真正价值在哪里，我说不出个所以然来。好在西泠印社为此专门出了研究的论文集，里面有多位专家从多个角度论证了此拓本的价值。

此次看书，还有一件有意思的拍品，那就是号称“民国第一善本”的《校注项氏历代名瓷图谱》。此书虽印制精美，但也不时出现在拍场上，并非是极稀见之书，然西泠这次征集来的拍品却很特殊。我细翻了该稿，这仅是该书的部分原稿，且是新裱的册页，再加上缺失了大部分，瞬间也就放弃了欲得之心。两天后，在上海跟朋友聊天时，提到了这部稿本，几位友人都很感兴趣。最终的成交情况，当时我也没有了解到。不过，我觉得对印刷史感兴趣的人，应该会对这种稿本有着特别的关注。

博古斋预展：看图识宝

今日收到一份快递，拆开查看，乃是上海博古斋拍卖公司总经理胡建强先生寄来的几十份图录散页，里面还有一张光盘。一般来说，上海的古籍大拍，都要比北京晚一个月左右，今日收到这些资料略感意外，里面附着胡总的来函，他说今年（2014年）秋拍定于12月13、14日举行，现在图录和宣传册正在加紧印制，在这过程中，他抽印了一些精彩的书影发给我，让我先睹为快。

我跟博古斋打了太多年的交道，他们建了拍卖公司后，因为各种原因，也经历了几个阶段。最初博古斋是跟上海国际拍卖公司合办，那个时期是由陆国强老师任拍卖部的经理，几年之后，博古斋退出了股份，成立了自己的拍卖公司，这时候陆老师已退休，由蒋平先生任拍卖公司总经理。几年之后又有了变化，请了李东溟先生任总经理。去年李先生离职之后，胡建强先生接任该职。胡总果然有自己独特的经营秘诀，他上任后不久，就从另一家拍卖行挖来了业务人才，又运用自己的关系，在征集拍品上下功夫。他的第一场拍卖搞得确实红火，今秋是他的第二场大拍，我当然想从这些图片上好好分析一下这场大拍，看看他的主要路数在哪里。

附来的这张光盘，应该是我的电脑里缺少相关程序，结果打不开，我只能看着那彩色的打印样，总算是聊慰饥渴。这些打印样似乎是拍卖精粹的后半部分，从页码上看是40页之后，我从它每类拍品所附书影的张数来估计，有一批手札应当是本场的重中之重。因为仅这批手札竟然附了八页书影，并且在此之前，还有四页的介绍文字，这篇文章的名称是“激扬匡时救危志，不负风云际会时”，副题则为“读《曾国藩湖口大战手书饬令》及《淮军名将吴长庆致刘秉璋军中函札》”。细读这四页文章，里面详细列举了这些信札中提到的史实，作者钩沉史实可谓用力甚勋，几乎点出了每封手札背后所涉及的故事。此篇考证文章最后的落款是“长乐老印晓峰识于海上桂宜龕”，可知此文是出自印晓峰先生之手。

以我的眼光看，本场的宋元版倒没什么可称道者，里面有一册宋宝祐五年（1257年）刻《通鉴纪事本末》，其实这是宋元明递修本，并且属于宋刻的大字本，远不如小字本受学界关注。近十年来，宋刻元明递修本也越发少见，然该书的零册却拍过多回。尽管如此，站在书源日渐枯竭的角度来说，这件递修本也算是该类书的标本之一。

元刻本本场上拍了一册《普宁藏》，该经虽然是一个零册，但确实是元刻元印，因为《普宁藏》的书版在元末全部被焚毁，不存在递修问题。但从流传稀见性来说，《普宁藏》的零本倒是时常可以得见。因为胡总给我附来的书影中没有标明价格，所以我也不知道这件经的估价是多少。如果价格不昂，能将其买下，倒也不妨作为元刻本中的标准件聊备一格。

本场中我觉得精彩的部分是在明刻本和批校本这两个版块上。明刻本上拍了一部明成化刻的《医林集要》，从图录上看是原装十册，也是典型的明白棉纸本，而此书流传较为稀见，国内的公共图书馆只有两家藏有这部书。明嘉靖郭云鹏刻的《曹子建集》也是历史上有名的刻本，从图录上看，该书的品相不错，如果是原装的话，当然也是一部难得的书。

还有一部明正德九年（1514年）内府刻的《资治通鉴节要续编》。明内府本按照传统的藏书观并不受重视，主要原因是学者认为这种书只是外观上好看，从内容角度讲，少有可取之处，因为明代内府刻书大部分由太监主管，而按照当时的规定，太监基本上不用识文断句者，那么这样的书跟校勘精良

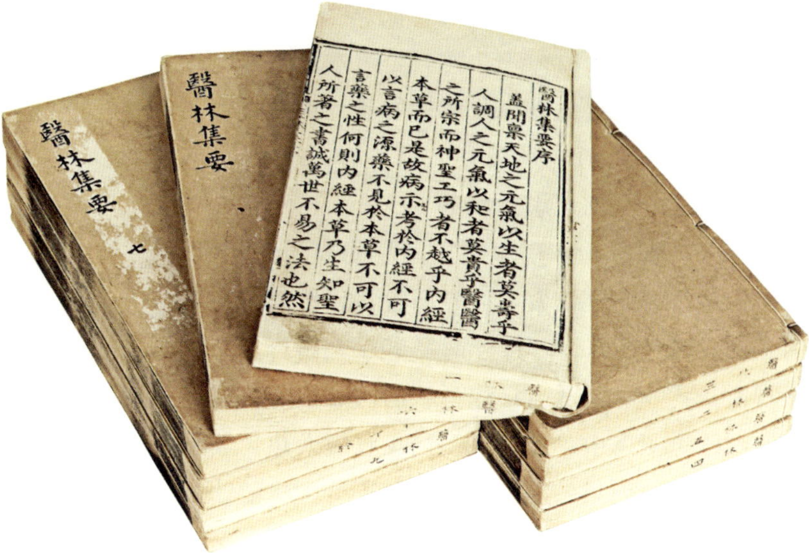

《医林集要》 明刻本

就一点都沾不上边。但任何事物都有两面，因为是内府刻书，花费的是官帑，那么在刻书的开版上，为了体现皇家气派，自然比一般书的版本要大许多，绝对称得上“字大如钱”，在工料上也肯定用最好的纸和最好的墨。那么这样的书刷印出来，肯定比私人或者书坊刷印之书要漂亮太多。从印刷史的角度来说，明代内府刻书可以代表那个时代最高的印刷水平。上拍的这部明内府本，钤盖着“广运之宝”。李致忠先生曾经告诉我，钤有“广运之宝”的刻书，一定是内府所出的赏赐本或者颁发本，而没有这个章的内府刻本，级别则要低一些，也有一些是照样翻刻的。今日藏书，尤其是善本，内容固然重要，但从印刷史角度来收集标的物，也不失为一种着眼点。

批校本中有陈运彰批校的《清真集》和《彊村丛书七种》两部。陈运彰是民国年间著名的词家，他对词集很有研究，做了大量的批注。然而有意思的是，我遇到的陈运彰批校词集 99% 都出自上海的博古斋。我一直怀疑当年陈运彰的旧藏被博古斋整份地收购进了库中。近几年，词集收藏大热，凡是陈运彰所批的词集，几乎都能拍得善价，我估计这次也不会例外。

徐乃昌批校的《一切经音义》这部书我倒是有些熟悉，因为在近十年来，我已记不清它是第几次出现在拍场中了。我仔细地翻看过这个书，但这究竟是不是出自徐乃昌之手，我却一直纠结。这个纠结并不在于我认定这不是徐乃昌亲手所批之书，而是近些年来，我在市场上看到徐乃昌所批的字迹至少有三四种之多，以我的眼力，无法断定究竟哪种字体是真正出自徐氏之手。几年前，因为偶然的机会，我得以结识徐乃昌的外孙，他在上海汽车公司任财务总监。某次他来北京时，我专门向他请教，究竟哪种字体为其外祖父的亲笔，他说自己对此也没有较深的研究，故无法确定，然而他告诉了我徐乃昌的墓曾经就在上海，后来在“文革”中被彻底扬灰，今日已经没有丝毫的痕迹了。对这样的故事我除了长吁短叹，也不能有任何的作为，正因为这样，我对徐乃昌的一切就多了些许的关注。

其实徐乃昌在藏书界并不以批校出名，其名气主要在于他的刻书。他当年刻了很多套大型丛书，有些书完全是影刻，刊刻之精雅，在民国刻书家中绝对能排得上座次。他的外孙在我的书斋中看了一些徐乃昌刻的书，说自己手头仅有影印本，今日看到了原本，才顿觉他当年喜欢的影印本黯然失色。他不断地赞誉其外祖父所刻之书，其实我多少能够听懂他的潜台词，可惜我的藏书几乎没有复本，连做好人的条件都没有，终于狠下心来，没有充大度。博古斋本场还上拍了一部徐乃昌根据宋元古本影刻而成的《随庵丛书》。这部书刻成于清光绪三十四年(1908年)，在当时就很受藏书家的喜爱，比如里面影刻的宋书棚本《唐女郎鱼玄机诗》，此书往往以零种的形式出现在拍场中，几乎都能拍得善价。该部丛书虽然仅是个清末刻本，但能全套上拍，却不多见。如果便宜的话，当然应当收入囊中。

我的这些拉杂看法，仅是基于这几页图片的胡言乱语，每部书的状况究竟如何，那当然只有看原书最为稳妥。希望对这些书有兴趣的买家，一定要亲临现场，看过拍品后，再来定夺。

古书市场究竟有没有规律?

就专业性而言，几大拍卖公司中，海王村拍卖行只以古籍为其专长，约十年前，他们也搞过字画类专场，结果不成功，自此之后，只搞自己专长的拍品。海王村拍卖行其实是中国书店的下属拍卖公司，而中国书店则是中国最大的两家古籍书店之一，另一家则是上海的博古斋。2014秋的海王村拍卖也同样致力于自己的专长，本次搞了五个专场，除了其最擅长的古籍善本和书札之外，这次开发出了红蓝印本专场和西文典籍版画专场。红蓝印本专场虽非其首创，但对海王村来说却是第一次举办。

今天的天气的确很好，按照最新的名词，这种晴朗的天空被称之为“APEC蓝”，对于处在雾霾苦难之中的北京人，当然感谢这次伟大的会议，它给老百姓带来的最大的实惠，是终于可以做一次自由

海王村预展现场

的深呼吸。我在这种明媚的阳光下去海王村看拍品，心情的愉快可想而知。

海王村拍卖行扩大了自己的营业面积，在原有的店堂内单独又盖出来一个专用的拍品库房。这个库房刚刚启用，我也是第一次走进这里，面积虽然不大，但至少是有了一个固定的场所，而不再是继续借用原有会议室的一个角落。我在里面当然首先看我关心的一些拍品，我在图录中已经做上了记号，把那些书一一地印证一遍，余外开始浏览有兴趣的拍品。

“乾隆战图”一直是近几年拍卖的热点，因为这些战图都是在法国制作，但据说法国人在制图时难以准确描摹出皇帝的御题，于是群臣们想出了一个办法：让法国人制作铜版的战图场景，上面御题的部分，按照要求的尺寸，预留出位置，待从法国把这些战图运回来以后，再请宫内高手用木板刻制皇帝的御题，然后再刷印在预留的位置上，这就成了中西合璧的内容、土洋结合的技艺。我对这种奇特的刷印方式当然有着根深蒂固的记忆。但是今天看到的这张战图，却颠覆了我的固有认定：战图是铜版刷印的，这确定无疑，而上面的御题肯定不是木版所刷，也同样是铜版刷印的。我把这个发现跟海王村的几位工作人员探讨一番，众人也称我的发现正确无疑。我觉得这是一件中国印刷史上特殊的物证，尽管这不能说是对固有观点的一种颠覆，但至少说明乾隆战图还有完全铜版刷制者。按照“高大上”的说法，这至少是填补了印刷史上的一个空白。

海王村的这场拍卖，还有一组有意思的拍品，那就是上拍了几十卷云锦。我打开几卷观看，果真灿烂夺目，但我总觉得这跟古籍远了点儿。刘建章兄不这么看，他说很多宋元版的函套不也是用织锦制作的吗？这句话也提醒了我，应该拍下一卷把它分割开，可以给自己珍爱的宋版书配函套之用。我先前没有注意这些云锦多少钱一匹，翻看图录才知道，这批云锦分为两个标的上拍，各有十九匹，两个标的的价格分别是310万和320万。这么高的价钱吓我一跳，我还没有奢侈到这个份儿上。细看之下，云锦果真漂亮，每匹布的下面还织着制造人的名字。真不知道什么人会到古籍拍卖来买这些东西，但转念一想，如果拍下来，送给女朋友，应该能博得一笑吧。

红蓝印本专场的封面是张宗昌刻的《皕忍堂模刻唐开成石壁十二经》，这部书刊刻得极为漂亮，有十四函七十四册之多，堆在地上确实有些体量。我对此书感兴趣的不是它的体量，而是该部书每册上的钤章。这部书的卷首钤有“陈东藏书”和“石木斋藏本”，这两方章都是陈东习惯使用的藏书印。陈东当年是古籍拍卖界的风云人物，他曾经转战了三个不同的拍卖公司搞古籍专场，我印象中他的第一个专场是在1998年的鼎丰拍卖公司，那个专场中我就见到了这部红印本的《十二经》，起拍价似乎是5万元，最后以7万元成交了。而今在此看到这部书，估价已经变成了100万到120万。古籍的书价究竟以多少为行市，其实没有一个准头，古书价格的涨落难以找出一个规律，我在第一次5万元看到的时候就认为贵得脱离行市，到今天的第二次见面，仍然觉得这个价格不能接受。我不知道这能不能解释为涨者恒涨。等待这场拍卖结束后，我再向大家汇报战绩吧。

举办西文典籍版画专场海王村公司也是第一次。我跟工作人员说，能够拍这些东西，看来真要渐渐地腾笼换鸟了。众人笑着说，古籍越拍越少，质量越拍越差，总要开辟新战场，这个世界可能真的会越来越扁平，也许今天这些西洋书的拍卖，几十年后再回头看，海王村的这些征集人员，还真有可能成为被人称颂的先知先觉者。

拍卖述评

2015春　北京泰和嘉成

拍卖时间：2015年5月31日

拍卖地点：北京亮马河大厦

本季春季大拍，泰和嘉成举办了五个专场，其中有两场跟古籍有关，即“含英咀华——影像及名人墨迹专场”和“古籍文献·碑帖法书”专场。前一场上拍了380件拍品，后一场上拍的拍品数量为672件。

照片类拍品为近年颇引人们关注的一个版块，但根据市场成交情况来看，一直处于不温不火的状态，看来一个市场的培养，确实需要一定的过程。从近几年上拍的照片情况看，大多拍品都是跟政治、军事名人有关，纯正的文化人照片或者说有历史价值的照片，出现的数量并不很多。本场上拍了86组照片，情况大多也是如此。但其中也有一些难得的影像资料，例如本场上拍了7组跟梅兰芳有关的影像和史料，里面最有意思的拍品是梨园公会的资料、凭证、文书等等，这类拍品对研究戏剧史，属于第一手材料。而上拍的4张梅兰芳像，其中3张是戏装照，另外一张则为彩色石印画，画面中的形象很像民国的仕女，这样的梅兰芳形象很是少见。这张彩色石印画虽非照片，但因为形制特殊，同样受到了买家的喜爱，以3000元起拍，1.725万元成交(本文成交价均含15%买方佣金)。

另外一张有史料价值的照片，构图颇为静雅，然而上面的人物却跟中国近代史有着较大关联，有曹汝霖、章宗祥、陆宗舆等。这张照片拍摄于1916年的北京中山公园，也就是今天的中山公园。照片中，除了这三位人物之外，还有日本公使等几人，而这一切人物都跟那丧权辱国的“二十一条”有关联。这张照片以8000元起拍，2.07万元成交。

影像版块中，有一张李鸿章像，我也觉得有价值。这张照片拍摄于美国。1896年，李鸿章作为大清国特使，参加俄国沙皇加冕典礼，之后他访问了德、英、法等国，此后又到达了美国纽约。李鸿章的到访是美国政府成立以来，在本土接待的清朝政府级别最高的官员。而李鸿章在这张照片中的形象跟其以往寻常所见者颇为不同。可惜这张照片以

8000 元流拍。

排在古籍文献专场第 1 号的拍品是“郑振铎集名人题词集锦”。这件拍品为旧册页装，每开册页的右侧是用相机拍摄的明清版画照片，左侧则是郑振铎请一些文化名人题写的诗句。这些册页总计 51 开，而其中带题词者 18 开。题词的人物并不限于目录版本界，除了赵万里、顾颉刚外，最为少见者，应当是朱自清，余外还有冰心、龙榆生、夏承焘等等。此件拍品以 18 万元起拍，115 万元成交。可见，郑振铎制造出的这件玩赏之品是何等地受到了藏家的看重。

历史文化名人画像一贯受到藏家喜爱，可能正是因为古代没有摄影的原因，这使得后人要了解名人的容貌，只能通过历史留下来的画像。本次上拍的《汤贻汾题周次夫画西河竹垞两先生像》，作者周次夫，虽然没什么名气，但图案中所绘的两个人物则是毛奇龄、朱彝尊，这两位清初人物当然名头很大，再加上画中有汤贻汾的题词，更为此图增色，故而这幅画像以 3 万元起拍，17.25 万元成交。

舆图类拍品，本场上拍了两件。这类拍品中的早期物件虽然上拍数量很少，但每次出现在拍场，都能以好的价钱成交。例如本场上拍的一个标的是两个尺幅很窄的手卷，每个手卷的高度仅 8 厘米，而长度都在 5 米多，这种绘图方式在舆图类拍品中

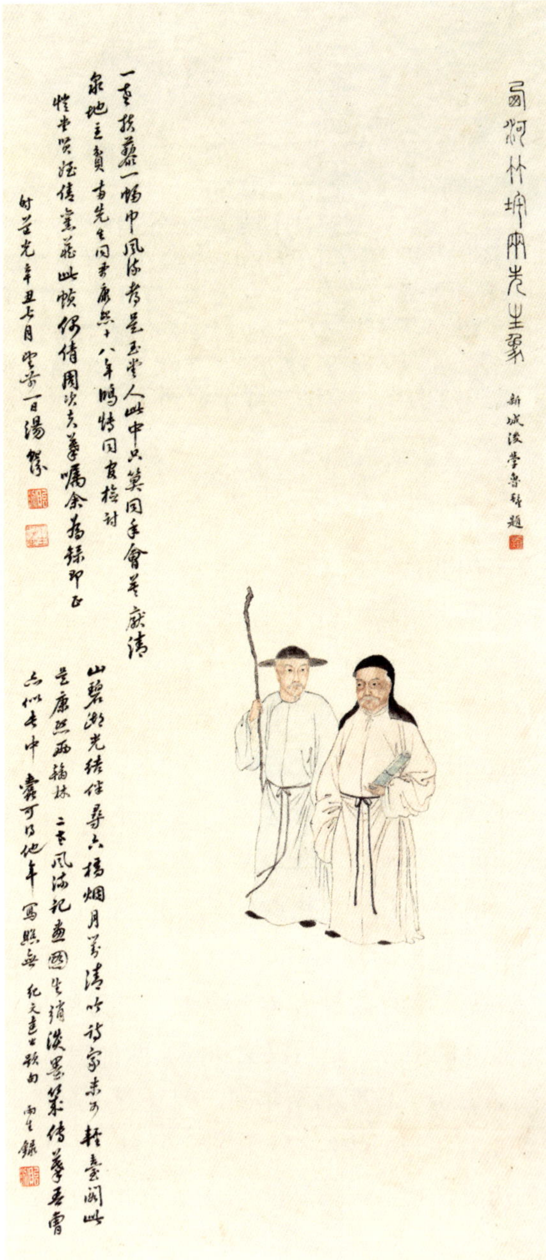

《汤贻汾题周次夫画西河竹垞两先生像》

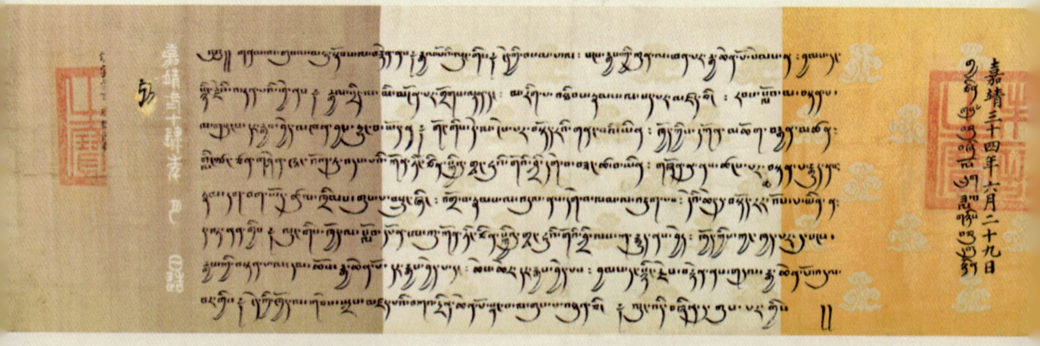

《明嘉靖年命管着坚昝承袭诰命》(局部)

不多见，因此该品以1.5万元起拍，34.5万元成交。另一件舆图类拍品则为《运河全图》。此件拍品的尺幅就正常了很多，21厘米高，3米多长。这是中国舆图制品中的正常尺寸，因此价格也变得正常，以8.5万元起拍，9.755万元成交。

本场图录的编排，除了前面这几件之外，紧接着的是“严华聚念——佛教文物典籍”版块。佛教类版块一直是近几年的热点。本版块上拍了34件拍品，排在最前面的是《明嘉靖年命管着坚昝承袭诰命》。明嘉靖年的诰封流传至今者，较为稀见。而本诰封特殊的地方，是用汉文和藏文两种字体书写，故此拍品说明了在明嘉靖年间，朝廷就对康藏地区的宗教有着相当的控制权。因此，这件拍品是颇有价值的历史证物。该拍品以45万元起拍，109.25万

元成交。

《御书大佛顶如来秘因修证了义诸菩萨万行首楞严经》，此件拍品从时代上讲，要比上一件晚得多，仅是乾隆年间内府刻本，然而同样引起了相关买家的关注，关注的原因也与上一件不同。这一件从内容上讲，仅是佛经，然而其特殊之处，乃是该书的用纸。这部经书二函十册，印书的用纸全部都是乾隆年间特制的仿金粟山藏经纸。这种纸原本生产于北宋熙宁年间，韧性极强，为古代写经纸中的名品，乾隆皇帝仿制了很多古物，他当然也想仿制出金粟山藏经纸。今天留下来的乾隆内阁上谕档中，有几处都记载了皇帝亲自下令要求江南地区仿制这种纸张，后来这种纸仿制成功，弘历很高兴，还专门写过一首诗来颂咏此事。当年制造这种纸的成本很高，

《御书大佛顶如来秘因修证了义诸菩萨万行首楞严经》 清乾隆内府刻本

按照资料记载，杭州织造曾9次给宫中进献此纸，每次仅500张，由此可知制造此纸并不容易，而刷印这么二函十册的《首楞严经》，估计每一部用纸都在百张以上。这种用乾隆仿金粟山藏经纸刷印的佛经，此前仅拍过一册零本，本次为第二次上拍。该拍品为全套，故此经以90万元起拍，207万元成交。

本场上拍了清内府写本和刻本共24件，其中较为难得者有《恭拟明代纪事年表》十卷。该拍品为清写本，一函十册，为清雍正年间所写。因是进呈御览之本，故此书写得一丝不苟；又因该书无刻本，故而颇具史料价值，以15万元起拍，43.7万元成交。

本场将23件较为稀见的明刻本排在了一起，然在图录中没有单独标示出版块。这组拍品较为稀见者有《昆山杂咏》二十八卷，明隆庆四年（1570年）孟绍曾刻本，白棉纸刷印，一函四册，为第一次出现在拍场上。该书原为黄裳先生旧藏，每册书内有他的藏印，且有跋语一行。该书以35万元起拍，已经充分说明了该书的价值，然而最终却拍得了97.75万元，可见明版书中的稀见品种很受藏家追捧。

《陶靖节集》，明嘉靖间蒋孝刻本，黄棉纸，一函二册。该书不是第一次出现在拍场上，然而该书流传较少，国内公共图书馆著录仅有三部，并且该书的底本是出自宋绍兴十卷九行本，而宋十卷九行本现在已失传，因此蒋孝的这个翻刻本就成为了该系统中流传至今最早的刻本，由此可以间接地看到宋版书的面貌。正因为这一点，嘉靖的蒋孝刻本一直受到藏书家的关注。而该拍品内还钤有内藤湖南的藏章，看来此书是从日本回流者，故此书以48万元起拍，83.95万元成交。

《山谷老人刀笔》，明弘治间张汝舟刻本，黄棉纸，一函八册。弘治间所刻之书，每部书的面目都有区别。清代人所说的明刻本，大多是指弘治之前所刻者，而上拍的这一部，品相颇佳，书前有翁兰思题记，题记中称该书是“元翻宋本”。翁认为该书为元刻本，这种题记方法在前人中并不稀见，因为大多藏家都有拔高自己藏品的习惯。即使如此，这部弘治刻本的《山谷老人刀笔》也属难得之物，因此以35万元起拍，54.05万元成交。本场的其余几部稀见明刻本，也都有不错的表现，例如明内府刻本《书传大全》，从字体和纸张观之，也属明初刻本。这类书虽然从内容角度上讲不受前人关注，但实际这种书流传并不多见，故该品以80万元起拍，92万元成交。

清代精刻本，本场上拍了24件。排在最前面的是《青邱高季迪先生诗集》，此书为清雍正文瑞楼刻本。从流传角度而言，该书并不稀见，除了文瑞楼的原刻本之外，清代的翻刻本众多，主要原因就是该书作者高启的名声很响。从历史留存的诗集来看，名头越大的著作流传越多，也就越发地不稀见，因此就要寻找大名头中的稀见著作。如果是大名头，又是寻常所见版本，那就转而要从中找出寻常版本中的特殊之处，本件拍品正是如此。文瑞楼所刻该书，虽然留存较多，然而上拍的这部却是用开化纸所印，极少能够见到，且该书中钤有“曾经东山柳蓉村过眼印”的藏印。这位柳蓉村虽然是位书商，但是名气极大，他与乾嘉时期的许多大藏书家都有密切的交往。因为他眼力极高，同时经商又很精明，被当时的人称之为“柳树精”。从后世的递传情况看来，凡是钤有柳蓉村藏章之书，确实都有难得之处，因此这部书以35万元起拍，70.15万元成交。

晚清民国藏书家所刻书及红蓝印本，本场集中在一起共31件。这类拍品一直属于近十几年来的热点。本场的这个版块中，成交价最高的一部是《宋金元明本词》，民国三年（1914年）吴昌绶双照楼刻，民国六年陶湘涉园续刻本，四函四十册。该书无论从名气还是形式，都受到了藏书家的喜爱，虽然时代较近，然而每次出现在拍场中，都能拍到好的价格。该部拍品也同样如此，以80万元起拍，92万元成交。

稿抄校本类的拍品，本场没有出现重头，上拍8件，其中有3件都是邓之诚稿本。其中《闭关吟》一册，以7.82万元成交，《五石斋吟草》以6.9万元成交。巧合的是，本场还有一件拍品也同样叫《五石斋吟草》，与上一件不同之处是该件没有行格，为素纸所抄，故前一件应属于誊清稿本，而本件则为草稿本。且此稿前有邓之诚所书题记，因而更能看出他当年写作此书的缘由，故此拍品以5万元起拍，7.475万元成交。

近些年，玩赏类古籍受到了藏书圈之外人士的关注，这使得原在古籍中并不受重视的杂品，而今也成为了市场热点，比如本场的《猫乘》，清嘉庆间刻本一册，书内所谈都是历史上跟猫有关的故事，同时还附有给猫治病的偏方。而这样一册之书，因着养猫人的喜爱，以 1.15 万元成交。《新刻香谱》也是如此。现在玩香也很时尚，连带着相关的古籍，也为爱香人士所青睐，因为从中可以找到很多的历史依据，来证明自己玩香有理、玩香有道。而上拍的这一册香谱，原是丛书本中的一个零种，而这类的零册当然难入一般藏家的法眼，但爱香人士一般没有爱书人士的这类毛病，故而这一册零本以 2 万元起拍，4.025 万元成交。而这个版块中，从内容到形式都有价值者，也就是爱生活人士和爱书人士一致认为有价值者，则是《山居杂志》。此书为明万历二十一年（1593 年）汪士贤刻本，一函二册，书内收有茶经、蟹谱、菌谱、牡丹谱、酒经、笋谱等二十多种不同的玩赏之谱，可以说是古代玩家的集大成之书。尤其难得者，里面还有许多的版画插图，可以让今人直观地看到四百多年前古人的玩法。该书也受到藏书人士的喜爱，原因是此书流传稀见，国内公藏仅上海图书馆藏有一部。虽然这部书略有残缺，但并不影响它的珍罕，故这一函二册的万历本以 38 万元起拍，48.3 万元成交。两册万历本能够拍得此价，必定是两类人士共同争抢的结果。

本专场中还有“同善堂遗存——古绢及古纸文物”版块。我没有查到同善堂是何人的堂号，但从拍品的内容来看，此人喜欢收藏书籍之外的特殊类物品，本版块上拍了60件拍品，其中素坯的古绢，也就是古代的丝织品，总计上拍了11件。这类物品不但跟书没有关系，恐怕跟任何的艺术品都不搭界，但这11件素坯丝织品却全部成交，有几件的成交价竟然高过了底价的数倍。而同善堂专题中，跟书能够沾上边的还有一些古纸。这些古纸同样是空白的，共上拍了26件，也同样有着很好的表现，大多数得以成交，其中最古者有十页宋纸，拍得了9.775万元，如果照着稀见程度而言，宋版书倒能看到不少，而宋代的空白纸倒确实没有见过几页。这个版块中，跟书最接近的是上拍的9件笺谱，其中8件得以成交。

“碑版印蜕”版块上拍了54件拍品。本版块将拓本和印谱合二为一，但从拍品质量来看，本专场中没有难得的稀见印谱，而碑帖拓片一直是泰和嘉成的强项，这一场同样如此。“翁方纲题汉天井题名拓本”，此拓本实为《西狭颂》的题名部分，故该拓本又称“西狭颂题名”。该拓本难得者，是上面有翁方纲的长跋。翁方纲在金石上的贡献，而今越发受到相关藏家的认可，故而这件拓本以28万元起拍，40.25万元成交。

本专场中，泰和嘉成将碑帖部分又分出一个版块“谦益贞纸——近当代出土石刻拓本”。这种分法为其首创，也就是将近现代与当代的拓本与古拓作了时代上的划分。而这个版块中，首先上拍的是“端方陶斋藏原石拓本”。端方是晚清的金石大家，他收藏拓本的同时，也收藏一些古代石刻的原石，而这些拓片就是据他收藏的原石所椎拓者。虽然捶拓的时间属于晚近，然557张拓片汇在一起也确实难得。这批拓片以38万元起拍，43.7万元成交。

本版块中还有一件《新莽丈铭》拓本。新朝的王莽制定了很多特殊的规矩，虽然他的政权存在时间很短暂，但从留存至今的一些古物，尤其是一些度量衡，都能看出他进行了很多重大的改革。这件拓本的原物出土于1926年的甘肃定西县，虽然椎拓很晚，但其留传不多见，以2000元起拍，竟然拍得了6.325万元。

本场中还有一个版块，名为“一家故藏”。这个版块上拍240件拍品，其中后面的一些是几十件甚至上百件作为一个标的来上拍，是本专场中数量最大的一个版块。这些拍品大多属于线装古籍，虽然没有什么特别难得者，但起拍价较低，甚至还有一些是以无底价来上拍，最终这些书大多得以成交。

2015 春　北京海王村

拍卖时间：2015 年 5 月 29 日下午至 30 日

拍卖地点：北京古文化街琉璃厂中国书店拍卖厅

海王村拍卖公司是中国书店的全资子公司，然而在图录封面上，从来只印“中国书店”的字样，这样的拍卖公司，似乎国内仅此一家。今春的古籍大拍，海王村分了四个专场，按照图录号，总计上拍了 1052 件拍品，然而拍卖结束后，发给我的成交单则将上拍数量改为了 1001 件。本场总计成交 735 件，成交率为 73.4%，总成交额为 2561.3 万元，这个价格已经包含了 15% 的买方佣金。从成交率和总成交额两项来看，在现有的市场大环境下，已属不错的佳绩。

按照顺序号，排在最前面的为“西文典籍版画影像专场”。本部分上拍了 226 件拍品，图录将这些拍品分为了14个版块，分别是：宗教典籍、文学经典、油画雕塑、建筑景观、海岸风光、历史名人、航海时代、鸦片战争、庚子拳变与近代中国、民国记忆、烽火抗战、晚清映像、方寸留真、影像书籍。以往的西文典籍和影像专场从未见有如此分类细腻者，本场的这种分法有可能奠定了今后此类专场的相应版块划分。

本专场值得称道的拍品有《丢勒古代神话页边纹饰版画集》，19世纪20年代德国慕尼黑石印本，此石印本为五色印刷。这类彩色石印本在国内上拍的数量很少，该书有意思的地方，是用38种语言分别来表述《祈祷书》，其中中文总计印刷了4个页码，另外还有藏文2页。在西文书中印有中国字，再加上西式的版画，这种组合看上去颇有些奇妙。该书以3450元成交。

本场上拍开本最大的西洋版画书为法文本的《意大利乌菲兹美术馆及碧提宫珍藏绘画、雕塑艺术巨型版画集》，1799—1804年法国巴黎出版，4册精装。该书的尺寸为57.1×40.6厘米，内收铜版画386幅，外观装潢也较为精美，以4.5万元起拍，6.9万元成交。

《中国图说》，为1667年荷兰阿姆斯特丹出版的拉丁文本，内收73幅版画，这些版画都是西方人眼中的中国事物，其中有利玛窦和徐光启画像，图案

"利玛窦与徐光启像"版画（收录于《中国图说》）

的背景上方写有中国字，可能是外国人把这些字当成绘画作品来看，因此字体描绘得颇为怪异，这幅图也成了本专场的图录封面。西文书中的中国题材，一直是近两年的市场热点。该书原装1册，以2.6万元起拍，4.6万元成交。

《中国传统手工技艺——制茶、造纸彩色版画集》，1814年法国巴黎出版，内收铜版画24幅，这些图版描绘了中国制茶、造纸、漆器、陶瓷等手工艺制作场景。图画为彩绘本，图案中的人物穿着中国的服饰，却是西洋人的面孔，书内的图案是由西方传教士汤执中所描绘的。这位汤执中是意大利传教士，乾隆五年（1740年）来到了中国。可能他对植物颇有研究，到中国来时，他带给皇帝的礼物是欧洲的一些花木，乾隆皇帝对此颇感兴趣，于是恩准他进入皇家园林观察漆器和烟花等的制造工艺，可能就是在这个时候他描绘下了工人们的劳动场景。该书以4.5万元起拍，5.175万元成交。

《英国马戛尔尼使团中国内地及沿海航行纪实》，1798年法国巴黎出版，精装五册。该书收铜版画数量不多，仅在每卷卷首收有铜版画一幅，但第五册内却收有铜版画41幅。这一册的铜版画也是描绘外国人在中国看到的新鲜事物。该书的作者乔治·马戛尔尼于1793年来到了北京，当年9月，他在承德避暑山庄见到了乾隆皇帝，而本书中就收有一幅乾隆皇帝的画像，这幅画像中的弘历较平时所见的容貌有些苍老，看来是乾隆皇帝晚年的形象。然而，乾隆皇帝的眼神在马戛尔尼的描绘下，看上去有些狡诈，尤其图案下方的那五个汉字，不知他是从哪里描绘下来的。该书以1.5万元起拍，4.6万元成交。

海王村的第二个专场是“近现代书刊资料专场”。本专场上拍了125件拍品，排在最前面的是2014年北京出版社影印的《毛泽东手书信封选》。出版不到一年的时间就能够上拍，很让人意外，而本专场竟然上拍了两件这样的拍品。另一件是《梨园书事》，为2015年北京出版社出版。这两部书均为编号发行，也均为第1号，可能这“第1号”就是本拍品的卖点，并且《梨园书事》有作者姜德明先生的签名。前者以4000元起拍，4600元成交；后者以2000元起拍，2300元成交。虽然去掉佣金，这两部书都是以底价成交，但这却是一种有益的尝试。由此说明，新出之书只要有特殊的卖点，同样也会得到市场的认可。

本专场成交额最高的一部书，为1972年人民文学出版社大字排印本《鲁迅全集》。近几年大字本时常出现在拍卖中，而上拍这类物品者，似乎仅有海王村一家，且价格步步升高。这部拍品也同样如此，虽然仅是几十年前的线装本，十函八十八册，却以23万元的高价成交。

海王村的第三个专场则为“历代闺秀著作专场”。本专场上拍了90件拍品，将历代妇女著作汇为一个专场也是首创。这个专场又分为两个版块，其中之一是“胡文楷抄本”，上拍了51件拍品。胡文楷在民国年间到处收集妇女著作，并出版了《历代妇女著作考》一书，他的抄本全部为其亲手抄自不同的底本者，是他编写《历代妇女著作考》的资料。六七年前，胡文楷的这些抄本首先出现在上海国拍的古籍专场中，当时总计以两个批次上拍，而这一批我大概计算了一下，每一册抄本的均价在6000元左右，后来这批抄本在开拍前因故撤拍。本专场成交价最高的一件，则是《小檀栾室汇刻闺秀词》，乃清代藏书家徐乃昌所辑，刊刻于清光绪二十二年至宣统元年之间，四函二十八册，原装。虽为匠体字刻本，然刊刻较为精整，且拍品为原装，以6万元起拍，13.225万元成交。

本场的第四个专场为“古籍善本碑帖专场”。这本是古籍拍卖的主体，海王村将其作为重头排在了最后，从上拍数量上讲，这个专场比前三场的总和还要多，共601件。按照图录的顺序，手札类排在该专场的最前面，这一部分有意思的拍品则是“名刺”。名刺也就是古人的名片，本组上拍了70张。这些名片上有本主所写的题记，且名片主人有几位乃是藏书家，比如莫友芝、罗振玉等，正因如此，这些名片以2万元起拍，6.9万元成交。

紧接其后的则是内府刻书，较为难得者有清康熙内府影元刻本《四书章句集注》。此书为开化纸印本，近几年内府开化纸本颇受买家青睐，若是原装品相好者，均可拍得善价，而上拍的这一部，虽然有些补抄，却是清代藏书家朱学勤结一庐故物，二函十四册，以6万元起拍，16.675万元成交。《春秋胡传》三十卷，明正统十二年（1447年）司礼监刊本，二函十册。司礼监刊刻之书以往不受传统藏书家的关注，认为其在内容上有一些错讹，但正统年间的这类刊本其实流传并不多见，具有一定的文物性。近二十余年来，明初内府刻书渐渐受到了藏家的重视，而上拍的这一部，虽然是新做的金镶玉，已经破坏了原装，但原书印刷的版面清晰，仍然受到了买家的喜爱，以10万元起拍，23万元成交。

《颜鲁公文集》为本专场的封面，该书为明嘉靖二年（1523年）安国刻本，旧做金镶玉，一函八册。该书最难得的版本为铜活字本，而上拍的这部虽是刻本，然而在嘉靖刻本中属于较为少见者，且为第一次上拍，以60万元起拍，74.75万元成交。《临川先生文集》同样是明嘉靖刻本，二函十册，品相尚佳，为莫友芝旧藏。该书的行款跟南宋绍兴刻本相同，因此傅增湘将该版本称为“明嘉靖翻宋本”，属于该书中较好的一个版本系统，而买家中对此也有着同样的认识。该书以50万元起拍，93.15万元成交。这个成交价基本上达到了5年前市场最高点时的成交价格。

同样难得的明嘉靖本还有《补注释文黄帝内经素问》，明嘉靖赵府居敬堂刻本，白棉纸，一函十册。该书属于明藩府刻本，虽然流传并不稀见，但在今天已属难得之物，且该书就内容而言属于医书中的名品，故而以65万元起拍，74.75万元成交。还有一部嘉靖本也很少见：《金石韵府》，明嘉靖十

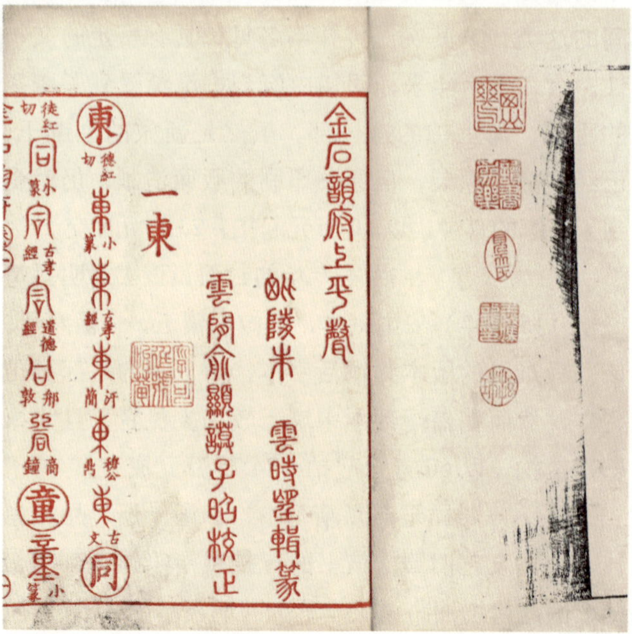

《金石韵府》 明嘉靖十年朱印本

年（1531年）俞显谟刻朱印本，白棉纸，一函五册。该书流传较多者为清代的翻刻本，而这部明代的初刻本却是第一次上拍，且明代朱印本流传少见，因此该书以30万元起拍，50.6万元成交。

本场部头最大的一部书则为《四部丛刊》(初、二、三编)，此书为民国年间上海涵芬楼影印的著名丛书，虽流传多见，然其中的第三编因为战争原因，印行数量较初编和二编为少，而上拍的这一部三编齐全，3122册，一册不缺，于今而言亦属难得之物。且更为难得者，该书带有原箱，虽然当年商务印书馆印制该书时就配有原箱，但由于历史原因，很多人把原箱毁掉后，只留下原书，故而带原箱者更为少见。该书以100万元起拍，138万元成交。

版画类的拍品，本场较为难得者有《中国版画史图录》，为上世纪40年代郑振铎所编，全套者为五函二十册，其中前四函为珂罗版印本，而第五函则是配入饾版拱花的《十竹斋笺谱》。然在流传过程中，《中国版画史图录》大多没有同函所配的《十竹斋笺谱》。该书的前119部为编号发行，上拍的这一部我没有看到编号页，不知是否在编号的119部之内。再者，该书为罗纹纸印本，也属少见。此书为第二次出现在拍场中，10年前，嘉德曾上拍一部编号本，当时以4万多元成交，本场上拍的这一部，起拍价则为30万元，以46万元成交。

本场上拍印谱11件，其中难得者有《承清馆印谱续集》，明万历四十五年（1617年）钤印本。该书为印谱中的名谱，虽仅存续集，却仍然以4万元起拍，成交价更高达19.55万元。

地图类拍品，本场上拍4件，其中《中华舆图》较为特别，此图为1740年德国纽伦堡铜版印本。从流传角度讲，该图并不稀见，然而2014年3月28日，国家主席习近平访问德国，德国总理默克尔以此图作为国礼，赠送给习主席，致使该图名声大噪。而本场该图以1.5万元起拍，4.715万元成交。

红蓝印本版块，本场上拍9件。其中以《成山

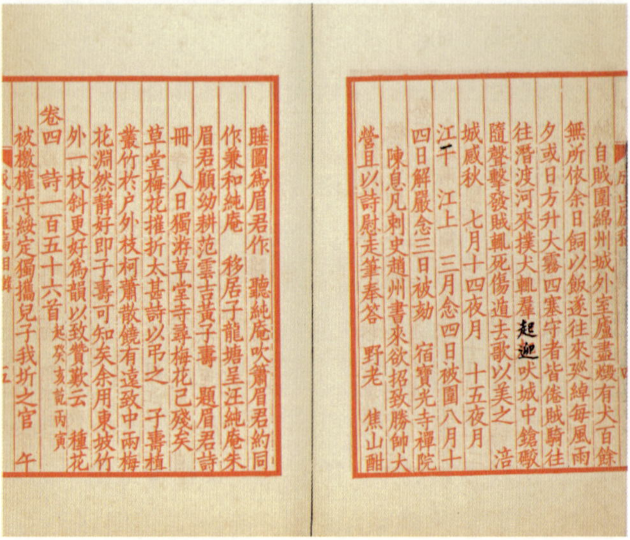

自賊圍綿州城外室廬盡燬有犬百餘
無所依余日飼以飯遂往來巡綽每風雨
夕或日方升大霧四塞守者皆倦賊騎往
往潛渡河來撲犬輒羣吠城中鎗礮
隨聲擊發賊輒死傷遁去歌以美之　涪
城感秋　七月十四夜月　十五夜月
江干　江上　三月念四日被圍八月十
四日解嚴念三日被劫　宿寶光寺禪院
陳息凡刺史趙州書來欲招致勝帥大
營且以詩慰走筆奉答　野老　焦山酣

睡圖為眉君作　聽純庵吹簫眉君約同
作兼和純庵　移居子龍塘呈汪純庵朱
眉君顧竼耕范雲吉黃子壽　題眉君詩
冊　人日獨游草堂寺尋梅花已殘矣
草堂梅花摧折太甚詩以弔之　子壽植
叢竹於户外枝柯蕭散饒有遠致中兩梅
花淵然靜好即子壽可知矣余用東坡竹
外一枝斜更好為韻以致贊歎云　種花
卷四　詩一百五十六首 起癸亥訖丙寅
被檄權守綏定獨攜兒子我圻之官　午

《成山庐稿》 清光绪刊本

庐稿》较为稀见，该书虽是光绪时所刊，然而封面的题签却是叶恭绰手书。该书内有校字，当为刊刻的校样本，以9万元起拍，18.4万元成交。十余年前，该书的原稿本同样出现在海王村拍场中，仅以此价的几分之一成交，由此可见，市场中买家的主要着眼点仍然在刊刻漂亮、流传稀见上。

《皕忍堂模刻唐开成石壁十二经》，为本场红蓝印版块中册数最多的一部，有十四函七十四册之多。该书为民国十五年（1926年）张宗昌出资刊刻者，虽然流传较多，然红印本和蓝印本全套者，却较为难得。1998年，该书的红印本第一次出现在鼎丰拍卖公司的拍场中，印象中的成交价大约是7万多元，当时已认为是很高的一个价钱，而这部蓝印本则以110万元起拍，126.5万元成交，又创造了蓝印本成交的一个最高价。

敦煌写经，本场仅上拍了1件，为《瑜伽师地论卷第廿七》，单卷，首尾齐全，这在敦煌写经中较为少见，且该经的长度达到了9米，也是流传至今的唐人写经中较为少见者，因为有这两个卖点，该经的起拍价为150万元，最终以172.5万元成交。

碑帖拓片，本场上拍的数量较多，有151件，较为难得者有《龙门造像、题名》。该拍品为册页装，九册，收有历代造像、题名250余品，书内有清道光年间收藏家孙三锡的题记。虽然这位孙三锡不是收藏名家，但此裱本之内所收的拓片都较为难得，故而该拍品以15万元起拍，39.1万元落槌。“宋拓虞恭公温公碑”，全称应当是《唐故特进尚书右仆射上柱国虞恭公温公碑》。此碑为欧阳询晚年所书，为著名的碑刻。该碑在宋代时，下半截断裂，故清晰拓本较为难得，而上拍的这一册为剪条本，题为“宋元间拓本”，从墨气来看，应该为明拓本，但亦属难得。且该书中有张祖翼的跋语，为此拓本增色不少，故以10万元起拍，28.75万元成交。

2015春　天津同方国际

拍卖时间：2015年5月28日

拍卖地点：天津市和平区和平路290号劝业场老厦六楼华景戏院

天津的古籍拍卖与北京不同，除了品种侧重点不同，还有一个特殊的地方，那就是拍卖公司名称经常变更，正因如此，我对天津拍卖行搞古籍者不再记拍卖行的名称，而是关注专场的举办者。虽然拍卖公司时常“城头变幻大王旗”，但旗子经常变，大王却总是那么几位，这其中的大王之一就是孔令祺先生。

孔先生搞古籍经营的时间可能比我的藏书历史还长，我听说他从部队转业之后就到了古籍书店工作，并且还专门上过在北京举办的什么业务培训班，他好像是第七期学员。虽然不是“黄埔四期”，但七期也不错，再加上这么多年来一直经营古旧书，他在这方面的经验就可想而知了。

孔先生经营古旧书，虽也属经商，但他却有着与之不相符的诚实。比如本场拍卖，我向他索要总成交单，他说自己的拍卖公司不用电脑记录这些信息，并且也无法做详细的统计；我本想找他要来每一件的成交价，自己算出总成交率和成交额，他却告诉我，现场记录的成交情况并不全。这让我很无奈，只好让他把我关注的一些拍品成交价格用短信告诉我，然而他列的价格中，有些标的直接注明“托回”，而有一些则注明为“流拍”。如果换别人，就直接会将托回的部分算在成交里面，哪里会把称之为商业秘密的“托回”告诉他人。

孔令祺的办公室就设在天津劝业场的五楼，而劝业场是天津最著名的大商厦。进入楼内，眼前所见全是各色各样的生活用品，这样的多姿多彩，我始终无法跟古书联想在一起。陈景林先生带我进入劝业场内，发现商场内的直梯停运了，只好沿着中厅的扶梯一层一层地向上登高，目光所及的一切，让我忍不住不断地问陈大夫：孔令祺怎么会到这里来卖古书？

孔令祺的办公室锁着门，陈大夫直接把我带到了预展现场，预展就在劝业场的同层。走到入口，看到的都是戏单海报，陈大夫介绍说：“这里本是个戏园子，平时有不少的京剧爱好者来此听戏，拍卖的时候，小孔就将剧场包下来，使用的这几天，戏曲演出就停止了。”在剧场里搞预展和拍卖，我还是第一次见到。

这个剧场是那种老式的电影院格局，阶梯式的排排座椅，这在拍卖的时候倒不容易让拍卖师漏掉举牌的人。跟孔令祺打招呼后，我就开始拍摄预展现场并查看自己关心的书。预展的方式是开架观看，展览现场是在座椅和舞台之间的那块空地。这块空地以我的想象，应当是乐队或者伴奏坐的地方，而今摆上了几十个长条桌，上面一排排地陈列着拍品。舞台上也同样摆着大件的拍品，而器物类的拍品就陈列在舞台的地面上。我拍着照，总会产生戏如人生的错乱感。整张的碑帖悬挂在两侧的墙上，与墙上的壁画相映成趣。这种风格的混搭，给我带来视觉上的冲击，绝对超过巴黎的顶尖时装展。

其实本场我最为看重的书仅有一部，那就是《恕斋鉴藏明板书目》。这部书乃是周叔弢所抄，后面还有傅增湘的长跋。收到图录的时候，我总怀疑这部拍品是否为影印本，当我看到了原物，即确定为真迹无疑。有人说，周叔弢跟其他大藏书家的不同之处，就是他只买书，不卖书，其实这种说法带着一定的感情色彩。以事实论，周叔弢曾经卖出一大批明版书给陈一甫，周先生也并不讳言此事，而

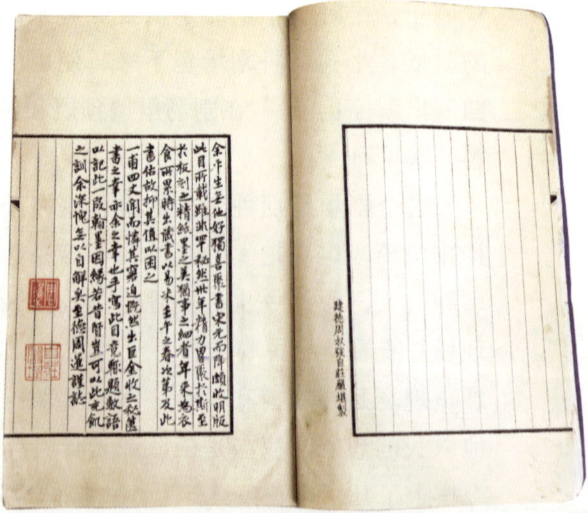

《恕斋鉴藏明板书目》周叔弢跋语

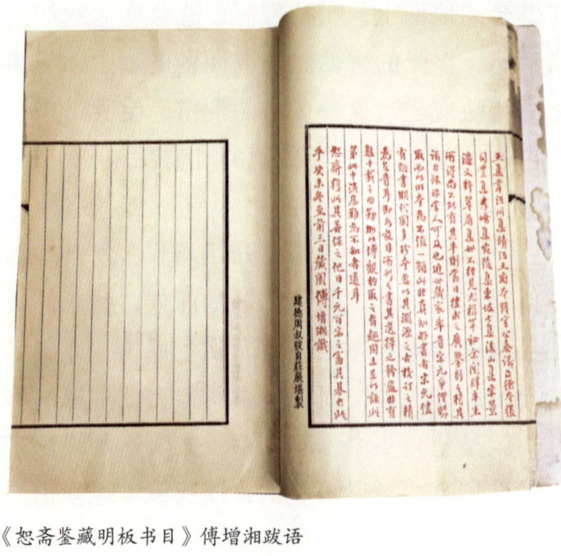

《恕斋鉴藏明板书目》傅增湘跋语

此处的这件拍品就是周叔弢卖书给陈一甫时所做的一份目录。看过拍品，我想将其买下，两天后开拍的时候，陈景林的电话却打不通，恰巧西安的李欣宇兄正在拍卖现场，于是给他打电话，请他代我举牌。该件拍品的起拍价仅8000元，这个价格太低，致使我的心理价位也没能提高多少，我请李兄将价格举到底价的10倍，然而之后仍有人相争，于是耐着性子一口一口地加价，一直加到了11.5万元，这种加价方式让李欣宇也觉得受不过，让我放弃。拍卖后的两天，陈景林打电话给我，说此书以14.5万元成交，被一位天津人拍到了手。

《津沽所见录》是一件不错的乡邦文献，该书的作者徐士銮就是天津人，而这件拍品正是他的手稿，虽然仅一册，标价6000元，确实不贵，但天津人的东西在天津拍，我当然争不过当地人爱护先贤的情感。该稿本以1.6万元成交。本场上拍的另一件天津史料则是《天津县志》、《续县志》，该书刊刻较为精整，二函十六册，底价为5万元，以乾隆本来说，这个价格不贵，最后以6.5万元成交。还有一件与天津有关的拍品则是《晚晴簃诗汇》，此书是徐世昌在天津期间请幕僚所编，整部有八十册之多。此拍品为原装，以6.5万元起拍，11.5万元成交。

明白棉纸本上拍者有《隋书》，其实该书为元明递修本，且为天津藏书家卢弼旧藏，从版本而言，为本拍场最好的一部书，唯一的缺憾是品相略差，因此没有引起更多买家的关注，以6万元起拍，9.7万元落槌。

在前来看拍品的路上，陈景林告诉我，本场有一件拍品跟他有关。他说自己曾经送给河北大学教授刘崇德一些书，刘先生竟然拿出一些来上拍。我问陈大夫何以知之，他说某书后有刘崇德的跋语，其中就写到了陈景林的名字。我觉得这样的拍品有意思，准备到现场找出来一看，然而到现场却忘记了此事。回来查图录，原来是《家世旧闻》。此书乃毛氏汲古阁刻本，书后果真有刘崇德的跋语，此跋的第一句话就是："陈景林先生津门藏书大家，知余喜汲古阁本，托友人送过毛刻多种。"看到此跋，我真想问陈大夫，我跟你相识近二十年，怎么没有送给我几本线装书？

看完预展，陈景林请来多位书友一起见面吃饭，前来的有书锦堂的宁杰先生。饭后宁先生带领众人到沈阳道去看他开的店。书锦堂面积虽然不大，但里面的古物可谓琳琅，尤其我看到了多本与目录版本学相关的工具书。宁先生说，他对古书其实很感兴趣，但是收书却很困难，于是他就经营其他品种。他拿出几块烟厂的广告板让大家欣赏，曲振明先生笑着说，如果卖给烟厂，能够得个大价钱。宁先生说，这些年他给各个拍卖公司所送拍品合计起来，有几百项之多，他大多都拍下了照片，可惜转手经营时却没能留下资料来，我劝他今后凡是经手之物一定要做记录，今后有可能就如同古籍拍卖图录一样，变得很有史料价值。

2015 春　北京百衲

拍卖时间: 2015 年 3 月 30 日

拍卖地点: 北京市朝阳区华威里 27 号陕西大厦二楼宴会厅

举办古籍大拍的公司近两年在北京仅增加了百衲一家，本场为该公司的春季大拍。以时间论，北方的春季大拍大多安排在每年的 4 月到 6 月间，百衲的时间是在 3 月底，由此成为了今年北京首场古籍大拍。

百衲的这场大拍总计有九个专场，其中这场“吉金笺素”为古籍专场，副题为“碑帖、古籍、美术文献、故纸专场”，一目了然地说明了本场拍卖的版块。近几年，古籍专场的拍卖热点逐渐由古书转为碑帖，故而在拍卖顺序上也将碑帖列在了最前面。百衲的拍卖专场此前我曾参加过两场，也买到过几件拍品，本次经谭然先生介绍，才第一次跟百衲公司业务经理潘旭辉先生相识。跟他一见面我就坦言对百衲的印象，这种印象来源于在拍品征集方向上的差异，百衲似乎更看重一些热门中的小品。潘经理认可我的判断。他说，在征集方面因为很难竞争过那些大公司，所以很难拿到一流顶尖的拍品，与其征集来大名头的一般之物，还不如下力气去征集小名头中的精品；公司的主导思想是努力地保真，能征集到重头拍品固然好，如果不能，则尽力征集一些保真的小品。

本场碑帖版块上拍了111件拍品，而全场总计有384件拍品，碑帖的数量几乎占了全场的三分之一。本场的总成交率为65%，而碑帖部分则远高于此。以重要性来论，汉魏碑当然是碑帖类的中坚，以近几年的市场接受度来看，整张拓本的裱帖本更受欢迎，而本场上拍的碑帖大多数均为裱帖本，能够明显地感觉出是为了适应市场的需求。整纸碑帖的收藏是清代以来形成的收藏风气，虽然天一阁也藏有宋元时期的整纸本，但毕竟是个案，今日所见明代以前的拓本基本都是剪条本，故而本场虽大多数是整纸本，自然也都是晚近拓本，所以成交价格并不高。比如《郙阁颂》以4000元起拍，8000元落槌。《西狭颂》为两纸拓本，以1万元起拍，1.7万元落槌。《袁安碑》虽然经洪丕谟旧藏，也并未能提升价格，仅以3000元底价成交。

青铜器类的拓片也是近些年来的热点，本场拍品中这类拍品较难得的有：《新莽始建国元年铜方斗全形拓本》，此拓本为碑帖收藏大家朱文钧旧藏，且拓印精整，以3500元起拍，2.5万元落槌。《蔡哲夫藏唐镜拓本》，一般而言，唐镜拓本均为经折装，而本拍品仅为两面铜镜拓本，从形制上看，可能是某个册页上的一开。尽管如此，仍然受到藏家喜爱，以1.5万元起拍，2.2万元成交。

本场还上拍了两本器物拓本册页，第一件是《陈式金手拓金石二十二种》，这个册页内收藏的器物品种较多，有周公戈、秦二世量、东汉永平整砖等等。这种集锦式的拓片以往少受关注，而本场以1.8万元起拍，竟然拍到了6.2万元。而另一件《金石杂拓册》也同样收录的是各类金石器物的拓片集锦，这个拍品因为没有太多跋语，故成交价低于前一件，以1.5万元起拍，2.1万元落槌。

刻石造像拓片属于近几年的热门之一，因其观赏性和装饰性要好于碑帖，若是名家所拓且带有名家跋语者，几乎都能拍得善价。本场上拍此类拍品5件，全部得以成交，其中《花开见佛图》为本场图录的封面，此拍品属于拓片和绘画相结合的品种，拓本中的竹梅为若瓢所绘，出自名家之手，故而受到买家关注，以1.8万元起拍，6.8万元落槌。而另一件《北魏太和铜佛造像拓本》，拓本之上有周梦庄数段长跋。这位周梦庄曾任《新公报》总编，对词学素有研究，可能是名头不如若瓢响亮，故此拓片以 8000 元起拍，1.3 万元落槌。

本场上拍印谱 32 件，其中仅 3 件流拍，可见这个版块也受到相关藏家的关注。以名气论，这些印谱中没有古代的名谱，但也有一些受市场关注者，例如《吴让之印存》，为民国间西泠印社钤印本，原装一函十册。西泠派篆刻家的印谱，这些年颇受市场关注，尤其稀见品种，大多能够拍得好价钱。此谱以 4 万元起拍，11 万元落槌。《赵凡夫先生印谱》为本场印谱类拍品中年代最早者，该谱成于乾隆十年（1745 年），分八卷本和十二卷本，而该拍品为六册，可能不是全谱，以 3000 元起拍，却仍然以 2.4 万元成交。

20 世纪 80 年代之后，有些博物馆将馆藏汉铜印制谱发行，这类印谱也受到了市场的追捧。例如本场上拍的《天津市艺术博物馆藏印选三种》，该谱所收为此馆所藏的战国及汉代的铜印，1980 年由天津杨柳青画社钤盖发行，总计只制作了 30 部，上拍者为第 9 部，以 1.3 万元成交。《首都博物馆藏古玺印选》，一函八册，函套笺上的题字，出自日本印学名家小林斗盦，而里面所收的历代古玺也是由小林斗盦和罗随祖共同挑选的。此印谱限量发行 50 部，而上拍者为第3部，可能是因为这部书的编号靠前之故，该谱以2.6万元成交。

古籍线装书从数量上讲，仍然算是这个专场的主体，然本场上拍了110件该类拍品，却流拍过半，这确实让我很是感慨。二十年来，古籍专场一直是以拍善本书为主体，其他物品基本属于附带物，然而这些年却渐渐起了变化，当年的附带物反而逐渐成了主体。其中的原因虽然很多，比如真正够级别的宋元本或者稀见的明版书确实很难征集，故而只能靠其他的拍品来支撑市场。但我总觉得这个重要的传统不能丢，总是希望以古籍线装书为主体来支撑这个古籍拍卖专场，然而，市场证明我的想法的确是“图样图森破”。

本场的拍卖结果虽然不够理想，但毕竟还是有内在原因。以我的眼光看，本场缺乏古籍中的名品，即使是晚近刻本，其中也无稀见品种。其实，本场也有可称道之书，比如《顨轩孔氏所著书》，此书为清代学术名著，且有王绳祖批校，但却未能引起市场关注，以1.8万元流拍。而《朱子集》虽然仅是清咸丰十年（1860年）的刻本，但因为本数多，为五函三十九册，2.8万元起拍，竟然以6.5万元成交。而皮锡瑞的代表作《经学通论》，该书在经学史上具有独特的价值，竟以3500元流拍。

印制精美之书仍然受到人们追捧，例如《千秋

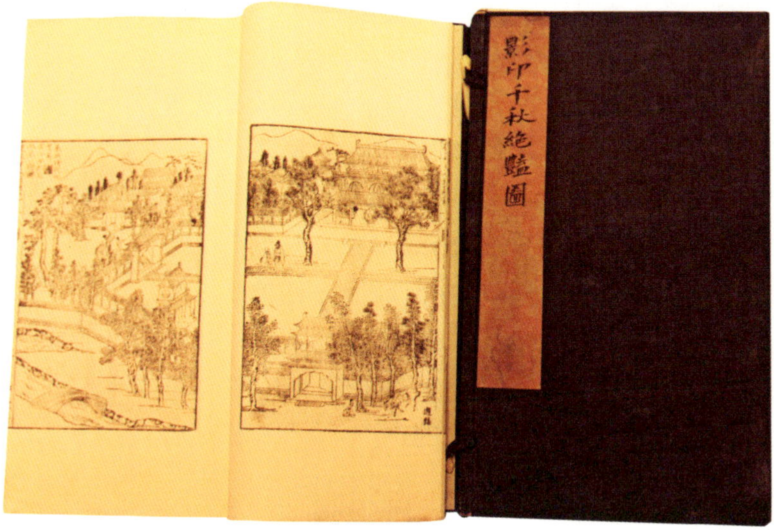

《千秋绝艳图》珂罗版

绝艳图》，此书乃珂罗版印本，系民国藏书家所作，该拍品是用罗纹纸所印，以 2.3 万元的高价成交。同样是董康所制作的《盛明杂剧三十种》，虽然为毛边纸印本，但因为刻制精良，所以多次上拍，几乎均能拍得善价，故而该拍品以 2.8 万元起拍，6.5 万元落槌。

稿抄校本在本场亦有可称道之物——《羽声集》，此本流传不多，再加上书后有沈傲樵等人的跋语，故而以 1.5 万元起拍，3.7 万元落槌。《燕宦杂语诗词》为王苍的稿本，王苍本是书法名家，曾在山东图书馆任职，然其墨迹流传不多，故而该拍品虽为一册，却以 3.8 万元落槌。

按照图录所示，本场拍卖的第三个部分是美术文献。本场中这个版块虽无重头拍品，但这类有历史记录的图册可能对找资料的人有用，故大多得以成交。而本场的第四个版块——故纸，则为本场成交情况最好者，这个版块上拍了七十余件拍品，仅有 7 件流拍。这是让我更加感慨的一个版块，比如“旧空白扇面一组”，这些扇面不带扇骨，总计 20 个，却拍得了 7.2 万元。其他的一些空白扇面也同样能拍得一些好的价钱。还有一些整卷的旧纸，总计二十余卷，仅有两件流拍。这类东西市场如此之好，让我不知如何评论。我还是劝勉自己要牢记佛印对东坡说的那句话：“心中有佛，所见万物皆是佛。”

2015春　北京保利

拍卖时间：2015年6月4日

拍卖地点：北京四季酒店

今春的拍卖正赶上保利拍卖公司成立十周年，按照惯例，在这整数之年，拍卖公司都会将近两年攒下的一些重头之品拿出来上拍，以便在这个喜庆的日子能够开门红。从预展现场的情况看，保利公司在这方面的确下了大功夫，整个预展的现场布置能够明显地感觉到与以往不同。本次预展，保利公司竟然包下了北京农展馆的几个展览大厅，在农展馆入口处就看到了巨大的广告牌，而院子中，各种布置也搞得很是喜庆。尤为特别者，展览大厅的门口竟然装上了安检门，并且有工作人员用仪器在看客的身上检测，那种正规的阵势恍若国家级的盛会。

本场保利春拍分为了四个版块——古籍文献、唐宋遗书、翰墨菁萃、西文经典。在图录印制上，保利公司坚持自己的厚重印法，将四个版块合并在一本图录内。本场总计上拍了685件拍品，这个数量虽比前几年的拍卖规模略有缩减，然而在拍品质量上，反而较以往有所提高，可能正是想以这种精耕细作的方式来取得拍卖业绩，以此向十周年庆典献礼。最终的拍卖结果确实也达到了预期。本场的成交总额为4638.985万元，成交率为77.34%。就成交率而言，本场的成绩确实靓丽，虽然成交额不足5000万元，较以往似乎未有突破，然而在现有的市场环境下，能取得这个成绩已属难得。

本场最突出的部分，是上拍了一组唐宋时期的写经。这组宗教文献的数量有45件之多，一次性上拍这么多的相关拍品，这在保利也是第一次。唐人写经版块一直是保利古籍专场的长项，本场则将这个长项发扬光大，并且拍卖的成绩也很好，仅流拍了两件日本写经，而中国写经则全部成交，其中难得之品有：《观弥勒菩萨上生兜率天经》，此件刻经图录上注明为辽代早期刻本，然该经未落年款。最为特别之处，是本经的界线刊刻方式。以这种方式刊刻的早期刻经，本场为第一次出现，故而该经一出现就受到多位藏家的关注。该经以10万元起拍，落槌价为145万元。如果该经确定为辽代刻本，这

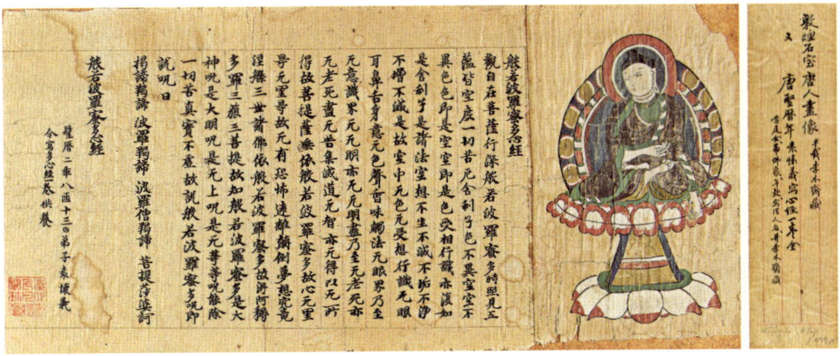

《般若波罗蜜多心经》

个成交价确实不高，唯一的小缺憾是该经没有确切年代的尾款，并且尺寸较短，其残存部分，首尾不足 1 米长。

虽然说收藏佛经习惯以尺寸来计算价格，但有时这种计算方式也并不完全成立，比如《般若波罗蜜多心经》，此经总计几百个字，不可能有多长，而本场上拍的这一件，前面还粘贴着一张彩绘的佛像，即使加上这段佛像，该经的长度也仅半米多一点，但这并不影响买家对它的看重，此经以 10 万元起拍，250 万元落槌。以尺幅论，这是本场最短的一段经，然而也是成交价最高的一件。

写经部分还有一件特殊的拍品——《摩邓女经》。从内容上讲，此经也是第一次出现在拍场，然而这部经却是两部分粘合而成，前一段为公元 8 世纪写经，后面的部分则是一段千字文，从字体上看，属

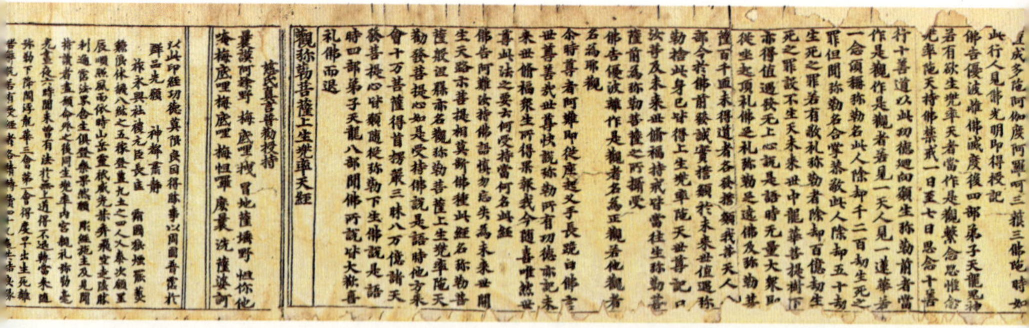

《摩邓女经》

于9世纪到10世纪归义军时期写本。千字文属于俗世文献，这些年来上拍的敦煌遗物，几乎全是宗教文献，俗世书籍或文书类的物品当年已经基本被外国人挑选干净了，今日能够出现一件俗世文献，从价值而言，当然比宗教文献有着更大的市场吸引力。虽然此经的起拍价仅4.8万元，但一直到100万元方落槌。

敦煌写经中还有一件难得之品，那就是《思益梵天所问经第二》。从字体上说，此经属于公元8世纪吐蕃写本。一般而言，吐蕃时期的写经少有像这件拍品一样书写工整者，然该经更难得之处，是存有完整的第二卷。单卷全者在敦煌写经中也不多见，正因为如此，该经引起了买家的关注，以40万元起拍，200万元成交。本场还上拍了一些残经，起拍价都定在1000元，虽然这些经残损程度很厉害，但因为年代久远之物易受藏家关注，故成交价格都在底价的几十倍以上。最后这些残经全部成交。

佛教文献中，明内府瓷青纸写经长期以来一直受到买家的青睐，本场上拍了一件这类拍品，乃是《大般若波罗蜜多经卷第四十一至四十二》。此经装潢颇为漂亮，里面的字体则是用金水和银水两种来书写，这在写经中也较为少见，因此该经以 90 万元起拍，200 万元落槌。

日本写经在中国的市场中，一直没能卖出价钱来，例如本场上拍的几件日本写经，成交价格基本上是中国写经的几十分之一，即使是首尾齐全的日本写经，有的长度已经达到了 10 米，然而成交价格也仅 4 万元人民币。比如《御遗告一卷》，此经的内容是由日本高僧空海所撰，该经后面有确切的书写年款——日本永和二年后圆融天皇写本。永和二年相当于公元 1376 年。该经首尾齐全，长度近 9 米，并且配有原木盒，这样的一件物品，起拍价仅 1000 元，而成交价也是区区的 4000 元。这类经在日本的流传情况我不了解，也许数量太大，因此其价值不被人认可，但即使如此，拍出这样的价钱也远出人所料，毕竟公元 1376 年相当于明洪武九年，而中国这个时期的写本至少要比此件的成交价贵上 100 倍。虽然这种类比法并不科学，但我想说明的是，此间的巨大差别应当作一番仔细的探讨。

但也并不是所有的日本经都不能卖上价来，例如《天平经法集经第六》，日本天平十二年写本，这一年相当于公元740年，属于日本早期写经，并且该经的内容是日本的光明皇后为她的父母及夫君祈福而写的发愿经。此经在日本很有名气，且该经有尾题和落款，可能是这个原因，再加上此经的书写时期较早，故这卷经以50万元起拍，100万元落槌。这是以往拍卖过的日本写经中，成交价格最高的一件。

本场的宋元刻本未见有重头戏，然有些明刻本却颇为少见，例如《皇极经世书十二卷观物外篇二卷》。该书刊刻于明嘉靖间，原书十二册，此书为明嘉靖间金陵刻本，流传至今者仅有5部，且上拍的这一部为上海图书馆退还之物，实为五部之一。此部书以20万元起拍，42万元成交。《春秋四传》也是一部明嘉靖本，为福建按察使吉澄所刻，同样是二函十二册，然该书流传至今者较上一部为多，故此书以12万元起拍，25万元成交。这个成交价不足几年前市场成交价格的几分之一。本场还上拍了7组明代的《嘉兴藏》零种，这等大数量的上拍颇为少见，然成交价比以往也有所下降，例如《止观辅行传弘决》，原装一函十册，成交价仅4万元。

余外，本场也有一些其他的明版书，成交价格同样不高，由此可见，近两年的藏家更为关注高古之品，而对寻常所见版本的关注点则大为降低。然而殿版书是个例外。虽然从时限上讲，殿版书的年代都比不过明刻本，然因其刊刻精美，再加上与皇家有关联，致使殿版书既不以时代论，也不以稀见多寡论，而所重者更多的是品相。例如《渊鉴类函》，清康熙四十九年（1710年）扬州诗局刻本，该书虽然为扬州诗局所刻，但属于皇帝委托办理者，故此书一贯被视为殿版书。因为该书名气较大，且流传较多，所以在市场上一直没能卖出高价，然上拍的这一部为开化纸印本，且带有黄绫封面，是该书中品相上佳的一部，故而以60万元起拍，95万元落槌。此为该书卖出的最好价钱。另外《御选唐诗》，康熙五十二年（1713年）内府朱墨套印本也是如此，流传并不稀见，同样以5万元起拍，12万元落槌。《佩文斋咏物诗选》，清康熙四十六年（1707年）内府刻本，四函三十二册，该书亦不稀见，且上拍之物中有配本，然而该书的主体为麟庆旧藏，也属名家递传之物，以10万元起拍，15万元落槌。

相对于内府刻本，内府写本的价格则要高许多，其中的重要原因是写本要比同类刻本稀见得多，例如《大清律纂修条例四种》清内府写本，五册，为内府原装之物，虽仅五册，起拍价却高达50万元，而落槌价格则达到了70万元。本场还上拍了一件明代内府写本，为《孟子集注大全》。该拍品仅存卷九

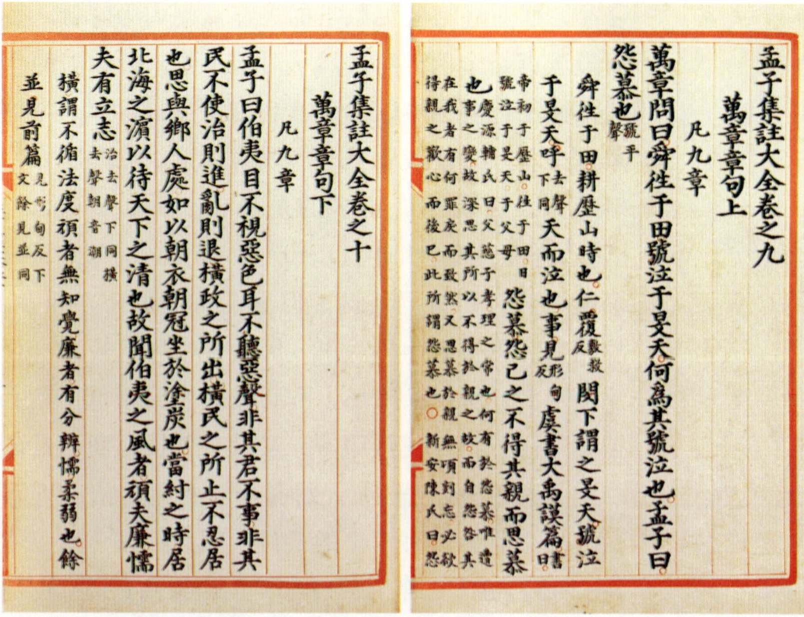

孟子集註大全卷之九

萬章章句上

凡九章

萬章問曰舜往于田號泣于旻天何為其號泣也孟子曰怨慕也號平聲

舜往于田耕歷山時也仁覆閔下謂之旻天號泣于旻天呼去聲下同天而泣也事見形甸反虞書大禹謨篇書曰帝初于歷山往于田日號泣于旻天于父母怨慕怨己之不得其親而思慕也慶源輔氏曰父慈子孝理之常也何有於怨慕惟遭事之變故深思其所以不得於親之故而自怨在我者有何罪戾而致然又思慕於親無頃刻忘必欲得親之歡心而後已此所謂怨慕也○新安陳氏曰怨

孟子集註大全卷之十

萬章章句下

凡九章

孟子曰伯夷目不視惡色耳不聽惡聲非其君不事非其民不使治則進亂則退橫政之所出橫民之所止不忍居也思與鄉人處如以朝衣朝冠坐於塗炭也當紂之時居北海之濱以待天下之清也故聞伯夷之風者頑夫廉懦夫有立志治去聲下同橫去聲朝音潮

橫謂不循法度頑者無知覺廉者有分辨懦柔弱也餘並見前篇見形甸反下文餘見並同

《孟子集注大全》 明内府写本

和卷十，为原装一册，而明内府朱丝栏写本流传稀见，虽仅一册，也以25万元起拍，68万元成交。这个版块还上拍了一部《颐和园彩绘图》，虽然绘制时间仅是光绪年间，但涉及皇家园林，故仍然以10万元底价成交。

本场的碑帖上拍数量较为适中，因缺乏重头拍品，成交情况一般，例如《石鼓文》，此为旧裱本一册，且有陈邦怀跋语，钤有徐世章的收藏印，以58万元流拍，可能是价格高于行市之故。还有一件古琴的拓本，这类物品以往少有人关注，故本场的这件拍品仅以2000元起拍，却拍到了35万元的高价，这远出于一般人预期，从近两年的拍场情况看，以往不受人重视的特殊拍品，往往能够拍出意外的高价。然碑帖里也有更为特殊的高价者，本场上拍了一册《道因法师碑》剪条本。此碑的图录中，仅注为“旧拓本”，起拍价也仅7000元，却以90万元落槌。我事先没有关注这件拍品，因此不知该品拍得这等高价的奥妙所在。《天发神谶刻石》，此碑为明拓本，属于较为难得之物，且该拓本后面有邵锐的几段题跋，还有杨守敬的藏章，故该品以40万元起拍，55万元成交。

“翰墨菁萃”版块，其实就是文人字画，这类拍品也是保利古籍拍品中的长项。然颇为意外者，乃是该场上拍了4件陈伯达的书法作品，且全部以高价成交。而陈伯达并非书法名家，他的字能够拍得高价，只能是从另外的角度来解释，例如其中一件拍品，仅2平方尺大小，落槌价竟然高达60万元。周作人的手札，本场上拍2通，他的墨迹受到藏家的持续关注，这两通手札分别以13万元和6万元成交。而本场出现的“陈寅恪致傅斯年书信”，仅此一页手札底价就达20万元，而落槌已是25万元，由此可见陈寅恪在人们心目中的地位。手札部分上拍最多的一批，则是“晚清驻朝鲜使臣袁世凯等人致

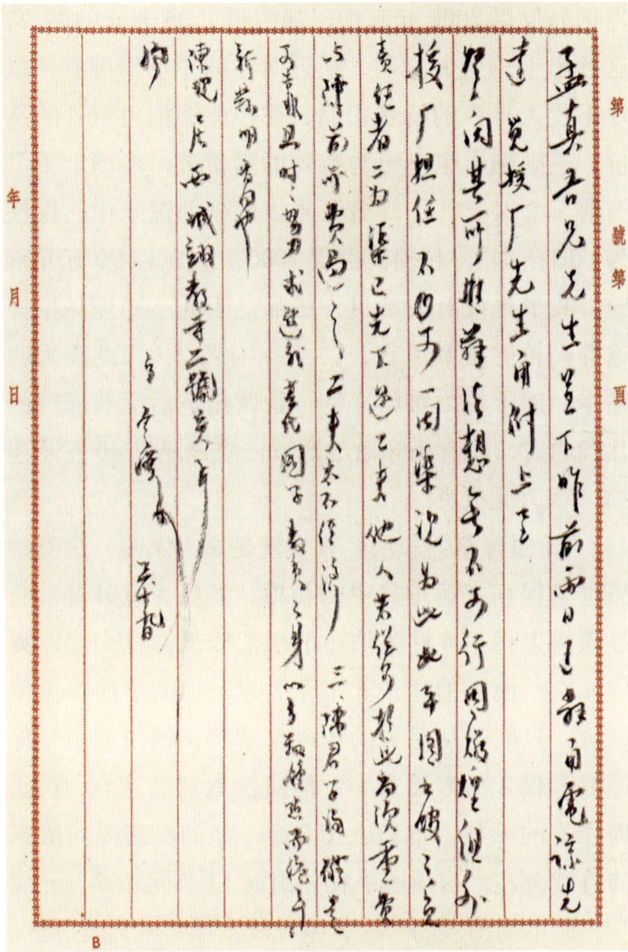

陈寅恪致傅斯年书信

朝鲜大臣金昌熙丛札及文稿”。这批手札数量较多，并且在《历史文献》第18辑上有相应介绍，而且这些手札已经由国家图书馆出版社出版，属于有著录之物，故以50万元起拍，85万元落槌。

“西文经典”版块上拍者当然都是西文著作，这个版块的拍品也是保利公司近几年坚持拓展的方向，至今越发受到了藏家的关注。如本场上拍的《大清古典纹饰艺术品》，1883年巴黎出版，二册，为活页装石印版，其中的一些描金部分为手工绘制，该书以5万元起拍，8.9万元落槌。当然也有一些西文书跟中国事物无关者，例如“毕加索版画签名本”。这类书卖的当然是毕加索的签名，该书为1966年纽约出版，书内有毕加索用红色笔画的一幅简笔头像画，另外还有蓝色的钢笔签名。此书以2万元起拍，11万元落槌。西文签名本近来也渐渐出现在中国拍场中，这种变化不知是否能改变中国古籍拍场固有的拍品结构。从发展的眼光来看，古籍拍卖货源有限，而拍卖公司常年固定的拍卖需要大量的拍品来做支撑，原有寻常所见的拍品，已经为固定藏家所厌倦，若想有新的突破，则需要拍卖的主持者从另一个角度来开源，只是不知道这样的开源到何时才能形成市场上固定的购买群体。

2015春　北京匡时

拍卖时间：2015年6月7日

拍卖地点：北京国际饭店会议中心

匡时拍卖公司是近几年在中国艺术品市场中风生水起的拍卖公司之一，该公司一直没有开办常年的古籍善本专场，然而这些年来也举办过几场引起很大轰动的古籍拍卖，名气最大的一场，当然就是过云楼的那批书。九年多前，过云楼的一批善本在嘉德场中，以整体拍卖形式2300万元成交，若干年后，又整体出现在匡时专场中。为了这个专场，匡时公司做足了功课，又是开研讨会，又是搞各种各样的宣传，这一系列的动作果真起了作用，这批书不但以超过2亿元的价格拍了出去，并且还引起了两家公藏单位的争抢，这种事情在中国古籍拍卖史上也是第一次出现。大家在议论这件事的同时，却少有人提到匡时公司为了征集这批书而做出的努力，这才是真正的“梅花香自苦寒来”。

此后不久，匡时又拿到了一批跟梁启超家族有关的拍品，同样搞了个专场，也以很好的价钱拍了出去。还有那册北宋本的《礼部韵略》同样如法炮制。在我印象中，为一部书搞一个专场，是匡时公司所首创。这一册书原本与我有些缘分，但却最终与我一笑而过，我见到此书后的一年，它出现在了匡时的拍场中，底价标为600万元，比我初见时贵了100万元，然而它的成交价却更是出乎我的意料，竟然高达2990万元，这个价格也创造了中国单部古籍成交的最高价。

以我的看法，匡时是极为务实的一家拍卖公司，它虽然不搞常年的古籍专场，但每得到一部或一批珍贵古籍，它就会打出一系列的组合拳，最终的结果都远比人们想象的更加灿烂。本次匡时公司举办了“集古范世——历代印谱专场”，虽然印谱专场并非匡时所首创，然而对其公司而言却是第一次。从上拍的这些印谱质量来说，确实没有重头拍品，比如著名的“三堂印谱”，明代的《集古印谱》，清代汪启淑、陈介祺等金石大家所制作的大部头印谱，本场所拍印谱大多是晚近时期所制作的。尽管如此，匡时的这场拍卖成绩还是很不错。本专场上拍了

215件拍品，成交170件，成交率79.06%，总成交额402.2万元，以其拍品的质量能取得这样的拍卖结果，已经超出市场的预估。

匡时的预展和拍卖地点也在国际饭店会展中心，因为嘉德刚刚在此举办了拍卖和预展，这让我本能地对两家公司的拍卖风格进行了对比。能够明显地感觉出来，两家公司在布展风格上有较大的区别，似乎匡时公司更注重细节的表现力，比如在上下楼的扶梯外沿金属板上，贴满了公司的LOGO，在印谱展区专门放置了精致的实木雕花展架，而非司空见惯的金属组合柜，这种布展方式让那些印谱与古香古色的特制书架相得益彰。这种对展品的尊重之态，尽显布展者的良苦用心。

印谱是中国传统古籍中的特殊品种，我这里所说的特殊，并不单纯指它的制作风格。中国传统古籍基本上是按照四部分类法进行分门别类，“部”的下一级是“类”，“类”的下一级是“属”，中国的每一部古籍，都可以对号入座地将其归入一个部类属中，但唯有印谱特殊，它被分入了两个门类：一种放入史部金石考古类玺印之属，一种放入子部艺术类篆刻之属。具体的分类方法，是把集古印谱归为前一类，而篆刻家所作的艺术类印谱归为后一类。从这点就可以看出，印谱确确实实是古籍中的一个别格。而收藏印谱者大多对这两类印谱都兼收并蓄地入藏。其实金石考古类的印谱，更多的是以印证史，对历史上的名物制度、官衔的时代变迁，都是极有价值的历史实证。但这类印的制作者，几乎无人知晓，因此集古印谱注重的是史料价值。而名家印谱，则更多看重的是艺术价值，比如现在的流派印谱，是市场的热门。收藏印谱者其实关注的是篆刻者通过印文的排布，而呈现出来的艺术构思。从这个角度来说，其实收藏流派印谱者，更为关注的是制印者的名气和技法，而非印谱本身。匡时本场图录是将历代印谱专场跟国石篆刻专场，合并为一本图录，由此可见匡时公司是将印谱视作篆刻爱好者所热衷的门类，并未将其作为单独的收藏品种来看待，因此它的市场方向仍然是对篆刻有兴趣的潜在人群。

本次历代印谱专场，没有对拍品进行两分法，即将集古印谱和流派印谱分开排列。从这场图录的编排顺序来看，大致是按印谱制作的年代先后，作顺延排列，而排到后面的几个号时，却上了几种剪条本的裱本碑帖。这种编排方式颇为特别，因此下面所谈到的一些印谱，也就不严格按顺序或者分类进行描述了。

《孔才刻石丙子冬集》，首先谈这部印谱，并不是因为其价值大，而是受想买此谱的友人所托，请我代为察看。该谱的制作者贺培新曾经跟齐白石学过制印，然而此谱从名称和内容上讲，皆非完璧。该谱仅收印 56 方，于 1936 年制成此谱，一册原装，以 1 万元起拍，已不算便宜。因为这既不属于名家印谱，也不属于有价值的集古印谱，然而它仍然以 2.07 万元成交。可见买家的购买心态，各有各的着眼点。

《续齐鲁古印攈》，光绪十八年（1892 年）钤印本，十七册。该部印谱常见者为十六册本，而本谱多出一册，乃是将第九册分为两册，未得悉其中缘故。此书为清末名谱，在多种书中均有著录，故以 4 万元起拍，16.1 万元成交。

《二百兰亭斋古铜印存》，光绪二年（1876 年）钤印本。“二百兰亭斋”乃是苏州藏书家吴云的堂号，他在金石收藏方面颇有名气，他的这部集古印谱最初制作于同治元年，为六册本。当时六册本仅制作了 20 部，因为该谱所需甚众，到了光绪二年，吴云又将此谱重新制作，扩充为十二册本，而上拍者，乃是这十二册本中的一册零本。这册零本原为潘景郑旧藏，卷首有他的藏印，故也属名家旧藏之物，虽然以无底价起拍，却最终以 1.15 万元成交。

《汉官私印》，此谱钤盖于 1939 年，封面由篆刻家汪大铁所书，内有邓散木的跋语。这种篆刻家递藏之谱，最受藏印谱者所喜爱，故该谱以 2.875 万元成交。

还有一件拍品为匋文，其实并非印谱。匋文的流传比印谱还要稀见，而此谱为历史学家商承祚所作，书前有他的长篇题记。虽然成书于1950年，而因着这篇题记的价值，使得该谱以1.15万元拍出。

《十六金符斋印存》，光绪钤印本，八册。此谱为苏州金石大家吴大澂所制，该谱有多个版本流传，最长本为十六卷本，实为十四卷本，而此跋卷本却是第一次上拍，且该书的品相颇佳，故此谱以2万元起拍，4.83万元成交。

《王福厂印痕》，此谱所收之印大多为王福厂自用之印，此类名家篆刻印谱最受市场欢迎，故该谱以2万元起拍，8.625万元成交。

《福厂印稿》，此谱为民国间所制作，原装4册。上海博物馆藏有与该谱版式相同者，却有101册之多，而上海图书馆也藏有此部印谱，为78册。此谱虽然仅存4册，然有可能与上图所藏为同一部书，故仍然受到买家的喜爱，5万元起拍，9.775万元成交。

《梦坡室金石印痕甲子编》，“梦坡室”乃常熟收藏大家周庆云的堂号，他有多种著作传世，然而他的印谱却很少见。此谱制作于1928年，原装10册，1.5万元起拍，4.37万元成交。

《吴让之印存》，1904年钤印本，十册。吴让之是西泠篆刻派的大家，他的印谱广受喜好篆刻者的珍爱，故此谱为本场重点之一。此谱后面标有定价18元的字样，在民国初年，18元大洋已经是很大的一个价钱，由此可知，该谱从甫一制作完毕，就是

《吴让之印存》 1904 年钤印本

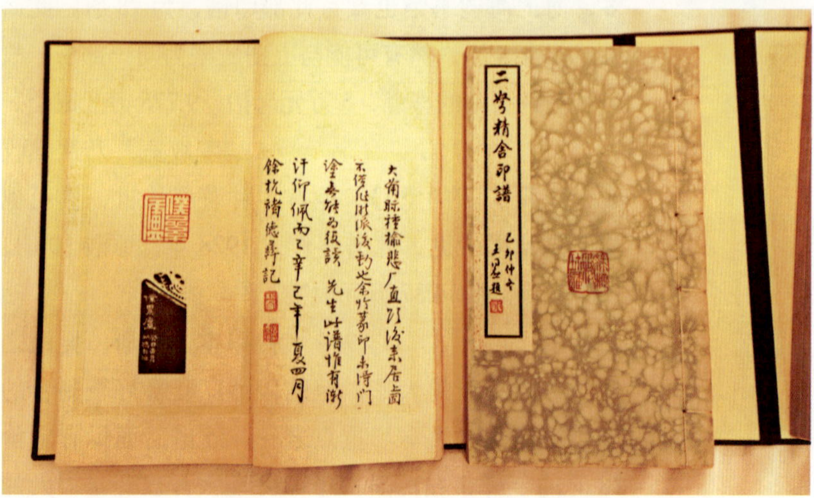

《二弩精舍印谱》 1941 年赵叔孺制作

一部昂贵的书，流传至今已过百年，故此谱以3万元起拍，成交价则为7.475万元。

《二弩精舍印谱》，此书为篆刻大家赵叔孺制作于1941年，原装六册。同样是民国间著名的印谱，以5万元起拍，19.5万元成交，为本场成交价最高的一部印谱。

《郘亭印存》，民国二十二年（1933年）钤印本，一册。“郘亭”乃是藏书家莫友芝的堂号。藏书家印谱最为后世喜好藏书者所宝爱，因为这种印谱可以作为鉴定藏书印真伪的依据，然这种印谱出现在喜好篆刻者专场中，一般难有好的表现。但也有特殊情况，例如里面所收之印均为名家所篆刻者，这样的印谱为藏书者和藏印者共同喜爱。此谱也是这种情况，里面所收之印，有不少是名家篆刻之物，故此一册之谱，以5000元起拍，1.035万元成交。

《邓印存真》，1944年钤印本，二册。此谱制作者葛昌楹同样是藏书家。葛氏除藏书之外，在印谱制作上也属大家，此谱内有其题记。葛昌楹于1960年将此谱赠予朱其石，朱在谱中也写了一段题记，成为名家递传之物。此谱以3.5万元起拍，7.82万元成交。

本场还上拍了两组碑帖，一组有6件，而另一组有7件。将剪条本碑帖分组上拍，在当今火热的碑帖市场中，较为少见。

2015春　上海博古斋

拍卖时间：2015年6月28日
拍卖地点：上海大剧院八楼宴会厅

本专场上拍了860件拍品，应该是博古斋古籍大拍上拍数量最多的场次之一。关于本场的成交情况，博古斋拍卖公司总经理胡建强先生在来信中告诉我，本专场在拍前撤拍了9件拍品，因为其中的抗战文献即有8组被公藏机构定向优先购置，故场内实际的上拍数量为851件，成交率为75%，成交金额含佣金为2718.95万元。

一般而言，古籍专场图录的封面设计几乎是固定的，会使用本场最重要的一件拍品。本场的封面为一批泥活字字钉，可见这批泥活字应该是本专场最重头的拍品。然而在图录中这件拍品却排在了中间的位置，具体的拍品名称标为“清乾隆道光间安徽泾县翟金生制泥活字约2700枚”。泥活字字钉实物一直是印刷史备受关注的历史物证，但以往这类实物流传甚少。按照资料记载，翟金生总计制作过十余万个泥活字字钉，然而后世却仅见到过零星出现。十几年前，中国书店曾经上拍过三回，每次上拍的数量在二十几个到五十几个之间，成交价每次在2万至3万左右，而本次一次性地出现2700个字钉，这是以往人们所知存世泥活字总数的十余倍。这批活字的底价是220万元，而最终成交价格则为253万元。这类印刷史上的重要实物应当是相关公藏

清乾隆道光间安徽泾县翟金生制泥活字

机构所关注者。

跟印刷史有关的实物，本场还上拍了一批铜制铸字字模和铸字机。这类印刷工具也是第一次出现在拍场中。这批字模总计有7600多个，另外还有1台小型的铸字机。这件拍品起拍价为33万元，可能是这类近现代印刷实物还没有引起相关买家的关注，致使这些字模流拍。与之相邻的一组拍品，则是一批晚清民国间所做的木活字字钉。按照图录的标示，总计有近13万个。这类整盘的木活字，近些年时常出现在拍场中，大多都能得以成交，本场的情况也同样如此。这批木活字以16万元起拍，18.4万元落槌。

从这些拍品来看，本专场的着眼点，是成规模地上拍印刷史上的老旧印刷实物。可能是出于这样的主导思想，本专场排在最前面的拍品，是23件带原木箱的线装书。这类拍品按照传统的观念，往往是旧书店内较难售出的品种。按照业界的说法，这类原木箱之书被称为“压架货”。然而这种观念到今天已几乎不存在，风水流转，这类带原箱的书渐渐成为了拍场中的热点，在大多数情况下，成交价格均高于不带箱者。其中的原因虽然多种多样，但更合理的解释是，带有原箱的古书更具有展示性，放在书房里会自然生出一种古意。

正是由于这种原因，本专场排在前面的23件原箱之书，全部成交，且成交价格又往往高于底价的数倍。比如《硃批谕旨》，清光绪间石印朱墨套本，一箱六十册，起拍价3000元，成交价3.22万元；《皇朝续文献通考》，民国间石印本，一箱一百册，起拍价2000元，成交价1.725万元；《金石索》，清光绪上海文新书局石印本，一箱二十四册，起拍价2000元，成交价2.875万元。从这些起拍价和成交价的比例来看，能够说明买家对于这类原箱之物的关注，如果不带原箱，这些石印本则远不能达到这样高的成交价格。

批量上拍大部头书，也是本场的特色之一。共计22部，其中仅3部流拍。这也能看出，今天的收藏者对大部头书的喜爱在渐渐升温，例如《通志堂经解》，同治十二年（1873年）粤东书局翻刻本，原

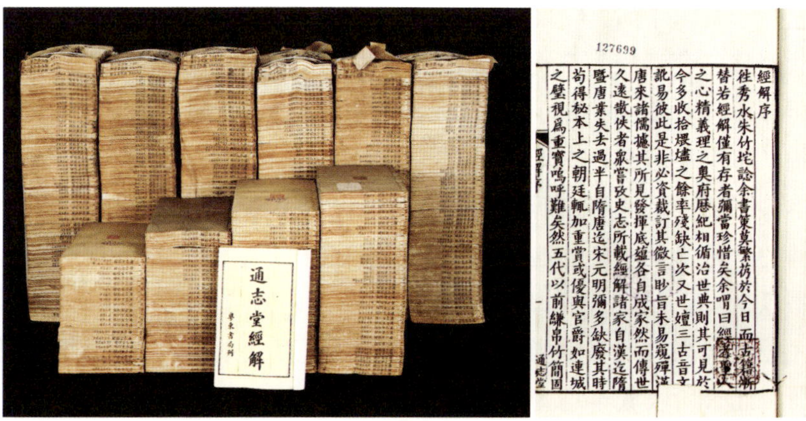

《通志堂经解》 清同治十二年粤东书局翻刻本

装四百八十册，此部大书虽然不是康熙间通志堂的原刻本，但这部翻刻的大书是第一次完整地出现在拍场中，因此依然受到了买家的追捧，以 10 万元起拍，33.35 万元成交。此次上拍的《五礼通考》则是清乾隆间的原刻本，原装八十册，以 2 万元起拍，13.8 万元成交。《渊鉴类函》，清康熙间内府刻本，一百四十册，为这批大部头书中唯一的殿版原刻本，虽然是太史连纸所印，但完整无缺，而今也属难得，故该书以 1 万元起拍，17.25 万元成交。

这些大部头书中，还有 5 组为藏书家所刻丛书，其中《古逸丛书》二十六种四十九册，原装，唯一可惜者，不是日本美浓纸所印，但完整无缺的一套也不多见，故该书以 1 万元起拍，14.95 万元成交。《海山仙馆丛书》，清道光咸丰间番禺潘仕成刻本，原装一百二十册。《海山仙馆丛书》零本流传极广，然完整一套者较为难得，虽然该书没有函套，但每册却写有书根，品相尚佳，故此部丛书以 1.5 万元起拍，18.4 万元成交。《四明丛书初编》，民国间约园刻本，原装一百二十四册。约园乃是民国藏书家张寿镛的堂号，他所刻的这部书在民国间很有名气，此书以 3.5 万元起拍，8.855 万元成交。《适园丛书》为民国间吴兴大藏书家张钧衡所刻，原装一百九十二册，此书所收底本均为稀见难得者，故该丛书虽然刊刻较晚，但一直受到文献家的关注，此部丛书以 3

万元起拍，12.65 万元成交。以数量论，本场上拍的最大一部书，则是《百部丛书集成》，此书为台湾艺文书局 20 世纪 60 年代影印本，整部的数量竟然有 7950 册之多。虽然是现代影印本，但完整无缺的一部也并不容易见到，故这部书以 15 万元起拍，29.9 万元成交。

本专场还有两部大书值得称道，一是《五局合刻二十四史》，原装 6612 册。同治年间，曾国藩为了恢复遭兵燹蹂躏的江南文化，开始在各地建立起了官书局。官书局成立之后，其中一项大工程，就是由五家书局来共同刊刻《二十四史》。因为书局刻本的字体一律成扁横形，这种字体为后世藏书家所不喜，故一直不受市场关注。然而从内容角度而言，当年的局刻本确实有一些校勘精良者，比如这部《五局合刻二十四史》，其中就有一部分是请了当时著名的校勘家张文虎负责，应当是中国合刻正史中较为精审的一部。此书难得的是还带有原木箱。这部书以 50 万元起拍，57.5 万元成交。

百衲本《二十四史》应该说是民国商务印书馆最著名的出版物之一，当年张元济为了挑选最好的版本作为底本，费了十年的时间在全国范围内到处寻找每部正史存世最早者为底本，最终影印出了这么一部著名的大书。本场就上拍了这样一部书，原装八百二十册，完整无缺，唯一的缺憾，则是拍品缺失了原箱，但是博古斋的工作人员为了弥补上这个缺憾，特地征集来一套完整的木箱。此箱因为与原书不是一个委托方，图录中将原书与木箱作为两个标的上拍，这倒是古书拍卖史上的一个有趣现象。而最终结果，原书以10万元起拍，24.15万元成交。而那组木箱则以5万元起拍，5.75万元成交。以我的猜测，买书者跟买箱者应当是同一人。

近几年，清代考据家的著作渐渐受到买家的关注，这类拍品的初版本其实并不多见，本场也仅上拍了3件，其中《诗毛氏传疏》是清代学者陈奂的代表作，此书的初版本刊刻于道咸之间，而本拍品就是该书的初刻初印之本。该书原装十二册，以1.2万元起拍，2.53万元成交。《仪礼疏》，清道光十年（1830年）汪士钟艺芸书舍影宋刻本，一函八册，此书宋版底本原是黄丕烈旧藏之物，被顾千里视为宋版书中的珍品，后来黄丕烈将该书卖给了汪士钟，汪就请人将该书影刻出版，虽然该书刊刻年代并不久远，却成为了后世所追捧的文物型善本。此书以4.8万元起拍，5.75万元成交。《盐铁论》，清嘉庆间张敦仁刻本，该书也是清代影刻品中的名品，底本是明弘治年间新淦涂氏刻本。而新淦涂氏本则是根据宋代嘉泰间刊本所复刻者，后来宋本失传，明弘治十四年（1501年）的涂祯刻本成为了《盐铁论》一书流传至今最早的版本。然涂祯本一本难得，今

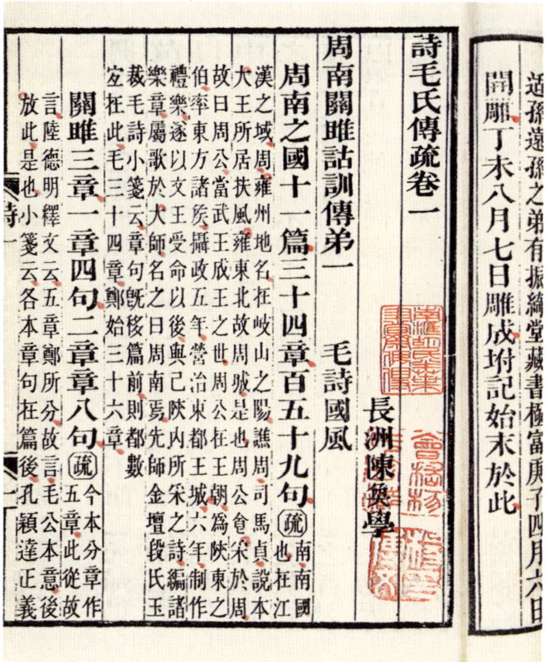

《诗毛氏传疏》 清中期初刻初印本

日能够见到的就是嘉庆间张敦仁所翻刻的涂祯本了。这就是后世藏家关注张敦仁本的原因，该书以 2 万元起拍，5.52 万元成交。

明代白棉纸本，尤其是其中的嘉靖本，一直是近几十年来藏书家的主干藏品，但有些非嘉靖本的明刻本，因为流传稀见，同样受到了今日藏家的喜爱。例如《诗宿》二十八卷，明万历三十六年（1608 年）刻本，四函二十五册。虽然此书刊刻于明晚期的万历年间，但该书流传较少，且是原装原函，函套的封面则为古代的织锦，是第一次出现在拍卖之中。该书以40万元起拍，109.25万元成交。《唐文粹》一百卷，明嘉靖间晋府养德书院刻本，白棉纸三十二册。《唐文粹》一书因为名气大，故流传较多，不属于古书中的稀见品种。该书以20万元起拍，却能以69万元成交，其中的原因，主要还是该书为晋府所刻。晋府是明代藩王中的一个，封地在今天的太原。晋府所刻之书，因为底本精良，一直受到后世藏家的关注，该书拍得此价，并不让人觉得意外。

本场也上拍了一些古代版画插图书，其中较为稀见者，则是《武夷志略》，明万历己未（1619年）晋江陈氏刻本，一函四册。此书最为难得者，是内有大量版画插图。近些年，明代插图本仍然是藏家关注的重点，这部书以12万元起拍，20.7万元成交。

宋元版类的拍品，近些年出现在拍场中主要就是大藏经的零本，本场情况也是如此，总计上拍了5件，均为佛经零本，其中以《宝星陀罗尼经魔王归伏品》最为难得。此册经为北宋元丰八年（1085年）福州东禅寺所刻《崇宁藏》本，流传至今的宋刻本基本上都属于南宋本，真正证据确凿的北宋本，国内公私藏家很少有收藏，而《崇宁藏》因为有些经尚刻有刊刻年代，能够确凿地知道这些经大多是

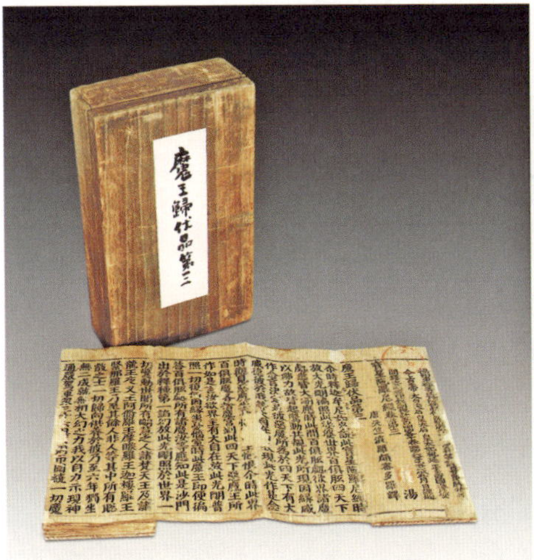

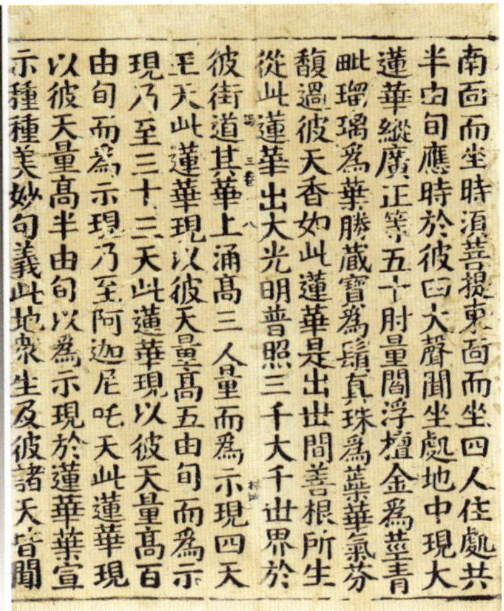

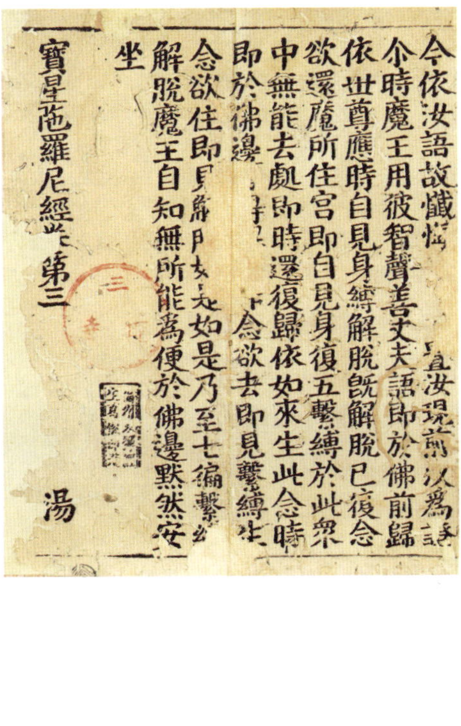

《宝星陀罗尼经魔王归伏品》

刊刻于北宋，所以《崇宁藏》渐被国内藏家所关注。本拍品钤有圆形的三圣寺藏章，可知该书系从日本回流者。这件难得之经以35万元起拍，44.8万元成交。因为品相略差，致使该书没能拍出更高的价钱。宋刻大藏经本场还上拍了一件《思溪藏》本的《大般若波罗蜜多经卷第二百八十五》。《思溪藏》本回流国内的故事，我已经在一些文章中详细地讲述过，在此不再赘述，而这些年回流的《思溪藏》本均为《大般若经》中的零卷，因为这些零卷均是从一套大藏中被拆零出售的，故该经的卷数从未见有重复者，从这个角度而言，每一卷经都有它独特的价值。此经以32万元起拍，43.7万元成交。

本场的特色拍品有《明泰昌元年敕命》。因为泰昌一朝实际存在的时间仅4个月，故有泰昌款的历史文献历来少见。此敕命为第一次出现在拍场中，正因为其稀见，故而引起了买家的关注。这件敕命以32万元起拍，71.3万元成交。

本场还上拍了“周叔弢致孙师白书信二十一通”。周叔弢为近代著名的藏书大家，他的墨迹在市面上流通较少，而这样整批出现在拍场中尚属首次。此批手札为同一上款，收信人为周叔弢五姐的长子孙师白，故此批手札的来源很是可靠。虽然这批手札的起拍价仅1万元，却没能挡住买家的热情，终以26.45万元成交。

本专场还上拍了一批近现代年画，在图录内标为一个小专题，名为“好色”。这个版块内的一些版画确实很靓丽，然成交价格却不甚理想。例如，上拍了9张天津杨柳青年画，为20世纪50年代所制，起拍价为9万元，却因无人应价而流拍。

2015年为抗日战争胜利七十周年，为此，上海图书公司举办了相关文献展。这些展品在展览结束后全部放入了本专场上拍。如前所述，这个版块的展品中有9组被公藏机构定向买去，余下则公开拍卖。其中“抗战期间出版画报七十六种”，里面有大量的珍贵历史图片，受到了买家的重视，以13万元起拍，14.95万元成交。

2015春　北京德宝

拍卖时间：2015年6月7日

拍卖地点：北京首都图书馆B座一层第二展厅

今年是德宝公司成立十周年，我本以为他们会搞一场较为大型、门类齐全的拍卖会，然而从得到的图录上看，本场拍卖不但没有扩大规模，反而在拍品数量上比以往有一定幅度的缩减。我没有跟德宝的管理者交换过相关的想法，以我的揣度，现在并不是艺术品拍卖市场的黄金时段，如果在这个阶段搞大型的古籍拍卖会，显然难有好的业绩，因此他们选择了一种很务实的做法，那就是压减数量，牺牲小拍，将精品留待大拍。

本场拍品380件，成交150件，成交率39.47%，成交总额531.52万元。这个总价不含15%买方佣金，下文中所谈到的成交价也均指落槌价。从本场的拍品数量和成交额两项来说，基本符合了德宝管理者的预期。

在图录编排上，德宝一贯用心，本场图录也是如此。图录总计分为5个部分，每个部分在目录中有单独的章节，这对买家而言，可谓一目了然，并且每页图录的上方，都会单独标出这一部分的名称，这看似很小的举措，对买家却很实用，因为在拍卖过程中耗时费神，很容易看错欲得之品而产生误会，这样明确标示，便于随时提醒买家注意拍卖进程。

本场拍卖的第一部分是“名人书札　抄本稿本”，共上拍52件拍品。排在第1号的，是黄裳写给李一氓的一页手札。这件拍品以2000元起拍，2500元成交。以当代藏书家手札作为开门红，可见图录编排者自有其用心所在。罗振玉在史学和文献学上的地位，当下越发地受到学界和藏书家的关注，以往用政治立场来评判学术成就的观点渐渐改变，逐步恢复了罗振玉本应有的学术地位。本场上拍的《说文楼旧藏罗振玉所刊书十一种》，民国珂罗版印本，十九册，其中有一册封面上有罗振玉的题赠款。这些珂罗版本以7.5万元底价成交。

第一部分中还有一件特殊的拍品，是6幅“通草画”。这本属于绘画作品，但关涉到中国的早期对外开放。通草画19世纪兴起于今日的广州，这种画

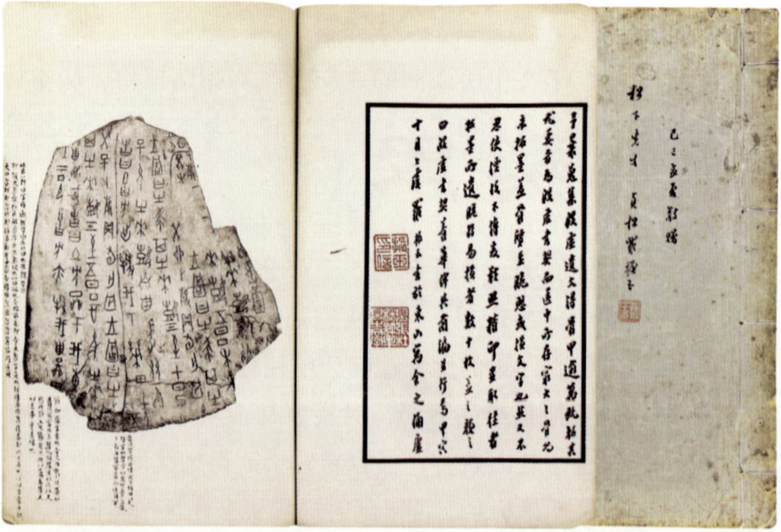

《说文楼旧藏罗振玉所刊书十一种》 珂罗版

通草画

是绘在一种通脱木的内芯上，题材都是中国传统的民服和图示，然绘画技巧却是西方的一点透视法，而且结合了中国绘画的固有风格。这种画当年全部出口到了欧洲，因此国内少有留存。本场的这6张通草画以2.2万元成交。

德宝将一些名家书画也归入了第一部分。本部分上拍9幅字画，其中成交价最高的一幅是溥雪斋所绘的水墨山水。这幅画尺寸仅2平尺，以6000元起拍，却拍到了5.6万元。

第二部分“宋辽珍本　明代佳椠”。这部分收录了本专场最重要的拍品，总计上拍52件，是本场拍卖的主体。其中最重要的一件是《维摩经五十二菩萨名号图》。此图的版本标注为“五代末年、北宋初年刻本”，本拍品仅存一页，总计有四张纸粘合为两个整版，而此两版拼合后，为一完整画面，合在一起有1米的长度。关于这件拍品，我跟德宝的古籍负责人王建亭先生进行过探讨，我主要想了解他所

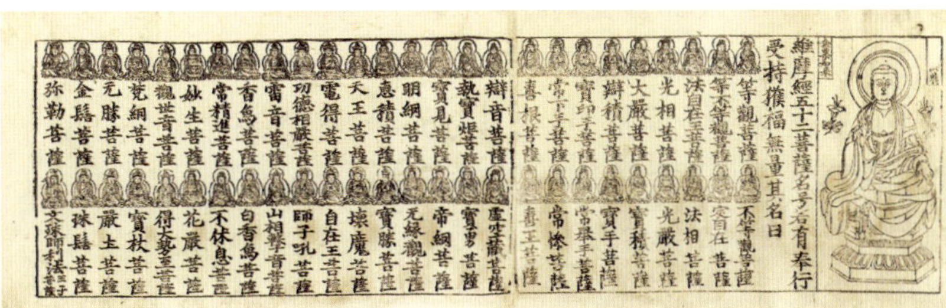

《维摩经五十二菩萨名号图》　五代末年、北宋初年刻本

定年代的依据。王先生说，因为这件拍品未见著录，他将之与《第一批珍贵古籍名录》进行了核对，他感觉该经的字体跟名录中著录的辽代早期刻本《称赞大乘功德经》字体颇为相像，但他不能断定这就是辽代刻本，因此定了一个较为接近的年代。然而，该经因为没有年款且未见著录，以 52 万元的起拍价流拍。本部分还上拍了两册《普宁藏》零本。元刻《普宁藏》流传至今者虽然不稀见，而上拍的这两册却均为初刻初印者，故两册经都是由 5 万元起拍，并且均以 10 万元成交。

本场佛经之外的善本，以《唐四家集》较为难得。此书为明崇祯毛氏汲古阁刻本，虽然汲古阁本流传较多，而此拍品却是白棉纸印本，并且初刻初印，是汲古阁当年实实在在的正版，这样的汲古阁本，今日很少见。尤为难得者，书内还有民国藏书家赵元方先生的题记，可见赵先生当年藏书之精。本书的起拍价仅 3.8 万元，但这并不影响买家对该书价值的认可，终以 56 万元落槌。

《杜工部集》，明正德八年（1513 年）歙县鲍松刻本，白棉纸，十五册。这也是一部著名的刻本，《杜工部集》流传至今者大多是二十卷本，而该书的五十卷本出自宋代蔡梦弼的分卷体系。但该书的遗憾是缺少最后一册，即卷四十九及卷五十，并且其他印本也非初印，故而仅以 5.8 万元成交。

《张陆二先生批评战国策抄》四卷，明万历七年（1579年）钱普刻本，该书的这个版本流传稀见，国内公共图书馆仅湖南省图书馆一家有著录，故而虽然仅是一部万历本，却能以15万元起拍，20万元落槌。

《六臣注文选》六十卷，明嘉靖间潘惟时、潘惟德刻本，白棉纸，六函六十册。《六臣注文选》虽然历代刊刻较多，然而该书在版本系统中自有其地位。这部书究竟是嘉靖刻本还是万历刻本在学界有争议，故《中国古籍善本目录》仅把该书著录为明刻本。然正因这种争论，反而凸显了该书的价值，并且这样的大部头能够至今保持完整者也不多见，故该书以30万元起拍，35万元落槌。本场的另外两部嘉靖本，也得以成交。一部是《诗经集传》，明嘉靖吉澄刻本，此书同样是著名的版本，该书以25万元成交。而另一部嘉靖本则是《分类补注李太白诗集》，明嘉靖二十五年（1546年）玉几山人刻本，这个刻本也是一部明代的佳刻，本拍品一函八册，以8万元起拍，12万元落槌。这个成交价低于以往的市场价格，其原因一是该书为竹纸印本，二者该书的天头地脚颇窄，这在今天很影响“外貌派”对该书的认可。

《资治通鉴纲目》也是一部嘉靖本，此书的版本为明嘉靖三十五年（1556年）赵府居敬堂刻本。该书一函六册，是一部残本，然而这部残本却有其特殊性，因为此书内有许多的刊刻校字之处，故该书是一部难得的校样本。古代流传至今的校样本一直很稀见，而明代校样本就更为难得。因此这部残本仍然以 6 万元底价成交。

明嘉靖刻本中还有一部残本，为《百战奇法》，明嘉靖三十三年（1554 年）陕西按察副使刻本。此

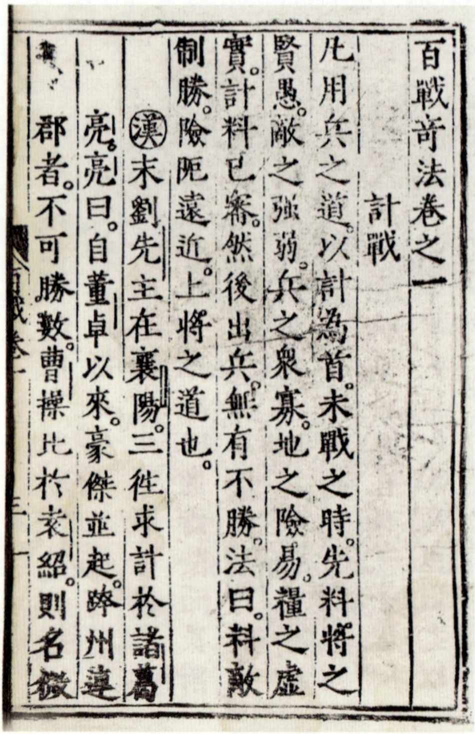
百戰奇法卷之一
計戰
凡用兵之道以計為首未戰之時先料將之賢愚敵之强弱兵之衆寡地之險易糧之虛實計料已審然後出兵無有不勝法曰料敵制勝險阨遠近上將之道也
漢末劉先主在襄陽三往求計於諸葛亮亮曰自董卓以來豪傑並起跨州連郡者不可勝數曹操比於袁紹則名微

《百战奇法》 明嘉靖三十三年刻本

书虽仅残存一册，然该书中的一部分却未见著录。此书国内公共图书馆也仅藏一部残本，存该书的卷一和卷二，而本拍品却存此书的卷一至卷四，这比国内已知该书多出来两卷，且从未见著录，这也正是该书价值所在，因此这一部残书以3000元起拍，直到3万元方落槌。以孤本论，这个价格仍然不高。

明代早期内府刻本，本场上拍一部为《诗传大全》。此书实际为明初内府所刻的《五经四书大全》之零种。然该书整部者在拍场上从未出现过，因此，这一部零种二函十册依然受到买家的喜爱，以40万元起拍，48万元落槌。

明刻套印本，本场上拍两部。《国语》，明万历四十七年（1619年）闵刻三色套印本。明末闵、凌两家争先刊刻套印本，成为中国版刻史上有着特殊价值的一个阶段。从印刷角度而言，这一段历史很值得研究，故闵凌刻一直是近年拍场的热点之一。而本场上拍的这部三色版《国语》，虽然不属于明代套印本中的稀见品种，但三色套印本也较为难得，故以6万元起拍，25万元落槌。《春秋左传》，明万历四十四年（1616年）闵齐伋刻朱墨套印本，二函十二册。有人认为该书是明刻套印本中的第一部，当然，这个第一指的是流传至今者，在此之前闵家是否还印过其他的套印本，现在并不知道，因为至今没有实物流传，故只能以此书作为闵凌刻套印本的第一部。因为该书流传不稀见，所以价格一直没能高过其他的闵凌刻套印本，而上拍的这一部却是白棉纸初印之本，属于该书中品相较好的一部，故以15万元起拍，35万元落槌。

本场的第三部分为清代、民国精刻本。这一部分在数量上，为本场最多的一个版块，有139件之多。本部分排在最前面的是殿版书，《御制历象考成》，清乾隆七年（1742年）武英殿刻本。该书的初版本乃是康熙年间的铜活字本，然铜活字本极其稀见，至今仅在拍场上出现过一次，而乾隆七年的武英殿刻本，就是由康熙的铜活字本翻刻而来，但此书依然稀见难得。此拍品四函二十九册，属原装之物，完整无缺的该书也是第一次出现在拍场中，故这部书以4万元起拍，16万元成交。《钦定协纪辨方》，清乾隆六年（1741年）武英殿刻朱墨套印本，十五册。武英殿所刻之书，术数类内容较为少见，而套印本则仅有这部《钦定协纪辨方》，因此这部书以6万元成交。

本部分的大部头有《皇清经解续编》和《皇清经解》，前一部书有320册之多，而后一部正编则有360册。《皇清经解》整部者多次出现在拍场中，而续编则比正编要稀见得多，正因为如此，正编以18万元流拍，而续编以15万元成交。

地方志在几十年前曾经是中国古籍中的热点，

但在二十多年的古籍拍卖史上，这个版块的书却少有人关注。然而德宝公司自成立以来，却始终有这类拍品上拍，本场也有两部方志出现，其中一部是《南昌府志》六十二卷，八函四十册，清同治十二年（1873年）刻本。该书虽为清末刻本，然完整无缺者很少出现在拍场中，故该书以8万元底价成交。

本专场的第四部分“版画聚珍　印谱拓片”上拍56件拍品。版画类拍品本来也是德宝的长项之一，本场未见稀见难得之书，而印谱类却有一部重要拍品，即《集古印谱六卷》，明万历三年（1575年）顾氏芸阁刻朱印本，白棉纸，一函六册。此书的初版本乃是钤印本，然此钤印本流传极其稀见。该书的作者顾从德于明隆庆六年（1572年）钤盖此书20部，因为该书太过畅销，顾从德觉得钤盖太慢，于是就按照钤盖本用木版翻刻此印谱，本场上拍之物就是后来的顾从德翻刻本。即使如此，这个翻刻本也同样稀见难得。该书属于明代印谱中的名品，又流传不多，故清代乾隆间有人将其翻刻，今日所见者大多为乾隆间的翻刻本，而上拍的这一部却是明代的原刻，且品相上佳，故而受到买家的看重，以3万元起拍，48万元落槌。

本专场的第五部分为“毛泽东选集版本精华　近代印本　雕版实物”。本版块上拍64件拍品，排在前面的是民国三十三年（1944年）和三十四年

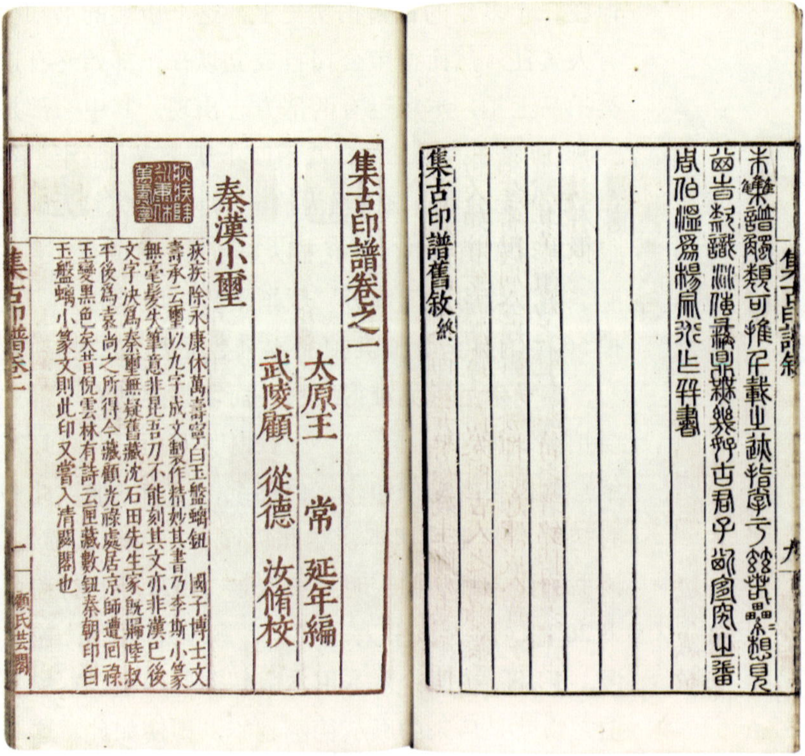

《集古印谱六卷》 明万历三年顾氏芸阁刻朱印本

（1945 年）出版的《毛泽东选集》，然而流拍了，可能是因为定价较高之故。后面 60 年代所印者却得以成交，例如《毛泽东选集五卷》乃 1965 年至 1977 年人民出版社所出线装本，五函二十册。此书的前四卷印于 1965 年，到了 1977 年才出版第五卷，故从函套上看，第五卷跟前四卷区别较大。虽然是

1977年所出，但因为内容上的原因，比前四卷流传还要稀见，故这部选集以4000起拍，7500元落槌。

彩色印刷部分，以《历代名瓷图谱》最为难得，此书1908年在伦敦出版，书内以中英文对照的形式介绍了宋、元、明各时期的名瓷，里面有83幅设色插图，属于较难得的与中国有关的艺术类书籍。此书一册以8000元起拍，1.8万元成交。朝鲜刻本本场上拍了一件，为《资治通鉴纲目》。此书从外观看很是齐整，用高丽皮纸所印，有76册之多，然这么一部大部头仅以4万元底价成交。虽然该高丽刻本是否流传稀见，我没有作过相应的考证，但域外所印汉籍，以往颇受传统藏家的关注，站在这个角度而言，这部书卖得的确便宜。

2015春　中国嘉德

拍卖时间：2015年3月29日至3月31日
拍卖地点：北京国际饭店会议中心三层紫金大厅

此次是嘉德四季第41期拍卖会，本场拍卖总计上拍590件拍品，这个数量就嘉德四季而言，属于中等。本场成交了417件拍品，成交率为70.79%，这对嘉德四季的古籍拍卖来说，已经是不错的成绩。我个人的看法，嘉德四季一直注重的是总成交额，似乎对于成交率并不很在意，而今正处于艺术品市场的调整期，成交率反而高升，可见嘉德四季的管理者在拍品征集的方向上确实下了功夫。本场的总成交额为633.55万元，这个价格不含15%的买方佣金。

总体而言，本场拍卖的线装书部分成交情况良好，不少拍品能够达到大拍的成交价。本场上拍了一件元刻《普宁藏》零本，为《大般若波罗蜜多经卷第四百三》。《普宁藏》零本在今日市场上并非稀见品种，而本场的这件却是原装。从年代上讲，这件《普宁藏》属于本场上拍的两件宋元本之一，而此件却以无底价起拍。这种名物想捡便宜，那铁定是不可能的，结果该经以28万元落槌。

套印本的行情这两年有些下降，这里说的下降是跟三年前相比。在2010年之前，闵凌刻套印本市场价格大多在每册1万至2万元，后来陡然飙升到8万至10万元一册，上涨速度太快，自然不能把底筑牢，价格很快又降了下来。本场上拍的一部《解庄》，版本是明天启元年（1621年）朱墨套印，原装一函六册，估价为8万至12万元，基本上是当今的市场行市，然而最终拍到了21万元。如此折算下来，每册书的价格将近4万元。从品种上讲，《解庄》并非闵凌刻本中的稀见品种，以如此价格成交，证明仍有人喜欢这类拍品。

《亦政堂重修宣和博古图录》三十卷，清乾隆十七年（1752年）亦政堂刻本，此书虽然是名著，然流传至今者较多，故价格一直没有拍上去。本场上拍的这一部，品相较佳，版刻也较为清楚，以14万元成交。这个成交价以我的看法，是因为该书中收录了许多青铜器，而青铜器是近几年拍场中渐热

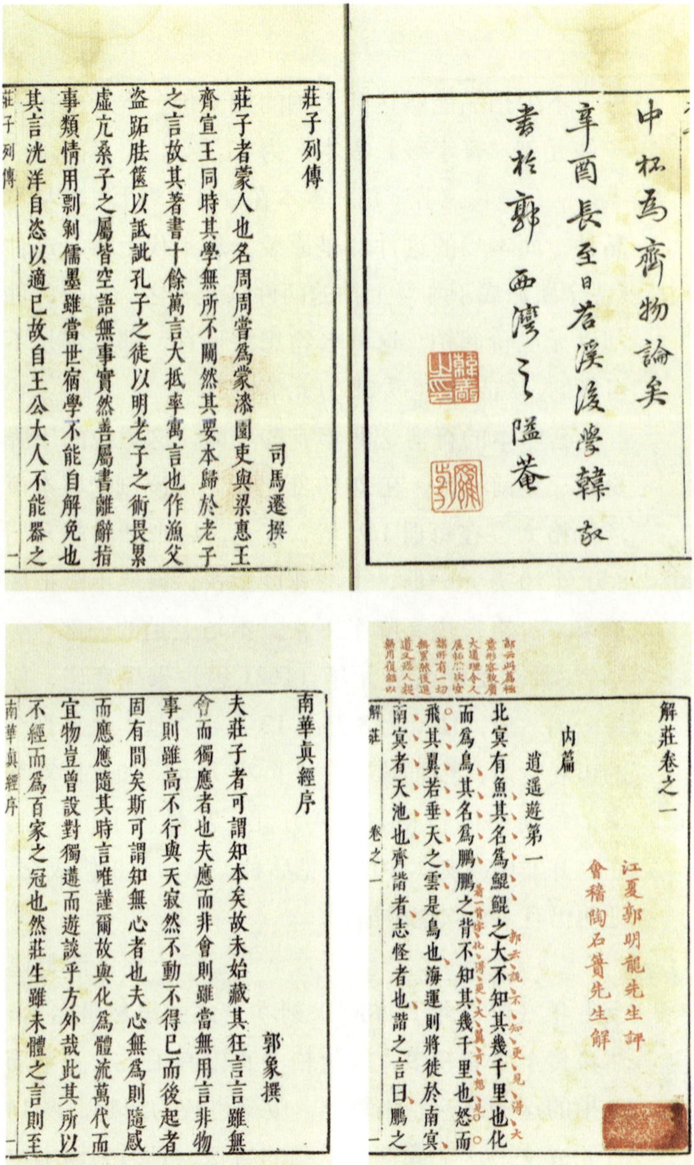
中松爲齊物論矣
辛酉長至日若溪後學韓敬
書於郭西灣之隘菴
莊子列傳
司馬遷撰
莊子者蒙人也名周周嘗爲蒙漆園吏與梁惠王齊宣王同時其學無所不闚然其要本歸於老子之言故其著書十餘萬言大抵率寓言也作漁父盜跖胠篋以詆訿孔子之徒以明老子之術畏累虛亢桑子之屬皆空語無事實然善屬書離辭指事類情用剽剝儒墨雖當世宿學不能自解免也其言洸洋自恣以適己故自王公大人不能器之
莊子列傳 一
南華真經序
郭象撰
夫莊子者可謂知本矣故未始藏其狂言言雖無會而獨應者也夫應而非會則雖當無用言非物事則雖高不行與夫寂然不動不得已而後起者固有間矣斯可謂知無心者也夫心無爲則隨感而應應隨其時言唯謹爾故與化爲體流萬代而冥物豈曾設對獨遘而遊談乎方外哉此其所以不經而爲百家之冠也然莊生雖未體之言則至
南華真經序 一
解莊卷之一
江夏郭明龍先生評
會稽陶石簣先生解
內篇
逍遙遊第一
北冥有魚其名爲鯤鯤之大不知其幾千里也化而爲鳥其名爲鵬鵬之背不知其幾千里也怒而飛其翼若垂天之雲是鳥也海運則將徙於南冥南冥者天池也齊諧者志怪者也諧之言曰鵬之
解莊 卷之一 一

《解庄》 明天启朱墨套印本

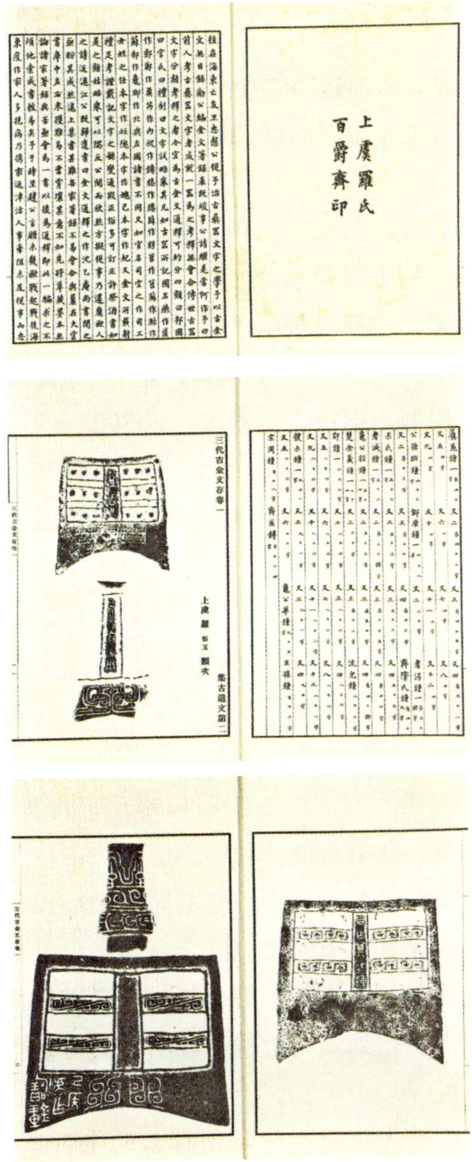

罗振玉辑《三代吉金文存》 珂罗版

的品种，故而这类的参考资料也跟着涨了起来。

可能是出于同样的原因，本场组织了12件这类拍品，其中仅有1件流拍。以往罗振玉所印之书除木刻版外，其他的品种比较容易见到，故而价格一直没能拍上去。本场上拍了三部他所出版的珂罗版金石录，全都以较好的价格成交。比如《梦郼草堂吉金图上中下卷续编一卷》，此书一函四册，里面收有青铜器、铜镜、兵器等，以3000元起拍，2万元成交。《贞松堂吉金图上中下卷》，1935年珂罗版印本，三册，同样以3000元起拍，2万元成交。罗振玉所辑的第三部书《三代吉金文存》二十卷，此书也是民国珂罗版印本，有二十册之多，故起拍价变为了1.2万元，可能是因为部头大的原因，此书拍到了7.5万元。

这个版块成交价第二高者则是《小校经阁金石文字》十八卷，1935年石印本，十八册，以6.2万元成交，此书为刘体智所辑。这位刘体智是民国年间上海著名的收藏家，他的藏书楼小校经阁今天依然保存完好，里面收藏的金石文字都是从他所藏的青铜器上拓下来的，可见其收藏极其丰富。这种资料书能够拍到如此价钱，说明人们对他所藏青铜器的认可。

容庚先生是民国年间有名的金石学研究专家，本场上拍了三部容庚的金石学著作，第一部是《武英殿彝器图录》，1934年燕京大学哈佛燕京学社珂罗版印本，两册，此书收录的青铜器均为热河行宫所藏，总计收录了100件，该书当年仅印了300部，本场以1.5万元成交。《善斋彝器图录》为容庚所编的第二部金石类之书。此书也同样是哈佛燕京学社所印，只是比上一部晚两年。该书三册一套，印刷量比上一种又少了100部，为200部，并且是编号发行。上拍的这一部为第102部。可能是这个原因，所以成交价比上一件高出了许多，为3.8万元。本场上拍的第三件容庚青铜器专著为《颂斋吉金图录》一卷《考释》一卷《续录》一卷。颂斋是容庚的堂号，故本图录所收的青铜器应该都是他自己的藏品。此书为1933年珂罗版印本，其中的《续录》为1938年印本，然而此书的印数比前两部更少，为150部，上拍者为第37部。这同样受到了藏家的喜爱，该书以2000元起拍，4.2万元成交。

本场成交率及成交额最好的版块仍然是碑帖拓片。嘉德公司负责碑帖的专家是彭向阳先生，很多年前他就致力于碑帖的研究，我曾试图跟他学习相关知识，可惜自己在这方面悟性很差，至今对碑帖也没能入门。近几年，在彭向阳等许多专家的努力下，碑帖收藏已然成为热门，故这类拍品在当下的古籍拍场中所占比例越来越大。然而，碑帖中的善本其实比古籍中的善本还要稀见，所以在拍品征集上确实是个大的难点，如本场所拍碑帖虽然数量众多，却难有稀见的重头拍品。但因为数量众多，所以尽管没有重头，仍然能增加总的成交额并提高成交率。

字画类的拍品在古籍拍场中所占比例也越来越高。以往的字画类拍品主要是跟藏书家有关的，然而现在上拍的字画，这种关联却几乎难以找到，但这并不影响市场对此类拍品的认可。例如本场上拍了二十多组扇面，这些扇面每一组达到 4 至 6 把之多，如此数量众多的扇面同时出现在古籍拍场中，也是很少见的。最终的拍卖结果证明，这种上拍方式受到了市场的认可，这些扇面与成扇全部成交。

美术资料类拍品是近年的热点，本场也上拍了几十组，几乎全部成交。例如《支那墨迹大成》，此书为日本昭和十二年（1937 年）兴文社影印本，为书画类资料书中的著名出版物，这些年来至少拍出过几十部之多，但仍然受到买家喜爱，最终以 1.2 万元成交。而字画类拍品，本场均以无底价形式开拍，这也是提高成交率的一种很好的方式。

本场也上拍了一些特色拍品，例如两张石印的《天主教布告》，分别印于 1884 年和 1886 年。这类布告因为涉及天主教事务，在中国极少流传，虽仅两张，却以 5 万元成交，可见亦有买家专门搜集此类文献。

董其昌是明代的书法大家，他的墨迹广受书法爱好者的追捧，本场上拍了他的诗稿，虽然起拍价仅5000元，却被人以26万元买去。在书画场中，这类墨迹的计算方法都是按平尺算，如果以平尺来论，这件旧裱本的董其昌诗稿可称得上是本场最大一漏。

2015春　江苏真德

拍卖时间：2015年4月26日

拍卖地点：江苏省南京市南京图书馆新馆负一层展厅

从时间上说，真德的这场春季古籍大拍应该算是南方的第一场。一般而言，北方春季大拍大多在5月份，而南方大多在6月份，真德选在了4月26号，比南北两大阵营都提前了一个月，这也可能是有意错开。就国内的整体形势来说，古籍市场仍然没有恢复到往日的火热程度。真德本专场上拍了636件拍品，其中66%得以成交，总计拍得634.56万元。这个价格含15%的买方佣金。从拍卖成绩来说，已属难得。

本专场图录没有将拍品作版块上的明确划分，但基本上把同一类排在了相近的位置。排在本场图录最前面的部分，不是按四部分类法来划分，而是近几年的市场热点——精刻本。精刻本是个笼统的概念，它不但包括经、史、子、集，同时内府本、家刻本、坊刻本等也都有精刻本的概念。比如本场的第1号拍品《御制资政要览》，此书为清顺治间内府刻本。上拍的这部书品相确实不错，为内府原装，并且带有宫内陈设的原签。此类书在二十年前属于市场上较容易得到的品种，因为民国年间故宫博物院成立之后处理了大量的殿版复本，直到20世纪六七十年代甚至80年代后期，这类书仍然有后续的清理。但市场对宫内所藏之物有很高的认可度，使得这一类书的价格大大提升。比如本场上拍的这一部，一函三册，起拍价已高达18万元，却仍以27.6万元成交。可见，这一类的书在市场处于调整期时，仍然受到买家的喜爱。

从拍卖技巧上来说，一般而言每一场的第一件拍品大多不是本场的重头戏，一般会选品相好、题材喜庆且价格不高的拍品。这种排列顺序是希望能够将一个专场的第一件顺利拍出，以此讨得开门红的头彩。真德的这场拍卖排列顺序似乎也有这种意味，只是起拍价如此之高却多少有冒险之嫌，然而能够顺利高价拍出，这对于提升本场拍卖的买家信心很有帮助。排在本场第二件的拍品是光绪间刻本《山谷先生内外集》，此书是拍场中的常见品种，但因为刊刻精美而长期受到买家青睐，而本场上拍的这一部二十册同样是原装原签，最终以4.6万元成交。

精刻本版块拍得较好的一部书是《行水金鉴》，此书是清雍正淮阳官署刻本，属于典型的清三代写刻体，且带有插图版画。上拍的这一部唯一的缺陷是品相略差，但仍然以1.5万元拍出。同样是清三代精刻本的《敬业堂诗集》，为清代别集中的著名品种，流传较多。而本场上拍的这一部略有缺陷，因为其中一册为配本，这影响了它的市场认可度，结果以2.07万元成交。康熙间精刻本，本场还上拍了一册《全唐诗》。《全唐诗》是清代精刻本中的大部头，全书有一百二十册之多，而本场仅上拍了一册零本，却仍然以4600元拍出，可见殿版书加精刻本，这两项着眼点能够使得以前不为人所重的零本在今天也有了一定的认可度。

如果以书的名气跟成交价相比，反差最大的一部书应当是《合肥李氏三世遗集》。此为光绪间的家刻本，为李鸿章长孙所刻。此类书离现在时代较近且并非名著，然因其流传稀见，故而以近10万元的价格成交。由此可以大略地看出，今日市场上的热点仍然是以品种稀见、刊刻精美为第一追求目标，至于书中内容的重要性反而是其次，这在本场上拍的殿版书《圣祖仁皇帝庭训格言》也得到了印证。此书为雍正间内府刻本，原装一册，起拍价10万元，结果以15.5万元成交。从内容上讲，此书几乎一无可读，以这等高价成交的重要原因仍然是此为殿版书，同时为开化纸初印本，仅这两项指标就足以支撑该书拍到这等价钱。

除佛经之外的宋元刻本，本场上拍了一部《增广注释唐柳先生集》。拍品残存五卷二册，品相也较差，但因是宋元本，依然受到藏家的关注。该书以30万元起拍，40.25万元成交，为本场拍品成交价最高的一部书。虽然是残本，但毕竟是元刻本，而元刻本拍得高价恰恰反映了市场主旋律的正确。

今年春季已经完成的六七场古籍大、小拍有一个共同的特点，就是大部头书上拍的数量较以往为多，而真德的这一场却有些例外。本场仅上拍了一部上百册的拍品，即明汲古阁所刻《十三经注疏》。该书本是清代经学中的名著，虽然从学术价值来说，古代学者对该书评价不高，认为此书错讹太多。后来也有为此书辩诬者，认为汲古阁名气太大，而中国古代又缺乏知识产权意识，使得汲古阁的翻刻本众多，而那些翻刻本都打着汲古阁刻本的名义对外卖书，因此很多学者所见其实是汲古阁的翻刻本，而非正版，这种市场现象影响了汲古阁在读书人心目中的地位。但即使是翻刻本，像这样完整的大部头在今天的市场上也很稀见。该书二十函一百六十

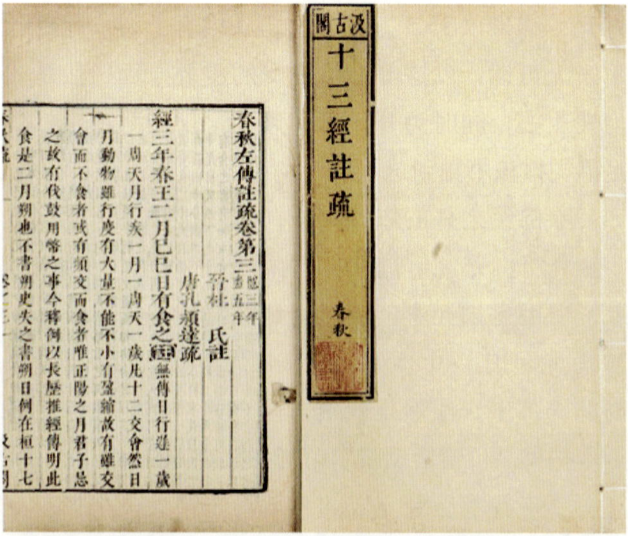

《十三经注疏》 明汲古阁刻本

册，完整不缺，起拍价 8 万元。这个价格明显低于行市，最终以 20.7 万元成交。但这个成交价与该书的体量和名气相比，仍然没有达到应有的市场表现。

从品种的稀见性来说，本场有两部明版书以前似乎没有在拍场上出现过。这两部书是《太医院校正增补青囊医方捷径》和《太医院校正分类青囊药性赋》，都是明末的坊刻本，刊刻草草，然而却流传稀见，因为品相差，所以上一任藏主均将其改为了金镶玉。前一部为四册，后一部为三册，均以 3000 元起拍，第一部拍得了 1.955 万元，第二部则以 1.725 万元成交。从传统的藏书观来说，除了个别品种外，医书因为属于实用书，所以大多难以受到藏书家的关注，但刊刻精美的古代医书极其稀见，因此上拍的这两部虽然是典型的福建书坊刻本，仍然能以这个价钱拍出，已属难得。近两年，中医受到了社会的重视，这使得医书也引起了买家的关注。平均而言，近两年的医书价格除大路货之外，大多都能拍得善价。本场还上拍了一部医书——《新刊太医院校正图注指南八十一难经》。这部书也同样是福建书坊刻本，同样为新做金镶玉，一函二册。然而因为该书前有一页版画，立即就变得身价十倍，起拍价为 3 万元，而以 3.45 万元拍出，可见明代版画的市场号召力依然很强。

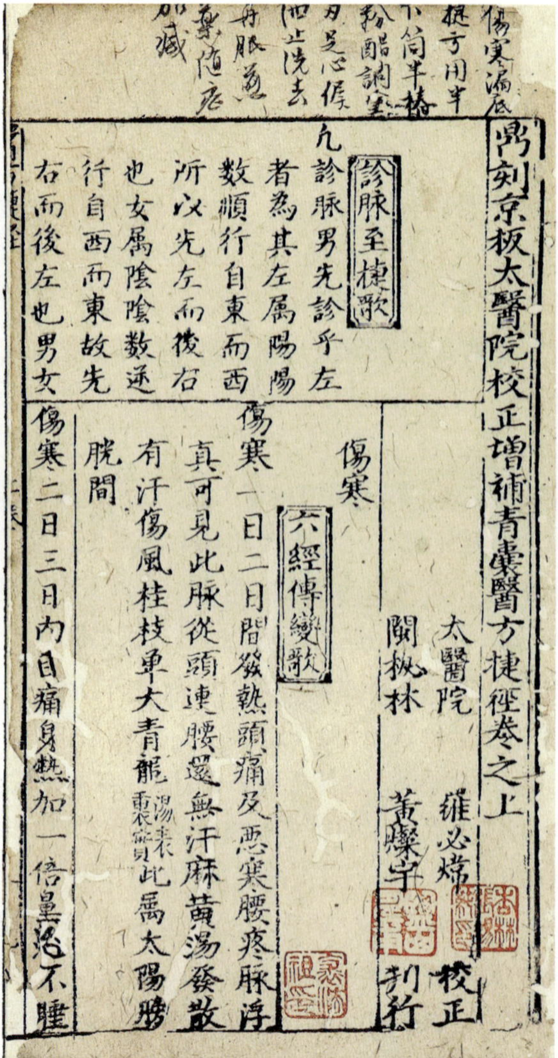

《太医院校正增补青囊医方捷径》 明建阳书林坊刻本

本场上拍了三部明嘉靖白棉纸本，这类书历来是古书市场上的中坚品种。本场上拍的这三部从书名的稀见程度来说均属难得。《皇明名臣经济录》原装二十七册，唯一可惜的是缺其中一册，但仍然以33.35万元成交。《大学衍义节略》原装四册，以9.2万元成交。《金陵新刊续文章轨范》也是原装四册，而该书在国内的公共图书馆中仅一家有著录，上拍的这一部又是民国藏书家苏锡昌的旧藏，以17.25万元成交。从这三部书的成交价来说，基本上符合了嘉靖本在整个古籍中的价值表现，预计未来稀见的明嘉靖本应该还有更好的市场成交价。

佛经类的拍品是近些年的热点，本场也上拍了二十余件，其中成交价最好的一部为南宋《碛砂藏》本《阿毗达磨大毗婆沙论》。该经从用纸和刷色来看，应该是宋刻宋印，而非后刷之物，故而以6万元起拍，13.8万元成交。而本场也上拍了一些日本的刻经和写经，这类经仍然没有受到藏家的关注，大多成交价不高。

石印本及珂罗版印本虽然并非传统意义上的善本，但是有些因为品种特殊，所以广受藏家所喜爱。比如《钦定书经图说》，此书为清光绪内府大石印本。这种书流传较多，然而该书每上拍一部几乎都能拍得善价，本场上拍的这一部同样如此。就今天的市场而言，12万元的起拍价已经难说便宜，但依

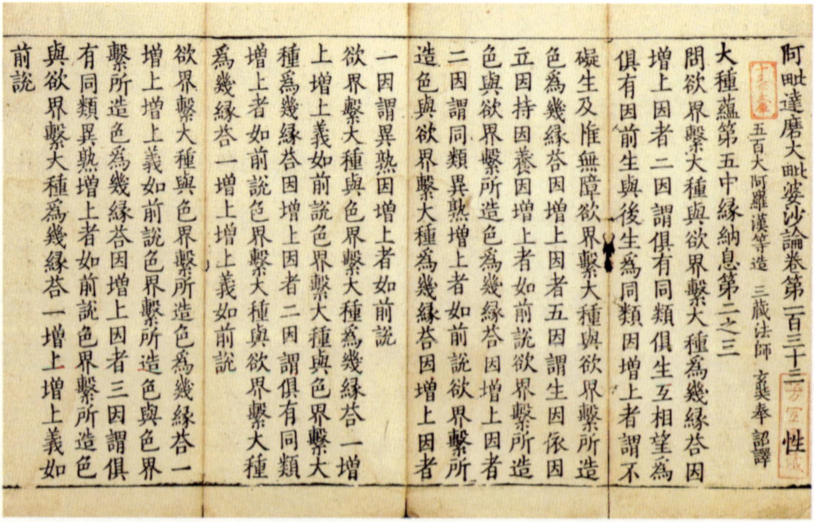
阿毗達磨大毗婆沙論卷第一百三十三
五百大阿羅漢等造　三藏法師　玄奘奉　詔譯
大種蘊第五中緣納息第二之三
問欲界繫大種與欲界繫大種爲幾緣荅因增上因者二因謂俱有同類俱生互相望爲俱有因前生與後生爲同類因增上者謂不礙生及唯無障欲界繫大種與欲界繫所造色爲幾緣荅因增上因者五因謂生因依因立因持因養因增上者如前說欲界繫所造色與欲界繫所造色爲幾緣荅因增上因者二因謂同類異熟增上者如前說欲界繫所造色與欲界繫大種爲幾緣荅因增上因者一因謂異熟因增上者如前說
欲界繫大種與色界繫大種爲幾緣荅一增上增上義如前說色界繫大種與色界繫大種爲幾緣荅因增上因者二因謂俱有同類增上者如前說色界繫大種與欲界繫大種爲幾緣荅一增上增上義如前說
欲界繫大種與色界繫所造色爲幾緣荅一增上增上義如前說色界繫所造色與色界繫所造色爲幾緣荅因增上因者三因謂俱有同類異熟增上者如前說色界繫所造色與欲界繫大種爲幾緣荅一增上增上義如前說

《阿毗达磨大毗婆沙论》　南宋刻本

然以 17.25 万元成交。民国珂罗版印本《清宫珍宝皕美图》，此书开本阔大，多次出现在拍场上，但该书属于民国珂罗版中的精品，因此虽然多见，但仍以 7.475 万元成交。《钦定四库全书四种》，民国商务印书馆套色石印本，该书是以故宫所藏文渊阁本《四库全书》为底本，从经、史、子、集品种中各选一册有代表性者汇编而成。从制作手法上讲，确实是完全忠于原作。原书中，每册均有校刊者的附签，而此影印本也同样在印刷之后剪贴于原位之上，可见当年商务印书馆制作此书确实下了功夫。故该书虽然是影印本，仍以 3.45 万元成交。

影印本最大部头为《续古逸丛书》，此书同样是民国间上海商务印书馆所影印，总计28函111册之多。该书虽然是影印本，却是名气很大的古籍类丛刊。整部上拍者据我的记忆，大概是20年来的第二部，该书以19.55万元成交。

本场还上拍了一批现当代作家的手稿本。近些年，这些现当代作家的手稿以及出版社的校样虽频繁出现在市场中，但成交价格却相去甚远。一般说来，名气越大成交价越高，然而本场所上拍的这批现当代作家手稿近30组之多，但成交价格和成交率都不理想。以我的看法，主要是这些作家的名头不属于今日市场上的热点。

2015春　上海工美

拍卖时间：2015年6月26日

拍卖地点：上海静安区威海路四季酒店

2015年是上海工美成立二十周年，这场拍卖会也算是二十周年庆典的项目之一。中国的艺术品拍卖公司一大半都是近十年所成立的，能够举办二十周年庆典的公司，确实没有多少家。然而古籍善本专场对于上海工美来说，却并非该公司的常设项目。这么多年来，此公司间断地办过一些古籍专场，我曾跟公司的相关负责人聊过这个话题，他们认为，古籍货源有限，如果拼凑场次，必然会使整场的拍品质量下降，如此说来，这也是一种务实的工作态度。但近两年，古籍专场在工美也基本形成了常设版块，看来有些事情也是事在人为。

本专场总计上拍拍品235件，成交165件，成交率70.21%，总成交额858.7万元，此成交价包括了15%的买方佣金。

该场图录未进行版块上的明确划分，但基本上是按照同类拍品排在一起的原则进行编排。排在最前面的部分是写本，这部分包括了手札和稿抄校本，此部分中楼适夷与友人的往来书札总计二十余通，分为两个标的上拍，可能是估价略高的原因，两个标的全部流拍。紧接着三个标的全为刘海粟致江辛眉手札。虽然是三个标的，其实也就是三封信，分别以9.775万元、8.28万元和5.52万元成交。能够以这么高的价格全部成交，个中原因应该更多的是刘海粟是现代著名的画家，如果以他的画作市场价来论，这三通手札所占的平尺数估计达不到他画作的均价。

还有一批重要手札，也因价格原因而流拍。如康有为所写的十六页家书，这些家书附有四个原信封，上款主要写给他的两个女儿康同薇和康同璧，从时间上来说，是康有为戊戌变法失败后流亡海外所书。虽然是家书，但其中的内容也涉及八国联军打入北京的史实。这批手札估价为20万至30万元，最终流拍。

稿抄校本类较重要的一件是徐自华的《忏慧词》。徐自华是秋瑾密友，秋瑾被杀之后，徐竭力营

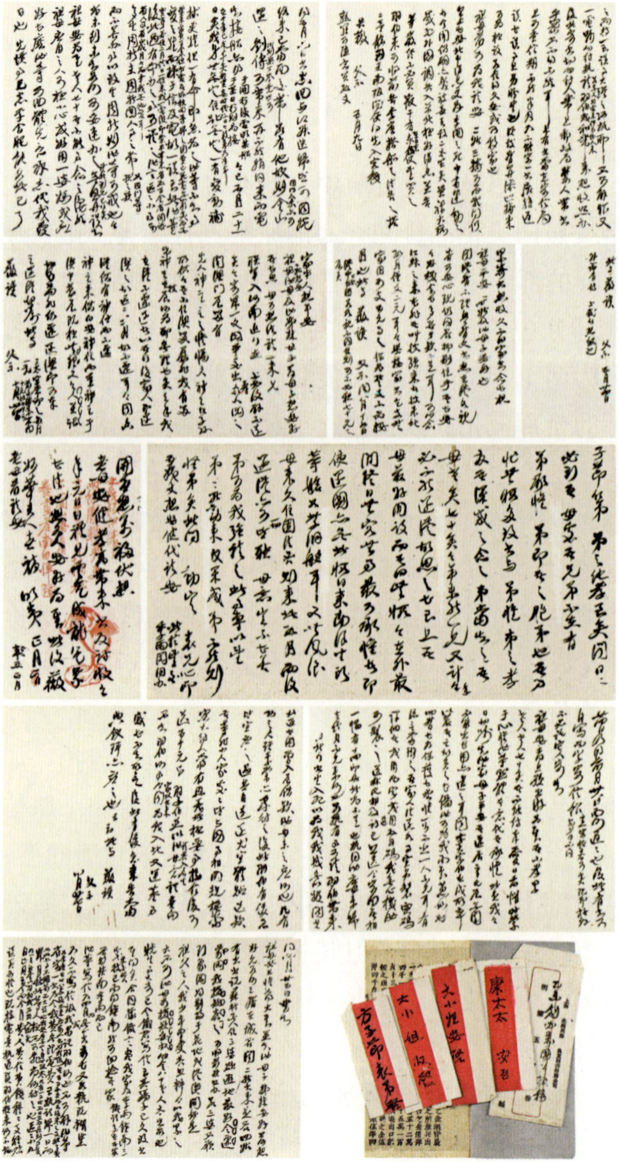

康有为手札

葬，因此受到清廷通缉，直到1912年，清亡之后，她才将秋瑾葬在了西湖边。徐自华的文学才能少有人提及，其实她在晚清时就在杭州成立了秋社，并自任社长，秋社的成员中有陈去病。这册《忏慧词》就是陈去病帮助整理成稿的。此书流传稀见，而上拍的这一册是目录版本学家周子美先生的抄本，周先生的抄本在此之前从未见过上拍，故该件拍品以1.15万元成交。

本场价格最高的拍品是一件彩绘本，内容是《大方广佛华严经善财童子五十三参图赞》。善财童子的故事本是《华严经》里最重要的组成部分，相

《大方广佛华严经善财童子五十三参图赞》（局部）

关故事就不在此赘述。古代的彩绘之本，尤其是绘制精美者，流传到今天的并不多见，此本册页计有五十四开，是完整的一部，估价200万至300万元，成交价则高达517.5万元，这个价格占了总成交价的一大半。

宋元本部分，本场仅上拍了一件元刻《普宁藏》。虽然《普宁藏》零本时常出现在拍场中，但它也已属难得。因为《普宁藏》开雕于元至元十四年（1277年），完成于至元二十七年（1290年），因此这部大藏全部是在元代刊刻完成。可惜的是，这部大藏在元末时经版全部被烧毁，所以今日所见的《普宁藏》零本，一律都是元刻元印。故该经虽仅存一册，仍然以5.75万元成交。

批校本方面，本场上拍了民国间周叔弢珂罗版印本《唐女郎鱼玄机诗》。此书背后的故事十分丰富，该书不但有影印本流传，也有刻本流传，这册影印本上有现代藏书家谢国桢的题记。这段题记上说，他曾经得到了古倪园沈氏刻的《四妇人集》，而《四妇人集》正是黄丕烈帮古倪园所刻者，而这册《鱼玄机诗》也同样曾是黄丕烈旧藏，谢国桢先生觉得这是个因缘，故写成了题记。巧合的是，几个月前我在国图社的库内，正好看到了谢国桢旧藏的那部《四妇人集》，由此能够将这段小因缘叙述圆满。此书为旧皮纸所印，起拍价仅3000元，最终以1.38

万元成交。

清代朴学家著作近两年渐渐引起买家的关注，这方面书本场上拍了两件，一件是邵晋涵的《尔雅正义》，另一件则为阮元的《揅经室文集》。这两部书都是著作的初版本，然而从递传上来说却并不稀见，可能是这个原因，使得这两部书分别以5万元和3万元的底价流拍。

笺谱类拍品，因为图案精美，一直是近些年的拍场热点之一，然而这类拍品因为存世量并不小，故今日价格稍高者大多流拍，本场也同样如此。图录中编排了六件此类拍品，其中前四件流拍，后两件却各有各的说法。《萝轩变古笺谱》，1981年朵云轩木版水印，一函两册。《萝轩变古笺谱》最早刊刻于明代天启六年（1626年），比胡正言刻印的《十竹斋笺谱》要早十九年，是当今已知最早的饾版拱花笺谱。此谱在古代少有人知，直到1963年才在浙江海盐被发现，后归上海博物馆。在以前仅知道日本有收藏《萝轩变古笺谱》，然而日本所藏仅是该书的卷二，因此无法得知此谱为何时何人所刻。海盐的这部发现之后，引起了社会轰动，因为是仅存的全本，故而在1981年由谢稚柳先生主持，将该书重印，当时按编号制作了300部。关于本书的传奇故事，沈津先生曾经写过《萝轩变古笺谱背后的故事》，有兴趣的朋友可参看此文。《萝轩变古笺谱》的编号本，大约在七八年前，上海南京东路的朵云轩商店仍然在售卖，当时的价格是2万元，而本场上拍的这一部，以8万元起拍，16.1万元成交。

跟木版水印有关的拍品，本场还有《簪花仕女图》，1956年荣宝斋木版水印一卷。《簪花仕女图》本是唐代画家周昉的传世之作，原本是宋徽宗的旧藏，后来流入清宫内府，20世纪20年代由溥仪带到了长春，后归辽宁博物馆收藏，此画名气之大自不待言。正因为如此，在1956年，荣宝斋将此画以木版水印方式试印并获得成功。为了制作出该画的逼真效果，荣宝斋用了3年时间，刻制了350多块印版，才制作出这卷精美的画卷。唯一可惜者，是该印本没有编号发行，至今不知道究竟印了多少张，而历史的记录仅是印制了“数幅”，所以该木版水印广受藏家喜爱。此拍品以20万元起拍，41.4万元成交。

照片类拍品也是近几年市场的关注热点，然此类拍品成交情况却一直不温不火，本场也同样如此。总计上拍了12组拍品，其中成交了4组，较有特色的拍品有詹姆斯·利卡尔顿等制作的“中国”系列立体照片，此组照片存有原盒，内有100张这类特殊照片，另附有其他的几张照片。里面的图案均拍摄于中国各地，有很强的写实性，故而这组照片以1.28万元起拍，3.22万元成交。

另一组照片《百美影》，其实是德文出版物，20世纪20年代初，德国摄影师佩克哈默来到中国，他在澳门妓院中找到一些女子，经过一番说服，他给这些女子拍下了裸体照片，1928年这本照相集在德国出版。此集是世上首次出版的中国人体摄影集，故在西方影响较大。虽然这部影集近些年在中国已多次上拍，但全部成交。本次上拍的这一册，以0.8万元起拍，0.92万元成交。

碑帖类拍品本场上拍了18件，其中本场图录的封面即《砖文拓片》，乃六舟和尚所拓。六舟是清代西湖净慈寺的主持，这位大和尚诗书画印皆能，被阮元赞之为“金石僧”，正因为如此，他的拓片一直受到后世藏家的追捧。本张拓片以8万元起拍，13.8万元成交。

《唐九成宫醴泉铭》，醴泉铭本为名碑，历代椎拓无数，然真正的宋拓流传极其稀见，而今确认者没有几本。上拍之物标为明拓，这同样也属难得，该拓本的后面有莫祁跋语，而莫祁是清代藏书家莫友芝九弟莫祥芝的次子。如今的市场中，独山莫氏的题跋，所见者基本都出自莫友芝之手，而莫氏的藏书又大多钤有莫祥芝的藏章，唯独莫祁的墨迹少有出现，今日的这段跋语似乎是莫祁笔迹第一次出现在世人面前。该拓本的后面另有吴湖帆的一页跋语，详细说明了该部拓本的珍贵。正是因为这两位

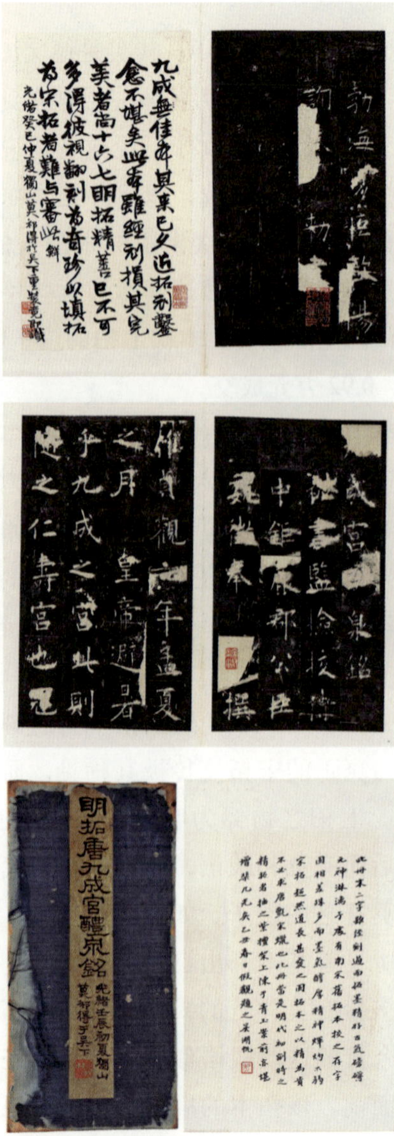

《唐九成宫醴泉铭》 明拓本

名人之跋，使得这一册拓本以15万元起拍，17.25万元成交。

本版块有一件拍品虽是近拓，却有着特殊的史料价值，这册拓片本名《第七战区抗日阵亡将士纪念碑》。1937年10月下旬国民政府军将原属第三战区的苏南区、浙北区和皖南东部独立划分为第七战区，以刘湘为总司令，陈诚为副总司令，为保卫当时的首都南京与日本人开战。这个纪念碑就是为了纪念那些在这场战斗中为国捐躯的将士们。今年正值抗日战争胜利七十周年，正因如此，所有的抗战史料都受到了藏家的关注，故而这样一册拓本以3000元起拍，5.175万元成交。

画册类拍品，本场上拍了170件，从数量上说，各类画册占了本专场的三分之二，这部分拍品虽然没有大价钱的成交，然而成交率却很高。这些画册有些是民国大收藏家所制作的藏画目录，例如有两件拍品均为民国年间大收藏家庞莱臣的出版物，一部书名为《名笔集胜》，民国二十九年（1940年）上海墨缘堂珂罗版印本，一函五册。此书所收的是1915年庞莱臣参加美国费城博览会的参展品，里面所收皆为中国古画，总计有81件，这对了解早期的古画递传有很大的价值，故此书以2.875万元成交。而另一件《历朝名画共赏集》亦为庞莱臣所编，宣统元年（1909年）珂罗版印本。此书本是庞莱臣编给张静江兄弟的，因为张静江与其兄张弁群准备在法国出售中国古玩字画，故此印本实为宣传品，流传不广，故而以5.635万元成交。

近代中国的古字画出版物，有很大一部分是日本所印制者，这部分出版物很受今日藏家的青睐，因为从中可以找到一些名画的出处。本场上拍的《唐宋元明名画大观》，一函两册，出版于日本昭和三年，即1928年，当时昭和天皇举行了登基大典。为此日本举行了一系列的庆祝活动，包括中国古画展，此拍品即是那次古画展的出版物。此书以1.5万元起拍，3.105万元成交。

2015春　北京泰和嘉成

拍卖时间：2015年3月22日

拍卖地点：北京首都图书馆

泰和嘉成的小拍预展本次也在首都图书馆举办，然预展方式却与别家不同：古籍和杂项部分全部放入柜台，由工作人员按照填写的号码给客人取书和放书。这种做法对保护拍品很有好处，但也有其弊端：一是取放时间较长，如果想大量看拍品，则要有相当的耐心；第二，这种看书方式只能看到自己在图录上有意向之拍品，不若随手翻阅之意外所得。因为随手翻书之时，虽事先并无想法，但偶然间可能翻到自己感兴趣之内容，一个不经意的动作会让拍卖行增加一位潜在的买家。这两种看书方式在古籍拍卖界几乎平分秋色，且以往有些拍卖公司在预展时开架看书，现也变为了闭架取放。除了保护品相之外，听说开架预展丢失拍品情况也时有发生。

泰和嘉成的这场预展除古书之外还有字画，字画部分的展示则是在中厅搭起展架，可以自由观看，而手卷则展开平放在展台之上，上面覆盖着透明薄膜。这种展览方式很实用，可以避免手卷一次次地打开、合起，同时也能让看展之人清楚地查看拍品。

本古籍专场总计上拍了925件拍品，成交率为68%，拍得660.12万元。这是今春各家古籍小拍中成交额最高者。以拍品的质量和数量来说，这样的拍卖结果并不算很好的成绩。本专场最大的特点是上拍了整份的私藏专题，题目为“天赐楼藏书”，此组拍品总计上拍了300部书，数量可谓够大，书中没有写出天赐楼主人的名字，仅在卷前缀以百余字的介绍，文中有这样一段话：

> 城东有天赐庄，传宋之韩世忠赐所也，犹存一楼岿然独立，今之天赐楼也，主人以贩书为业，聚卅年心力择优选萃，累藏图书积至万卷，今感守书不易，乃将所贮悉数交付拍卖，特辟此专场公诸同好。古书卷册有日减无日增，流通传存之功不可泯焉。是为记。

主人藏书于天赐庄，而天赐庄旧址在苏州。几年前我曾在苏州由马骥先生带路去瞻仰了韩世忠的墓园。由此可知，此批书曾经藏于苏州，而主人自称为经营旧书者，且喜藏书，积三十年，今将这些书全部拿出上拍。如此说来，这倒是一份难得的藏品。然而上拍的这批书中有新文学版本，有古籍，也有解放后的出版物，另外还有地图及画册等等。收藏品种略显博采，然总数仅300件，似乎与此文中所提“乃将所贮悉数交付拍卖”不甚相符。我觉得也有可能泰和嘉成拿到了天赐楼全部的旧藏，而本场仅上拍了其中的一部分，因为数量恰好是取整数300件。

天赐楼的这批旧藏排在最前面的是一批“晨光文学丛书”，总计上拍39种，每种作为一个标的，每书的标价也较有规律，大多标为400元一册和280元一册，其中有两种标为800元，分别是《村野恋人》和《志摩日记》，前一种流拍，后一种拍得920元。这39种“晨光文学丛书”仅成交6件，不知什么原因，人们对这个版块认可度不高。新文学版块中还有民国新民印书馆出版的“新进作家集”，此集存九册，其中仅缺第九集《土》。此9件平装本以8000元起拍，1.61万元成交。这个版块的洋装书还有一部《海上述林》，该书为鲁迅帮助印制，分两种装帧方式，即绒面本和皮背本。前一种印制了400部，而后一种印制了100部。近二十年来，该书上拍过三四部，然均为线面本。本拍品也是如此，可能是4.5万元的底价高于行市，致使流拍。

天赐楼的古籍部分以质量论，明嘉靖十七年（1538年）所刻的《旧唐书》应该是拍品中最佳之本。此书原装四十册，白棉纸，旧装，底价定为35万元。若在三年前，此书的底价至少要在35万元前加“1”，然而在本场中35万元的底价竟然流拍，可见古书业的低迷仍然未得到缓解。

天赐楼旧藏还上拍了多部大部头书，此类书近半得以成交。比如《四部备要》，这是中华书局在20世纪二三十年代出版的最大部头之书，有2263册之多，本场上拍者为一整部，其中仅缺两个零种，最终以28.75万元成交。《百衲本二十四史》是民国商务印书馆的拳头产品，此次上拍者虽缺其中的《三国志》、《辽史》和《金史》，却仍然以15万元底价成交，再加上佣金，实际成交价为17.25万元。该书以带原箱者较受市场欢迎，而本场上拍的大部头基本上不带函套。明崇祯间汲古阁所刻的《十七史》也是如此，此书307册，品相中上，每书的封面均有前藏家书写的索引目录。汲古阁所刻《十七史》名气很大，在当时就有很多的翻刻本，虽然该书在校勘上有些错漏，但这些错漏又未必是汲古阁原刻本上所有。因为翻刻本的影响，使得汲古阁所刻之书名声不佳，然在实际中，成套的汲古阁大部头之书并不易得，故此书在本场还是找到了赏识之人，以 32.2 万元易手。

这一个版块还上拍了清乾隆四年（1739 年）内府所刻的《明史》，一百二十册原装，为该书的第一个刻本，也许是这个原因，此书受到了买家的青睐，以 16.1 万元成交。而其他几部大部头则没有这等好运气，《全上古三代秦汉三国六朝文》也属一代名著，一百册原装，却以 14 万流拍。同样，《十三经注疏》的版本是同治十年（1871 年）广东菊坡精舍翻刻本，一百六十册原装，以 15 万元流拍。《汉魏丛书》，清乾隆刻本，八十册，以 12 万元流拍。这个版块流拍者中体量最大的一部书是清咸丰十一年（1861 年）补刊本《皇清经解》，三百七十五册，以 15 万元流拍。

总体感觉，天赐楼所藏之书拍卖情况并不理想，大多数没拍出去，当然这跟市场整体低迷有关，同时还有一个重要原因，就是原藏主的这批旧藏没有太好的版本，能够达到善本级别之书没有几部。当然，也有可能是出于拍卖策略上的考虑，天赐楼藏书中精品和善本的部分可能会放在大拍。

除了天赐楼的这些大部头，本专场也有另外一些大部头书上拍。从册数上讲，最大的一部是《百部丛书集成》，有 7960 册之多，在拍卖场中很少有如此大部头一次性上拍。该书是在 1964 年至 1969

年间由台湾艺文书局影印出版，此书局老板严一萍的旧藏善本十余年前出现在拍场之中，我也曾买到数部。从那些拍品来看，严一萍藏书质量较高，由此推断，他所选择的出版底本质量也一定精审。《百部丛书集成》是第一次出现在内地拍场之中，底价定为25万元，成交价为33.35万元。

另一个大部头是《皇清经解》，此部与天赐楼流拍的那部不同之处是该部书没有修版。《皇清经解》刻成于清道光九年（1829年）。咸丰七年（1857年）时，英军进攻广州，致使该书书版部分损毁。到了咸丰十年（1860年），两广总督劳崇光等人重新补刻该书，与原版混在一起共同刷印，今日所见者大多都是这种补配本，而上拍的这一部则无补刊字样。于今而言，确属难得之物，该书以12万元起拍，13.8万元成交。《景印殿版二十四史》为民国涵芬楼影印乾隆殿版，计711册，以9万元起拍，17.25万元成交。此部书以这等高价成交让我略感意外，将此书与上一部《皇清经解》相比较，《皇清经解》为木刻本，且是初刻无补版者，而这部《二十四史》只是民国间的影印本，然价格却超过了前一部。市场就是这样难以捉摸。本场的另外一部大部头则是《古本戏曲丛刊初、二、三集》，计364册，为1954年到1985年陆续影印出版者，为解放后影印的线装书，然却以10.35万元成交。如此比较起来，无补刊的《皇清经解》真是便宜。

碑帖、拓片历来是泰和嘉成的长项，本场虽是小拍，竟然也上拍了近百组这类拍品。这个版块中最难得的是上拍了一批于右任鸳鸯七志斋的拓片。这些拓片数量较大，故而分组上拍。例如《鸳鸯七志附赫连子悦夫妻志》上拍了17种墓志，计21张，以5万元起拍，8.855万元成交。《魏齐墓志七十七种》，一个标的上拍了77种87张，以30万元起拍，35.65万元成交。《隋宫人墓志二十六种》，这组墓志分类明确，26种全部都是隋宫人墓志，以5万元起拍，7.82万元成交。《隋唐墓志五十一种》以5万元

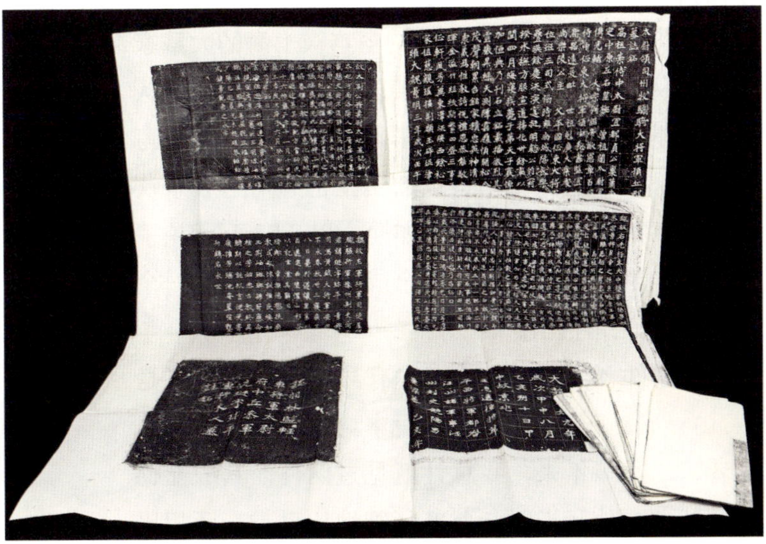

《鸳鸯七志斋墓志》拓片

起拍，5.98 万元成交。可见鸳鸯七志斋所拓墓志颇受追捧。这些墓志原石均为于右任旧藏，当年这些碑石藏在北平安定门内菊儿胡同于右任旧宅之内，1936 年于右任将这些墓志原石分两批运往西安，而上拍的这些据称是这些墓志原石运往西安之前的拓片，故而均属初拓之物。

碑帖部分还有两件有意思的拍品，其中之一是《安素轩石刻》的一个零本，起拍价 1.8 万元。按说套帖零本很难受到市场关注，除非是宋元孤拓，然而此件仅是清代拓本，这件清拓的套帖零本却上了泰和嘉成本场拍卖图录的封三。有这等高的待遇，原因仅有一个，就是这册零本其中的一开正是近期炒得火热的《功甫帖》。此帖的写本被上海的大藏家刘益谦从境外买回，被国内某公藏机构中的专家认为是摹本，并且有人说那个摹本就是从套帖上摹写而来者。看来这位套帖零本的卖主也想借这股争议的东风。拍卖结果果真让他如愿，以 2.07 万元拍了出去。如果以正常价论，这个成交价去掉后面一个“0”，也属正常拍出。

跟这件《功甫帖》的拓本有异曲同工之妙者是《黄山谷砥柱铭》，此帖的原写本均号称是黄山谷亲笔者。二十多年来，我总计就见过两件，其中嘉德上拍的那一件我当时与此帖仔细地比勘过，两相比较，几乎完全一样。所以这个比勘结果等于零，因为我无法断定这件刻帖是来自那个写本，还是那件写本为从此帖摹写而出者。这就如同一真一假美猴王，长得完全一模一样，谁真谁假，连如来佛也难以分清。然而这并不影响本场上拍的这本帖的价值，这一册清拓本起拍价竟然高达 8 万元，以 10.35 万元成交。以我的估计，买得此帖者也有可能是那件原写本的拥有者，当然这也只是我的胡乱猜测而已。

内府拓本，本场上拍了四件。第一件是《渊鉴斋法帖》，此为康熙内府拓本，一函六册，所刻内容

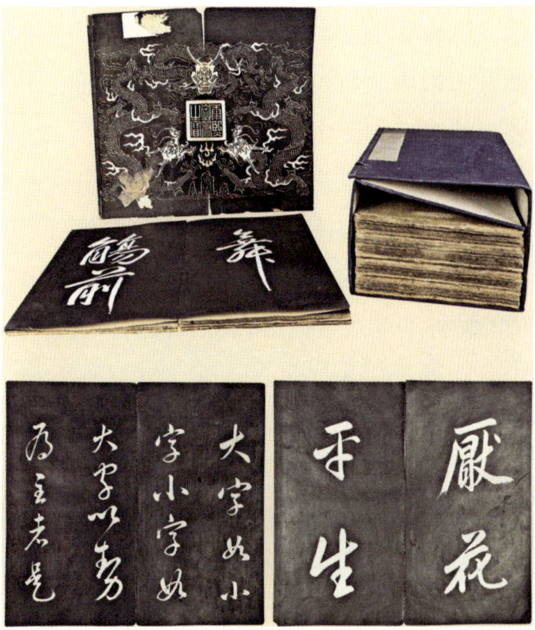

《渊鉴斋法帖》 清康熙内府拓本

均为康熙皇帝御笔。该拓本经折装，为内府原装，以1.5万元起拍，14.375万元成交。还上拍了一套《三希堂法帖》，此帖完整一套应为三十二册，本场上拍的为二十八册，缺少其中的四册，并且是带花边的后拓本，结果仍以7.82万元成交。

另外，本场可称道之书还有几部明刻本，其中《东西洋考》，一函四册原装，以8万元起拍，37.95万元成交。该书可称难得，然而我在一月之内却见到了两部，书缘像运气一样，不知什么时候会降临自己头上。还有一件《世说新语补》，为明万历十三年（1585年）张氏刻本，此书虽并不稀见，然而却是万历本中刊刻精整者，且以白棉纸刷印，十册原装，以30万元起拍，34.5万元成交。

木版水印也是泰和嘉成的特色拍品，本场上拍了一些带有时代特征的年画，大多以底价卖了出去。这类拍品虽然与古籍无关，但却是中国印刷史上独特的品种，并且有稳定的买家长期买进。

2015春　中国嘉德

拍卖时间：2015年5月18日

拍卖地点：北京国际饭店会议中心紫金厅

此次嘉德公司的古籍春拍分为了三个专场，这在嘉德的古籍大拍历史上不多见。这三个专场除了传统的古籍善本，另外两场是“笔墨文章——近现代名人信札写本”和“海岚·里昂的东方传奇——里昂藏历史照片及文献资料”。三个专场合计上拍了492件拍品，这里所说的“件”，应该用“组”来表述更合适，因为在里昂的那个专场中，里面的照片与资料就有几千件之多。在图录的编排中，将一些照片资料进行了合并。从三个专场的拍卖情况看，至少在古籍善本这个版块，市场的回暖速度很快。三个专场的具体情况分述如下：

以市场表现来说，“笔墨文章”专场似乎成交最好，本专场上拍了180件拍品，成交了141件，成交率78.33%，总成交额1857.51万元。这个成交价里已经包含了15%的买方佣金。本专场在图录的编排上，又分出了数个小专题，排在最前面的是“马宗霍旧藏”。马氏旧藏此前已两次出现在嘉德的拍场中，成交的价格远高于事先的估计。本场上拍了马宗霍旧藏13件，从数量上讲，虽然比以往少了很多，但成交情况依然很理想。这13件全部成交，而成交的价格也高于以往。这13件全部都是章太炎写给马宗霍的手札，每通手札的成交价格跟手札的页数关系较大，例如1952号拍品，为章太炎手札一页，起拍价为1万元，成交价为7.82万元；紧接着的1953号拍品，同样是章氏手札，为一通二页，起拍价为2万元，而成交价也几乎翻倍，为17.25万元；1956号拍品，为一通四页，起拍价为4万元，而成交价则是24.15万元；1957号拍品，一通七页，起拍价为7万元，成交价则高达41.4万元。由此看出的小规律，则是卖主基本上将章太炎的手札定为一页1万元，而成交价格则大多在底价的六七倍之间。

笔墨文章专场的第二个小专题则是“潘重规旧藏”。潘氏旧藏自六年前上拍以来，嘉德已经搞了六七个潘重规专题，而他的旧藏我已买到多件。就

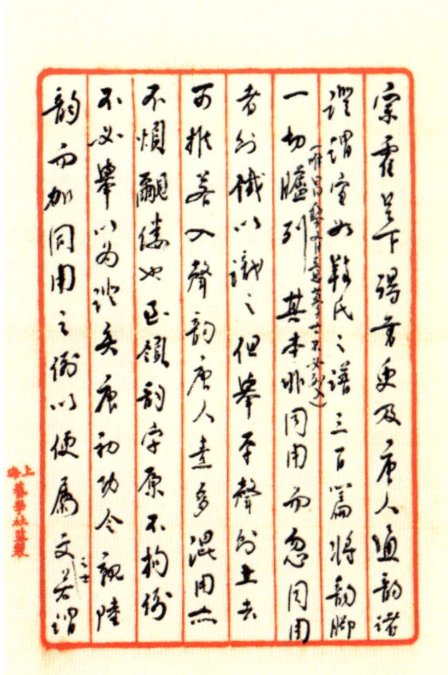

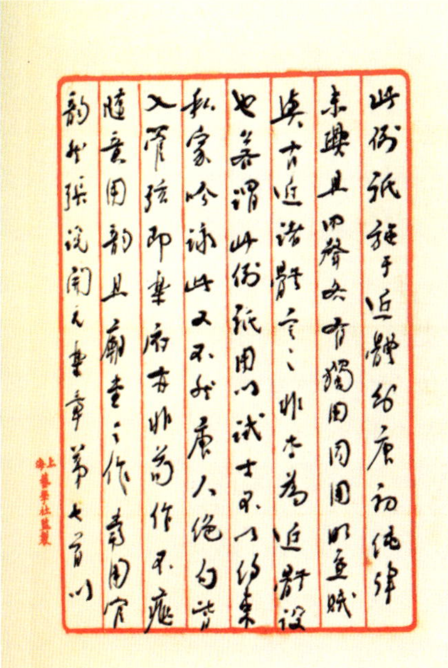

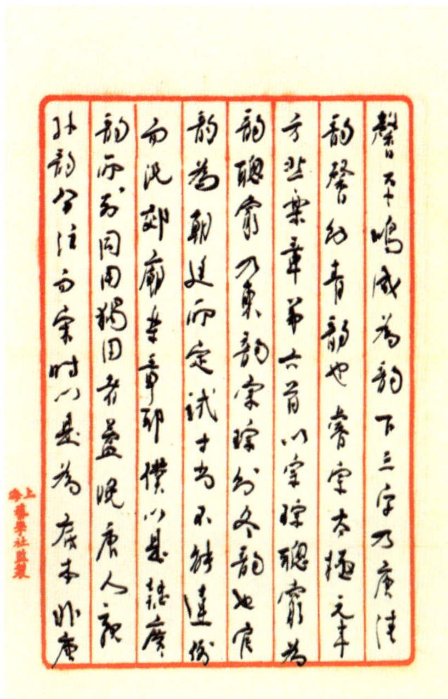

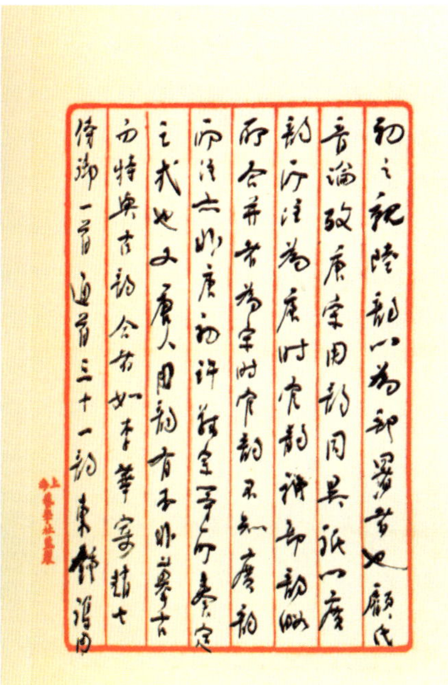

章太炎致马宗霍手札

目前情况来看，潘重规的旧藏已经很少出现在拍场中。本场上拍了潘重规旧藏十件，其中七件是潘重规先生岳丈黄侃的《量守庐日记》，而今卖家将这些日记按月分册，单独上拍，这给史料的收集带来了很大的困难，但却增加了市场的成交价。比如戊辰年（1928 年）六月日记，以 2 万元起拍，69 万元成交。而这些《量守庐日记》后面的成交情况也很好，每个月的日记起拍价根据页数的多寡，所定不同，我将余外几册的底价及成交情况列明如下：

七月，26 页，起拍价 2 万元，成交价 50.6 万元；

八月，19 页，起拍价 2 万元，成交价 42.55 万元；

九月，27 页，起拍价 2 万元，成交价 42.55 万元；

十月，17 页，起拍价 1.5 万元，成交价 44.85 万元；

十一月，13 页，起拍价 1.5 万元，成交价 34.5 万元；

十二月，24 页，起拍价 2 万元，成交价 50.6 万元。

以上为黄侃 1928 年下半年的日记，虽然仅仅是七个月，总成交价竟高达 265.65 万元。

本专场的第三个专题则是“俞平伯旧藏”。这个专题上拍了 19 组拍品，仅有 2 件流拍。俞平伯的这批旧藏，我在六七年前就全部翻看过，虽然我很想得到，但书主坚持不开价。我知道这种买法定然不成，于是就建议其送到拍卖行，如今果真出现在拍场中。这批旧藏中有俞平伯的一些墨迹，这些墨迹成交情况都很不错。比如俞平伯 1973 年写的很小一页书法，以 8000 元起拍，成交价却是 7.82 万元；而其中一幅周作人的书法，所录仅是陶渊明的一首诗，成交价则高达 32.2 万元；还有民国的一些旧平装，

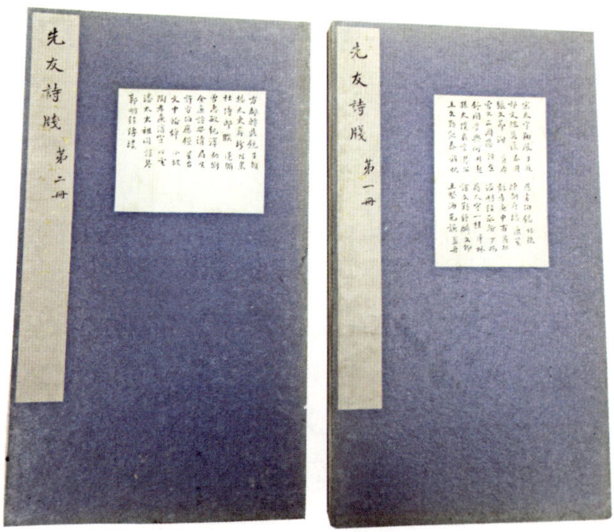

俞樾旧藏诗笺

其中五十六册为一组，这些旧平装中有胡适、周作人、朱自清等人的签名，这些书起拍价13万元，我已觉得不低，然而成交价却高达101.2万元，远超我的估计。俞平伯的这批旧藏我最为看重者，则是俞樾装裱的“友人墨迹”。这些墨迹大多是一些名人的诗笺，俞樾将其装裱为十四册，本场这些拍品以两个标的上拍，分为五册和九册，五册的起拍价是90万元，九册的则为180万元。由此也可知，书主最看重的也正是这个版块，然而这两件标的最终均未成交，这又让我忍不住感慨：难道上百位清代著名学人的诗笺，却卖不过不到一百年前的签名本？

本专场还有几件拍品表现突出，比如陈寅恪写给傅斯年的手札，一通二页，却拍出了115万元的高价。而张爱玲的一页手札也拍得了26.45万元，这是张爱玲的手札第一次出现在拍场中，虽然起拍价仅2万元，却没有想到有这么多的粉丝进场争抢。由此看来，近几十年来的文人手札市场关注度远超古代名人学者。

嘉德古籍的里昂专场在去年年底就已上拍，然而在开拍前又临时宣布整体撤拍，之后我了解到是因为货主对图录的编排感到不满意。本场图录确实作了全面调整，也在内容上深挖照片背后的历史故事，然而不知什么原因，这场拍卖仍然不成功。本专场上拍了205组拍品，仅成交了25组，成交率为

12.19%，成交总额为172.04万元。历史照片本是国外一个传统的收藏项目，而中国的老照片上拍，则是近几年才出现的新生事物，始终处在不温不火之间。其实这类拍品真正的历史价值还未凸显出来，但市场就是市场，它不到一定的火候，你再怎么做宣传，也难以达到预期的效果。

虽然从整体上说这场拍卖成交率不高，但也有些老照片受到买家的关注。比如宋子文、杨虎城在陕西的照片，因为涉及中国历史的重要转折点“西安事变”，所以此组照片10张，以4万元起拍，却拍到了23万元；而另一组“淞沪会战中的四行保卫战”的照片分为数组，第一组为45张，拍得了34.5万元，第二组为37张，以同样的价格成交。这些照片中还有一些涉及张学良的一些行踪，这些照片的成交情况都较好，看来涉及历史重要事件的照片，仍然有很好的市场表现。跟藏书楼有关的历史照片，有被轰炸后的商务印书馆，我对这张照片颇感兴趣，然而查看原照片时，却发现尺幅很小。这一张照片的底价不知为什么高估至4万元，我感觉这个价格高于行市而未曾竞拍，最终这张照片以4万元流拍。

古籍善本专场，本为该专场的主体，但近两年，善本在总成交额中占的比例却逐渐下降，业内人士都认为这是货源枯竭的表现，本专场的上拍情况及成交情况也印证了这个判断。古籍善本专场上拍了

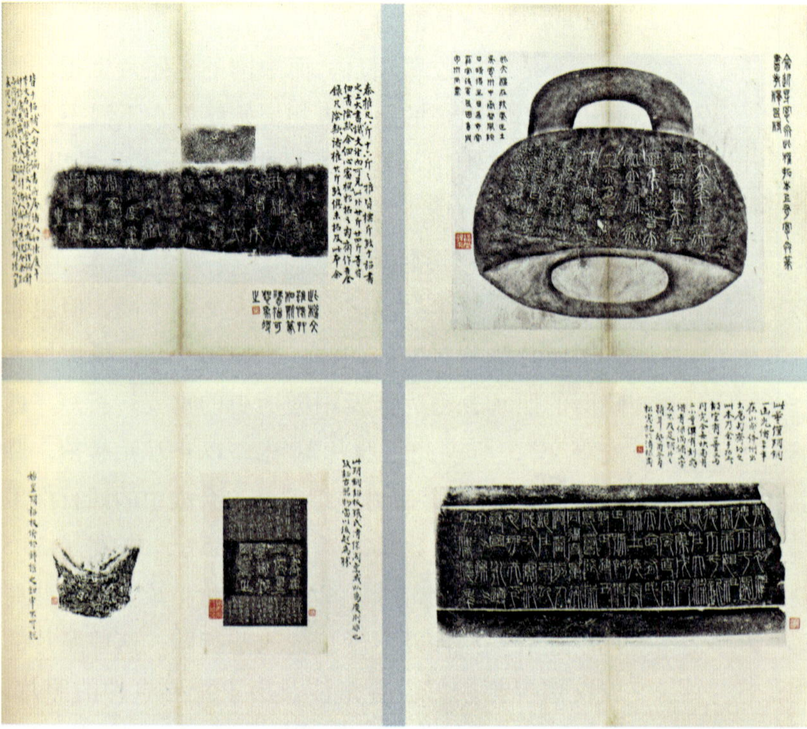

《匋斋藏秦汉宋元明权量文字》 端方旧藏，褚德彝题记

146 件拍品，成交 88 件，成交率 60.27%，成交总额 1244.65 万元。这个成交价格再加上另两个版块，中国嘉德 2015 春古籍专场总成交额为 3254.2 万元，这在当今市场调整阶段已经算是不俗的表现。

从近几年的形势看，碑帖类拍品价格上涨速度较快，连带着青铜器铭文类的拓片也有很大的提高。比如本场上拍的一件《散氏盘》，此拍品为立轴裱本，上面有翁方纲所题的一段跋语，另有褚德彝的长跋，属于披挂很好的一件拍品。该拓本以12万元起拍，126.5万元成交。另有一件端方藏《秦汉宋元明权量文字》，此件拍品经折装一册，也同样是褚德彝旧藏，褚在每件拓片上都作了题记，这一册裱本以50万元起拍，成交价竟然达到了224.25万元。

大部头拍品，本场上拍了一部带木箱的《四部备要》，此书为1936年中华书局排印本，有2271册之多。该类书以往不受版本学者的关注，然本场这一部书以69万元成交。

白棉纸本，本场上拍了一部明嘉靖二十五年（1546年）舒良材刻本《韩诗外传》，此书流传较为稀见，且为莫伯骥旧藏。莫氏藏书量很大，然他的旧藏在市面上却较为少见。该书一函四册，以57.5万元成交。

宋元版类，本场上拍了一部元刻巾箱本《新编事文类聚翰墨全书》，此书旧装一册，为天禄琳琅原藏之物。这类书原本是市场的热点，而本场却以60万元流拍，由此可以看出市场在转向。

2015春　北京德宝

拍卖时间：2015年2月8日

拍卖地点：北京市首都图书馆A座一层多功能厅

每年的1月、2月都是几家古籍拍卖公司搞小拍的时节，国内的艺术品拍卖大多很有规律，一年中只在春秋两季各搞一场大拍。虽然名称叫春拍和秋拍，可是时间却一直往后拖，春拍开拍的时间基本都在5月到7月间，而秋拍则在10月至12月间。以季节论，将其称为夏拍和冬拍更加名副其实。有的公司只搞大拍，比如说保利，也有的公司会在大拍的中间穿插小拍。以海王村为例，它的小拍有四场，在春拍与秋拍之间各穿插两场，大多数搞古籍拍卖的公司也是这种排列方式。

今年的经济形势与去年类似，方方面面都不明朗，再加上力度很大的“反腐”，使得艺术品市场受到较大影响。听说现当代字画市场的平均降幅竟然达到了七成，这也许属于个案，但足以说明艺术品拍卖真的进入了冬天。然而，古籍拍卖所受的影响似乎没那么大。从海王村的上一场小拍来看，人气较去年有很大的回升，这种情况可能一些拍卖公司的管理者并没有预估到，因此减少了一些拍卖场次，而古籍小拍在这方面较为明显。在1、2月份搞古籍拍卖的公司仅两家，一家是上面说的海王村，而另一家就是德宝。

德宝的这场拍卖仍然在首都图书馆举办。我去看预展的时候，直接奔首图的新馆而去，在路边看到了德宝预展的广告牌。这次的展牌跟以往相比有了些变化。以前的广告是立在地上的一个广告板，本次这个广告板仍然还在，但在身后的电线杆上也一路地排布了广告，可见德宝公司也在宣传上下起了功夫。我支起三脚架把这个创意拍了下来，拍完正准备继续前行，突然身后有人喊我的名字，回头一看，正是德宝公司副总经理宫学军。他说，这次预展换地方了，回到了旧馆的原有场地，于是随他走进现场。德宝看拍品的方式，是自由翻阅与人员取放相结合。不用说，放在柜台里面的肯定是这场的主要拍品。我所关注的几十件拍品大多放在柜台之内，宫总安排人员帮我一一取出。

德宝的这场小拍从拍品质量到图录编排，延续了该公司以往的固有特色，数量上竟达855件之多。这场拍卖的图录封面是民国蒋汝藻密韵楼所刻蓝印本《曹子建文集》。按照惯例，封面的拍品是本场最值得推崇的一件。这部书品相上佳，尤为难得者，是用罗纹纸所印，这种特殊纸的印本较为少见。该书起拍价是18万元，这个价格说明卖主的心理价位还定格在三年前，可惜今日的市场不能支撑以往行情，最终该书流拍。

这次德宝拍品的一个小专题应该是藏书家墨迹，

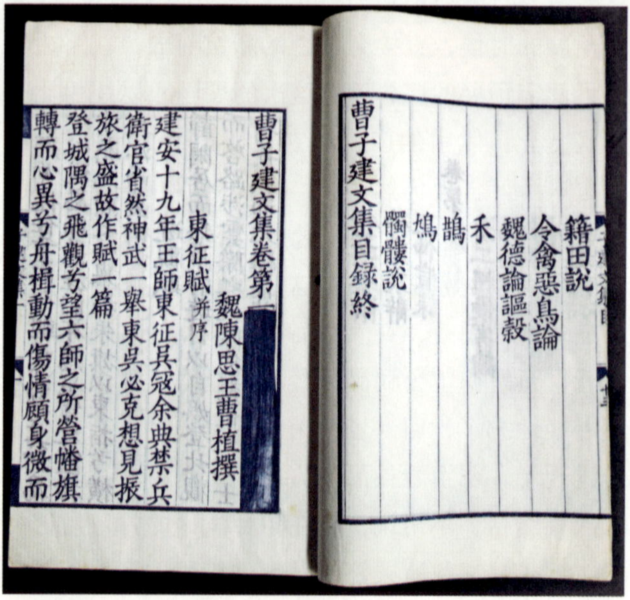
曹子建文集卷第一
魏陳思王曹植撰
東征賦 并序
建安十九年王師東征吳寇余典禁兵
衛宮省然神武一舉東吳必克想見振
旅之盛故作賦一篇
登城隅之飛觀兮望六師之所營幡旗
轉而心異兮舟楫動而傷情顧身微而

籍田說
令禽惡鳥論
魏德論謳穀
禾
鵲
鳩
髑髏說
曹子建文集目錄終

《曹子建文集》 民国蒋汝藻密韵楼蓝印本

这个版块我较为关注，因为这些人在字画拍场中并没有多少追捧者，所以往往能以较合理的价格拿到手。但在古籍场上，这些人却成了大名头，很难捡到便宜。这次的拍品中有瞿启甲的两件书法作品。晚清中国四大藏书楼之一的铁琴铜剑楼，瞿启甲为此楼的第四代主人。这次上拍的两件书法作品都是未裱的单篇，第一件起拍价2000元，以4000元成交。第二件起拍价是1500元，以5000元成交。有意思的是本场还上拍了一件瞿耀邦的对联，而这位耀邦先生则是铁琴铜剑楼第五代传人。瞿启甲的书法已经有过几次上拍的记录，而瞿耀邦则是首次出现在拍场上。这副对联起拍价是1000元，最终以6200元成交。瞿耀邦作品的价格高于父辈，以我的理解，就是缘于稀见。

本场的藏书家墨迹中，还有一副章钰所书对联。章钰墨迹虽不稀见，但3500元的起拍价，于今而言，是个合适的价格。该对联最终以5000元成交。有意思的是，本场还上拍了两件日本藏书家的墨迹，其中之一是内藤湖南所书扇面，可惜这个扇面写得不精，最终以3000元流拍。此外还有一本册页，里面收录了多人的作品，其中之一为长尾甲所绘，同样以6000元的价格流拍了。看来，日本汉学家的墨迹在中国大陆认可度并不很高。本场还有一件日本汉学家今关天彭所批校的《词选》，我本来对此也有点兴趣，可惜不认识这位汉学家的墨迹，犹豫间，被他人以2200元底价买去。

本场拍卖，还有一件有意思的拍品是毛氏汲古阁专用抄书纸，是木板刷印，仅有三页，我把这几张纸仔细端详一番，还是不能确定这是否即当年汲古阁所用者。在图录中编排者特地放了一张图片，是上海图书馆所藏的一部汲古阁抄本的照片，而照片中的抄书纸跟这三页拍品极其相像。我本想将其买下，后来细想一番，不知将其拍下后有何用途，便作罢了。

本场还上拍了一部明毛氏汲古阁影宋刻本，书名是《汉隶字源》，这是汲古阁刻本中品相较佳者，上面钤有日本人的藏书印，看来该书是从日本征集回来的，一函六册，带有牌记，牌记上注明“受恒堂藏板”，看来是汲古阁将书板转卖之后所刷印者，也正因为如此，该书没有受到买家的认可，最终以4万元流拍。

明版书中，带有明确牌记者乃是明弘治十一年（1498年）慎独斋刻《资治通鉴纲目》，此书不全，仅存九卷，按照老的传统观念，这种流传较多又非全本的明版书，一般很难卖出好的价格，然而该书却以2.5万元底价成交。由此可见，今日的藏书观念与古代还是有些许的变化，当今藏书者所看重的是好的版本，并不太强调该书的残全问题。此次的明刻本中，还有一部难得者，乃是明刻本的《尔雅》，该书印在了本场图录的封三。从理论上讲，这是传

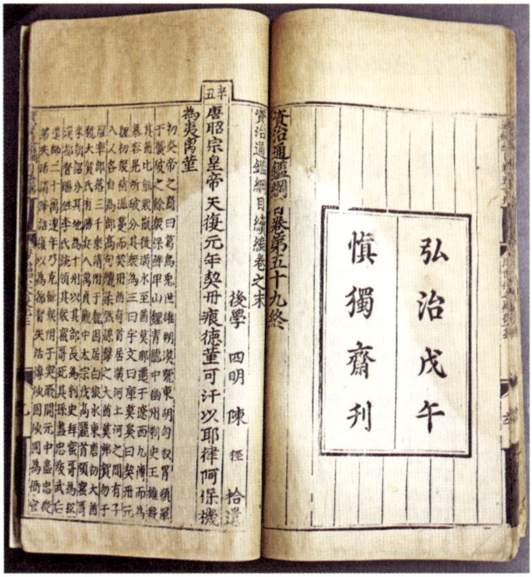

《资治通鉴纲目》慎独斋刊刻，带有稀见的明弘治牌记

统意义上的善本，虽仅一册，仍然以5万元的价格成交，这也多少能够看出，还是有买家仍然固守传统的普善分级观念。

本场的稿抄校本专题中，有一件特殊的拍品，那就是赵守俨先生的出版稿。虽然是个残稿，却引起了我的关注。我的关注点并不在于该书有多大的版本价值，原因很简单，在这场预展的几天之前，我恰巧去拜访了赵珩先生，而赵守俨正是赵珩先生的父亲。我们在访谈中，专门谈到了其父整理点校《二十四史》的往事，没想到几天后就看到了这位前辈的墨迹。唯一觉得遗憾之处，是这个墨迹所批者并非是其中的正史。

批校本方面，本场的成交情况并不很好。拍场中有一部湖南大藏书家叶德辉所刻的《藏书十约》，扉页有叶德辉之子叶启倬的题赠款。叶启倬的墨迹并不多见，但该书以 3000 元流拍了。还有一部张尔田题记的《东塾读书记》，此本无论原书还是题跋者都已够中等名头，结果却以 6000 元流拍。

碑帖部分，本场上拍数量较大，有 120 多件。其中较为难得者有清拓本《麓山寺碑》，此碑后面有谢元福、许振祎、郭庆藩跋语。从纸张墨色看，椎拓较晚。两年前，我曾到岳麓书院瞻仰过这块原碑，看到的情形比想象的差许多，由此也就更加明白早期拓本之难得。比较一番，上拍的这一件比我所藏的几件拓得都要晚，最终以 8000 元起拍，以 1.2 万元成交，买主有可能看重的是后面的跋语。

本场还上拍了一些木板片，成交情况也不是很好。另外有 22 盒木活字，最终也以 2 万元的底价流拍。

就本场的情形来看，拍卖成交价格比较平和，很难看出哪些品种是本场热点，但这毕竟不是大拍，不能以一场小拍的成交价高低来评估整个市场的趋势。以我的观察，稍微有些说法的拍品，基本上没有捡便宜的可能。由此说明，真正的藏家仍然在关注着市场。

2015春　北京卓德

拍卖时间：2015年6月1日

拍卖地点：北京建国门内大街宝辰饭店

卓德公司大概成立于五年前，最初的拍卖范围包括艺术品的各个门类，近两年则逐步转为字画与古籍，从今春开始，专门举办古籍专场，看来在逐步向专业化的拍卖公司转型。古籍善本拍卖原本是艺术拍卖中的小类，而今有些公司则专门搞这个门类的拍卖，从这个角度而言，说明古籍拍卖正越发地受到市场关注。

本专场总计上拍471件拍品，其中52%得以成交，总成交额为716万元，此成交额不包括15%的买方佣金。本专场将写本类书籍排在图录的最前面，该版块总计上拍48件拍品，其中《四库书主名汇

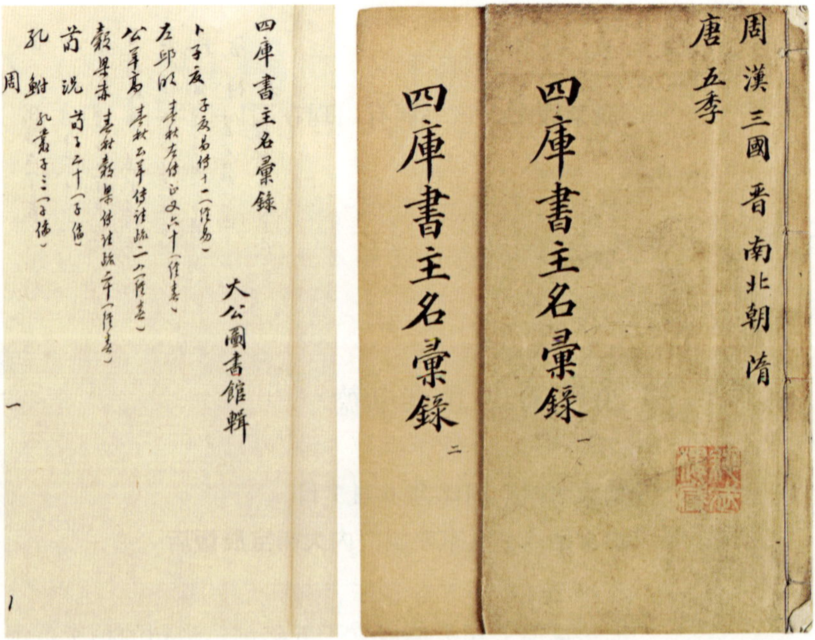

《四库书主名汇录》稿本

录》是研究四库的一部专著，为无锡富商荣德生所办的大公图书馆所辑，且未见著录，故此拍品应为该书的稿本。原装一函五册，以3500元起拍，5500元落槌。

这个版块中，还上拍一册绘本《秘戏图》。《秘戏图》在古代又称避火图，西方对这类风俗画研究较多，在国内，因为这种图案涉及情色，故少有相关的研究文献。此绘本较为精细，故而以5万元成交。可能是为了与之相配套，在写本版块内，掺有一部刻本书，即《增像肉蒲团六卷》，为清代木活字本，一函六册。因《肉蒲团》属淫秽小说，故一直属禁毁书，该书偶有出现在国内拍场中，但大部分都是日本刻本或活字本，而上拍的这一部却是清代的排印本，且为第一次出现在拍场中，故受到了几位藏家的关注，以8000元起拍，竟争到10万元方落槌。

批校本方面，《春秋左传注疏》虽为清乾隆四年（1739年）武英殿刻本，时代并不算早，然内有佚名批校，为本场唯一有价值之批校本。该书以1.5万元起拍，5万元落槌。

排在写本之后，为内府刻书版块，此版块上拍5件拍品，虽然数量不多，但也各具特色，例如《御制诗第二集》，康熙四十二年（1703年）扬州诗局刻本，二函十册。如今留下来的御制诗，大多属于乾隆皇帝所制，而康熙的御制诗却流传较少，此拍品虽称是第二集，然而该书在刻制时，就是分集出版，独立成部，故此书以20万元起拍，26万元落槌。《圣祖仁皇帝御制文四集》存卷三十四至三十六，从该书的形式上看，应当属于乾隆时代《四库全书》的南三阁零本。这种零本在十余年前市面上偶然能够得见，近几年却少有露面，本场上拍的这两册零本，以15万元底价成交，应该属较为低廉的价格。

此版块的第三件拍品为《御制古稀说一卷古稀

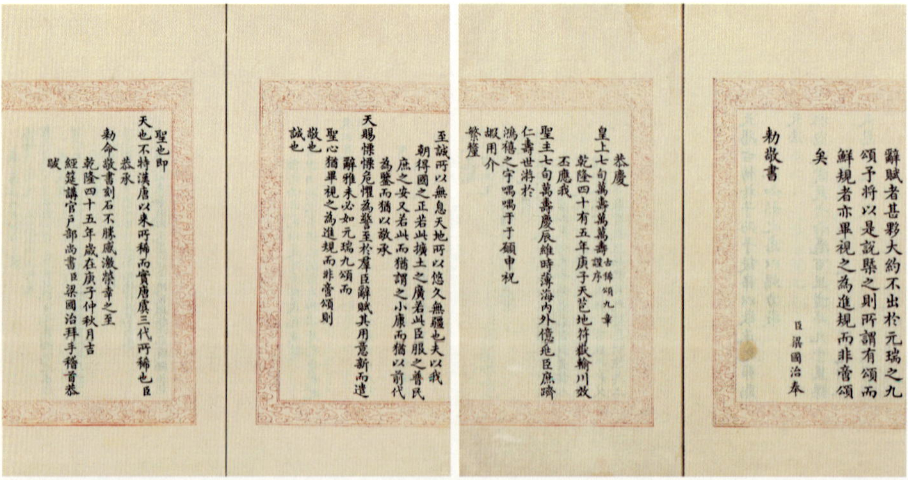

辭賦者甚夥大約不出於元瑞之九
頌予將以是說槩之則所謂有頌而
鮮規者亦畢視之為進規而非啻頌
矣
勅敬書
臣梁國治奉

恭慶
皇上七旬萬壽萬萬壽古稀頌九章謹序
乾隆四十有五年庚子天芑地符嶽輸川效
丕應我
聖主七旬萬壽慶辰維時薄海內外億兆臣庶躋
仁壽世游於
鴻禧之宇喁喁于于顒申祝
嘏用介
繁釐

至誠所以無息天地所以悠久無疆也夫以我
朝得國之正若此擴土之廣若此臣服之普民
庶之安又若此而猶謂之小康而猶以前代
為鑒而猶以敬承
天賜慄慄危懼為警至於羣臣辭賦其用意新而遣
辭雅未必如元瑞九頌而
聖心猶畢視之為進規而非啻頌則
敬也
誠也

聖也即
天也不特漢唐以來所稀而實唐虞三代所稀也臣
恭承
勅命敬書刻石不勝感激榮幸之至
乾隆四十五年歲在庚子仲秋月吉
經筵講官戶部尚書臣梁國治拜手稽首恭
跋

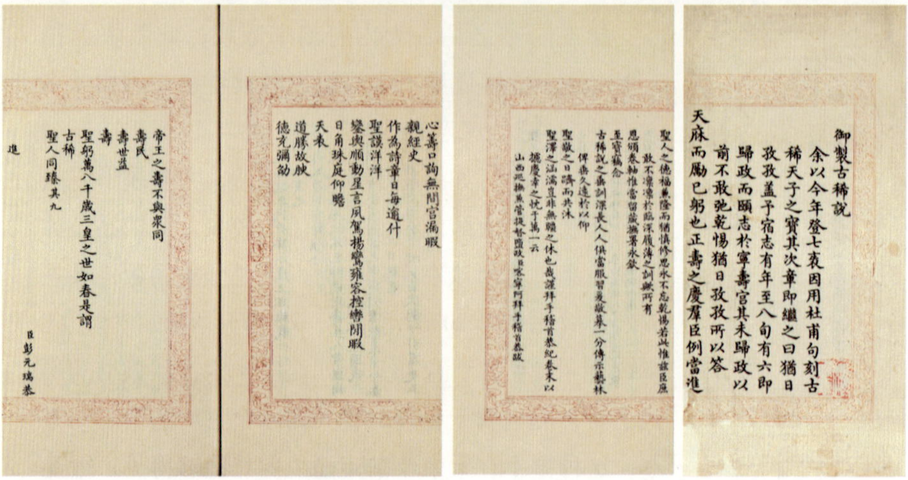

御製古稀說
余以今年登七袠因用杜甫句刻古
稀天子之寶其次章即繼之曰猶日
孜孜蓋予宿志有年至八旬有六即
歸政而頤志於寧壽宮其未歸政以
前不敢弛乾惕猶日孜孜所以答
天庥而勵已躬也正壽之慶羣臣例當進

聖人之德福兼隆而猶慎修思永不忘乾惕若此惟欽臣庶
敢不凜凜於臨深履薄之訓與所有
恩頒卷軸惟當留藏摛翼永欽
至寶編命
古稀說之垂訓深長人人俱當服習爰敬摹一分傳示藝林
俾垂久遠於以仰
聖敬之日躋而共沐
聖澤之汪濊豈非無疆之休也哉謹拜手稽首恭紀卷末以
擴慶幸之忱于萬一云
山西巡撫兼管提督鹽政臣喀寧阿拜手稽首恭跋

心籌口詠無間宵漏暇
親經史
作為詩章日每適什
聖謨洋洋
鑾輿順動星言夙駕揚鸞雍容控轡閒暇
日角珠庭仰瞻
天表
道腴故腴
德充彌劭

帝王之壽不與衆同
壽民
壽世益
壽
聖躬萬八千歲三皇之世如春是謂
古稀
聖人同臻其九
臣彭元瑞恭
進

《御制古稀说一卷古稀颂九章》 清乾隆刻本

颂九章》，清乾隆四十六年（1781 年）山西巡抚喀宁阿刻本，一册。从严格意义上讲，此书并非内府刻本，而是从内府原本中翻刻而来，然从刊刻质量上来说，这部书的刊刻水平却高过内府原刻本。可能是这个原因，图录的编排者将该书列在了内府版块中。从稀见程度而言，此书在以往未曾有过上拍记录，因此该一册书以 8 万元成交。

宋元刻本，本场上拍了 4 件。第一件为《三苏先生文集》，三卷二册，为黄麻纸印本，帘纹很是清晰。查国内公藏著录，该书流传至今者，最早为明成化本，未见有更早刻本传世。上拍之物在书口卷数的上方有花鱼尾，颇具元刻本特征，然是否确为元刻则需考证，但这种情况并未影响该书的成交，此书以 10 万元起拍，15 万元成交。《通鉴纪事本末》，宋宝祐五年（1257 年）杭州赵氏刻本，此本俗称“大字本”，为该书流传较多的版本，然而今日所见该书，大多属于递修本。但是本次上拍的仅为一页，从版面情况看，虽称不上是初印，但基本上没有断版或补版，应当称得上是宋刻宋印之物，且版心有刻工，故该书页以 1 万元底价成交。《晦庵先生朱文公文集》，宋咸淳元年（1265 年）建宁府建安书院刻元明递修本，白棉纸，一函二册，此拍品存卷第八十九。此书该版本流传较多，时常会出现在拍场中，然而大多是以零本形式出现。若有人能用心将该书做基本的配套，则必然成一件难得之物，因为整套流传，极其稀见。可惜现在少有人愿意下大功夫费很长时间将一套残书补配完整。此书以5万元起拍，17万元落槌。《皇朝名臣言行别录》存卷十，一册，该书流传稀见，国内公藏单位仅南京图书馆藏有残卷。宋元本中，若是流传稀见者，其实不应当再有完缺之见。这部书仅以8万元底价成交，应属本场一漏。

本场上拍明刻本二十余件，其中流传较稀者有《汪氏统宗正脉》一卷，一函二册。该书是第一次出现在拍场中，且为白棉纸印本，为明代家谱中少见的品种，故而以3万元起拍，5万元落槌。此拍品的前一件为明刻本《盐邑志林》，残存五册。从形制上讲，该书为毛装本，明代流传至今的毛装书极其罕见，并且《盐邑志林》的明刻本也很难得，今日能够见到者，基本上是民国时期的影印本。故而该书虽是残本，但是第一次出现在拍场中，以3万元起拍，5.2万元落槌。

《唐诗纪事》八十一卷，为宋代计有功的名著，因为是名著，所以该书有多个刻本传世，反而流传较多。上拍的这一部为明崇祯五年（1632年）毛氏汲古阁刻本。在传统的藏书观中，汲古阁刻本很少能列入善本范畴，虽然到民国年间，有董康替毛氏辩诬，称今日社会上流传的毛氏汲古阁刻本，大多属于盗版，真正的汲古阁原本也同样是校勘精审。然而流传至今的汲古阁刻本，很少能见到真正的正版，因此董康的呼吁并没引起多少人关注。近二十年来，这种风气有所转变，汲古阁所刻之书渐受藏书家关注，据说已经有人将汲古阁刻本列为专藏。而上拍的这部《唐诗纪事》，品相上佳，应当属于汲古阁正版，故该书被喜爱人士从5万元争起，一直举到16万元将其拿下。

《扬子法言》，明嘉靖刻本，该书为世德堂《六子全书》之一。此六子名气较大，然而正因为如此，在明代就有多个翻刻本，因此现在公私书目所著录的世德堂《六子全书》，其实很少能区别出原刻本与翻刻本，而且至今还未有一部对该书作系统研究的专著。本拍品为《六子全书》之一，版心却未刻“世德堂”字样，从版面风气及行格来说，该拍品跟世德堂《六子全书》基本相像，有可能是从世德堂本翻刻而来，这类翻刻本颇具研究价值。该书一函八册，以8万元起拍，17万元成交。与之相邻的另一部书是《孙真人备急千金要方》，该书版本为明嘉靖二十二年（1543年）乔世定小丘山房刻本。此本流传较为稀见，该书的原本为三十卷，而正统《道藏》将此三十卷本拆分为九十三卷本，此拍品则为九十三卷本，可惜缺失了七卷，存三函十八册，可能是这个原因，该书以10万元流拍。

本场的套印本有两部较佳，《韩文公文抄》十六卷，明万历间朱墨套印本，白棉纸，一函十六册。该书已经有了几次上拍的记录，然而本拍品的特殊之处，是书内另有佚名朱批。在明代套印本上再作批校，此种情况颇为少见，但不知什么原因，该书以17万元起拍，竟然以75万元的高价成交。而另一部明万历套印本《史记钞》，虽然是残本，却以8万元起拍，19万元成交。这种并非稀见且为残本的明代套印本，能以这样的价钱成交，在近些年的市场上，实属少见。

本场的清刻本中，也有较为稀见之物，例如《太上感应篇图说》，清顺治十四年（1657年）刻本，一函八册，内有大量的版画插图，而这类插图正是当下的市场热点。该书虽然流传较多，然顺治十四年版本却很稀见，国内公藏仅有辽宁省图书馆有著录，故该书以5万元起拍，8.2万元成交。

版画类的拍品，最为难得者是《西湖佳话古今遗迹》，清康熙金陵王衙刻彩色套印本。此本特别之处，乃是书内收有多幅彩色插图，因此该书为研究版画和套印者均会提及之书，可惜该拍品缺失了其中的两卷，但并不影响竞投者的热情，该书以7万元底价成交。《平山堂图志》也是清代著名的版画书，里面收有大量名胜版图，该书刊刻于清光绪二十一年（1895年），虽然是翻刻本，但也同样不多见。十余年前，

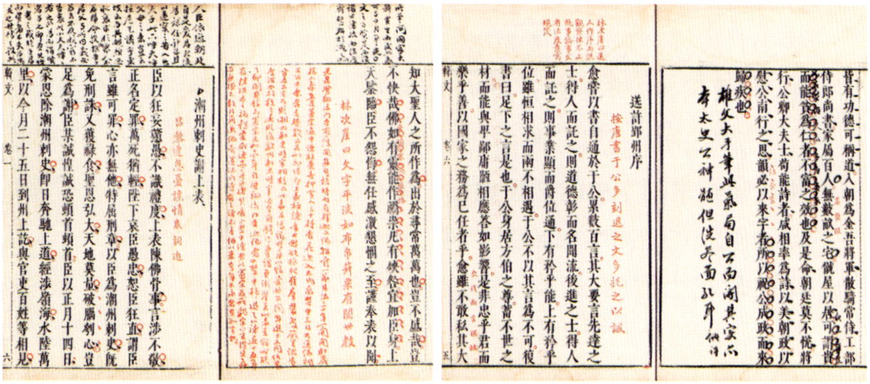

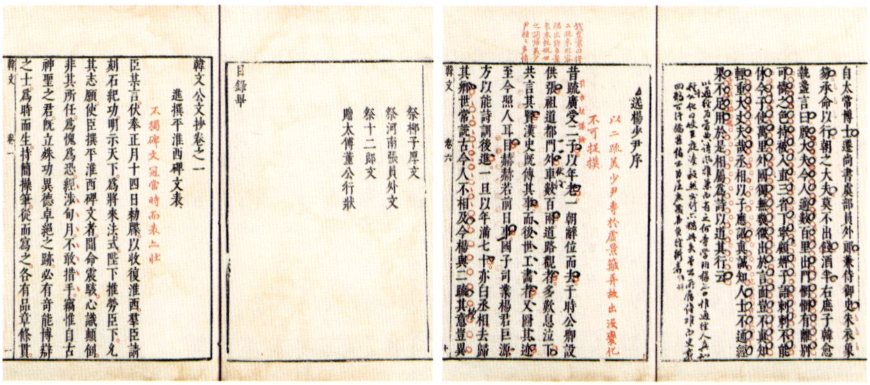

《韩文公文抄》 明万历朱墨套印本

《平山堂图志》的版片被人盗出，曾经出现在拍场中，后被发觉追回，致使撤拍，这也是该书历史中的一段小插曲。此拍品一函四册，以1.5万元成交。

《孔子家语四卷》，明末刻本，此书卷前有八幅版画，版画的形式为圆光型，这在明代版画中不是很多见，该书以2万元底价成交。《暖红室橅明刊琵琶记原图》一册，此书乃是将清宣统二年（1910年）暖红室刻本中的插图抽出，单独装订为一册者，此种做法在插图本中较为少见。15年前这本书第一次出现在上海的某拍场中，当时我想以3000元将其举下，被坐在旁边的陈东先生制止，其称此书很多，他2000元价格就能给我找到，等该拍品落槌之后，我再找陈东先生。陈先生承认当时没有看拍品，误以为该书仅是暖红室中的几页插图，并不知道是单独成册者。自此之后，再未见该书出现在拍卖中，而今卓德的这一册书，起拍价25000元，已经较当年成交价贵了近10倍，最终以4万元成交。由此可知，版画类作品如若在形式上有与众不同者，始终能受到买家的关注。且将这段小因缘附记于此。

碑帖类拍品，本场上拍了70件，其中未见珍罕品种，然也有尚佳之物，例如《曹望憘造像》，原石出土于山东，后归陈介祺，民国时被法国巴黎博物馆买去，故此石原拓本国内流传较少。然此图较为精美，颇为藏家所喜爱，故而有大量的翻刻本出现在市面上，相关的鉴定方法有几个要点，而本拓本确实为原石拓本，属于较难得者，以15万元起拍，19万元落槌。《颜君家庙碑》是唐碑中的名品，正因是名品，故该碑流传拓本较多，本场上拍的这一部为明拓本，且为明代原装四册，较为难得，然此拍品以6万元流拍。

印谱类拍品，本场上拍23件，其中一件名称为《江西监生欧阳梁进呈万寿全图印谱》为第一次上拍。此谱乃是江西监生欧阳梁向皇上进呈的贺寿之物，虽然稀见，但在印学史上却没有多少研究价值，结果该谱以3.8万元流拍。而印谱中难得者，则是《吉金斋古铜印谱》，清同治八年（1869年）钤印本，一函六册。此书属于正统的秦汉印谱，故该谱以2万元起拍，5.8万元成交。

印谱版块中还有一件特殊的拍品，定名为“吴大澂手写秦汉六朝名印目”。此谱内并无钤章，乃是吴大澂手书秦汉印的名称，并且后面还有一首吴大澂所写之诗，这已经属于书法类作品，故该品以1.5万元起拍，14万元成交。

佛经类拍品，本场上拍26件。《光赞经卷第一》为唐人写经残卷，虽然长度仅1米，然属于唐人写经中较为精整者，故被北京市文物局定为一级文物。这件残经以3万元起拍，13万元成交。

雕版版片的拍卖，这些年来也是零星出现在市场中，卓德的这场竟然上了5组此类拍品，然而却全部流拍。由此看来，买家颇为重视书版上所雕造的内容。例如有一组版片，共18块，雕有带版画的图案，可能是3万元的底价略高于行市的原因，致使未能成交。

就特殊性而言，本专场上拍了一种在此之前其他公司从未上拍过的物品，那就是清代的百褶裙和门帘，且竟然一次性上拍了15件，同时还上拍了一些荷包带及枕套。这样大规模地上拍丝织品，然后将其纳入古籍拍场中，不知是怎样一种考量，显然在这个拍场中没有这一类的藏家，致使这些拍品仅拍出一件，而这一件也不是百褶裙，而是一幅桌帷。看来，一个新的品种加入拍卖，一是需要找到或者培养相关的买家，二是一定要做相应的宣传，否则即使有喜欢收藏这类物品的人，也难以找到这样的售卖渠道。

与之相反，本场还上拍了17组红星宣纸，而这些宣纸全部成交。可能是书跟纸有关，因此关注古书的买家也会关注这个版块，至于买纸去作什么用途，那是别人的事。

本场还有一件特殊拍品，那就是“三世章嘉和尚印信”。这虽然属于印章类的拍品，但因其有着特殊的宗教意义，这枚小印章以5万元起拍，13.5万元成交。

2015春　杭州西泠印社

拍卖时间：2015年7月4日

拍卖地点：浙江杭州世贸君澜大饭店世贸厅

今年的西泠春拍，古籍分为了两个场次，主体当然是古籍善本专场，另外又单独分出一场名叫“吉金嘉会·西泠印社首届金石碑帖专场”，题目已经说得很清楚，我也就不用解释了。这两个专场的成交情况分别是：古籍善本专场上拍176件，成交130件，成交率73.86%，总成交额1316.405万元；“吉金嘉会”专场上拍88件，成交82件，成交率93.18%，总成交额1437.615万元。两个场次加在一起，今春西泠印社的总成交额为2754.05万元，这个成交价包含了15%的买方佣金。

金石碑帖是近几年的市场热点，可能正因为如此，西泠印社第一次将这个版块独立出来，没想到成交情况如此之好。一个专场中竟然仅6件流拍，这样的好成绩即使在碑帖火热的今天，也并不容易做到。其中的原因，我想更多的应该是首拍，故而在拍品质量上有较严的把关，并且在拍品选择上也尽量贴近市场。虽然仅88件拍品，然而在图录中却分出了若干个小专题，其中有“戚叔玉先生旧藏”，该版块上拍26件拍品，100%成交。按照图录上的说明，本场春拍总计有戚叔玉旧藏拓片320多种，但是分组成26个标的。戚叔玉为上海文史馆馆员，富收藏，主要收藏方向就是印谱和金石拓本，因此这些拍品很受藏家喜爱，例如其中有一件拍品为戚叔玉旧藏各种金文拓

戚叔玉藏卫父卣等商周秦汉吉金铭拓册

片的集拓册，旧裱本40页，内收金文拓片很多是出自名家旧藏，例如吴云、端方、费念慈等十余位，故这本拓片以3万元起拍，18.4万元成交。还有一件同样是戚叔玉所藏的青铜器文字拓片，裱为一个长卷，以5万元起拍，29.9万元成交。

本专场的第二个专题为"高络园旧藏"。高络园是有名的金石专家，他的旧藏在杭州地区极受追捧。该版块上拍12件拍品，同样100%成交。这12件拍品中虽无重器，亦不乏有趣之物。例如《乐只室藏汉雁足灯三种》，这件裱本有溥心畬的题签，以1万元起拍，33.35万元成交。这件拍品能够拍得如此高价，一定跟本场的另一件拍品有较大的关联，即《汉建昭雁足灯全形拓》。这件拓本的原物制作于西汉建昭三年（公元前36年），乾隆年间王昶得于西安，因为上面有六十一字的铭文，使得有金石癖的藏家对此大感兴趣，很多金石大家都对该灯作过详细的考证，例如翁方纲、武亿、阮元等，且都有专门著述。后来王昶之女嫁给孙星衍，这件雁足灯就作为陪嫁之物到了孙星衍的手中。道光十六年（1836年），徐渭仁以200块银元买得此灯。道光二十二年，徐渭仁将此灯带到苏州，陈小鲁看到后，将此灯制作了拓片，而本场的上拍之物即为陈小鲁所拓者。因为这件灯，再加上这件拓片的名气，使得此小小的拓片之后有了十八位大家的题跋，例如吴昌硕、徐渭仁、江标、叶昌炽等等，众星捧月般地把这张拓片弄成了名物。此手卷起拍价格为120万元，成交价竟然高达391万元，成为了本场成交价最高的一件拍品。

本专场的第三个小版块为“吴稼农旧藏”。这个小专题仅上拍了4件拍品，也同样全部成交。吴稼农旧藏本是西泠春拍中的主要栏目之一，除了这4件碑帖之外，另有古籍64件上拍于古籍善本专场。此4件拍品包含数量最多者为《从古堂器物款识》四册，另有《彝器款识》一册，内收各种青铜器铭文以及全形拓汉镜、竹刻、紫砂等等，且有多件带有名家题跋，如张廷济、瞿中溶等等。因是名家递藏之物，故这五册以25万元起拍，82.8万元成交。

本场还有“张弁群旧藏”专题，该专题仅两件拍品，以两件拍品单列作为一个专题，在以往各家的图录中从未见到过，可见图录编排之用心。此两品也同样是全部成交。其中《泰山刻石》九个半字本，虽是《泰山刻石》中字数最少的拓本，然而该拓本上有孙星衍和严可均的跋语，故此拓本以12万元起拍，55.2万元成交。而张弁群的另一件旧藏为《虢叔大林钟》，此拓片有张开福的长题，可能是因为这篇长题，此拍品由15万元拍到了48.3万元。

《汉三老讳字忌日碑》是江南地区最有名的碑刻，此碑就藏在西泠印社的孤山顶上，正因为如此，江南的买家喜欢藏碑帖者均追捧此碑。本场上拍了该碑的拓本，上有沈树镛题跋，以15万元起拍，82.8万元成交。

古籍善本专场的第一件拍品为《郑文焯诗稿》，此件稿本仅十五页，然内有陈三立、陈寅恪的收藏印。郑文焯为晚清四大词人之一，再加上有这两位名人的递藏之印，故这件拍品以4万元起拍，35.65万元成交。

本场还上拍了两件盛宣怀旧藏之本，一件为焦循所批《大戴礼记》，而另一件则题为顾千里所批《周易》，这两本书均著录在《盛氏图书馆善本目录》中。《大戴礼记》后面有江标跋语，明确说明该书批校出自焦循之手，而顾千里所批的《周易》，里面的字迹与寻常所见者有差异。可能是这个原因，使得这两部放在一起上拍之书仅以25.3万元成交。

《全芳备祖词钞》清况周颐抄本，一册。《全芳备祖》本为南宋陈景沂所辑植物学类书，然这部植物学辞典里面，却收入了许多文人墨客题咏植物的诗词，况周颐见到方功惠旧藏的该书明抄本，于是从该书内将词的部分辑录出来，这就是该拍品的来源。后来冒广生见到况周颐抄本，用其他书对该本作了校勘，并且写了一段跋语，吴湖帆又为此书绘了一枝梅花。这么多名家汇在一起，使该书成为了一件有趣的玩物。因此说，该书的价值并不体现在文献

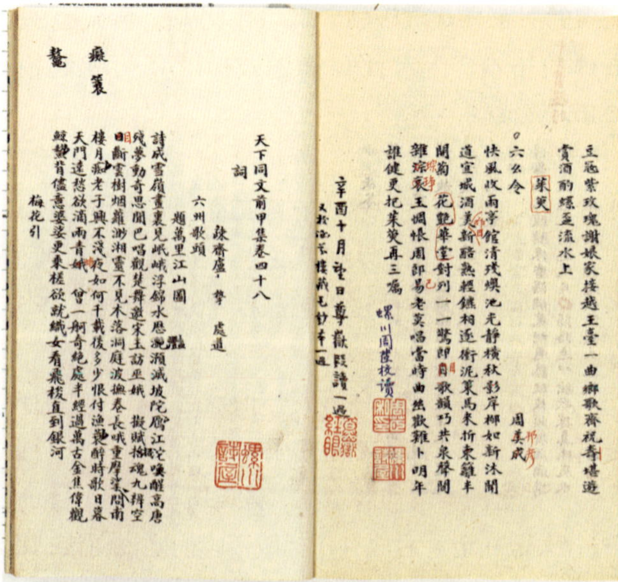

《全芳备祖词钞》

上，因为方功惠所抄的《全芳备祖》原本，现仍藏在国家图书馆，该书的价值更多地在于文人雅玩。正因如此，这部书以 50 万元起拍，竟然以 224.25 万元成交。

本专场还有一部较为重要的稿本，即《志言集》，清嘉庆二十年（1815 年）翁方纲手稿本，一册。翁方纲为清代著名诗人，肌理派诗说的创始人，他的诗作一直受到后世关注。前几年嘉德有“翁氏六世珍藏专场”，其中就有翁方纲《复初斋诗集》的手稿一部。那部手稿当然是翁方纲诗学理论的具体表现，而本场上拍的这一部，则为翁方纲晚年之作，嘉庆二十年时翁方纲已经是83岁高龄。而这部诗稿难得之处是未曾刊行，故此稿以90万元起拍，126.5万元成交。

写经方面有两件值得称道的拍品，一件是《妙法莲华经卷第七》。这件写经首残尾全，长度近6米，尤为难得者，该经原为杭州大收藏家吴士鉴所藏，后归画家刘海粟，故而这卷经以60万元起拍，103.5万元成交。而另一件写经为《阿差末经卷第四》，此经为日本光明皇后在天平十二年（740年）请人所书，时间相当于唐开元二十八年。光明皇后以日本僧人玄昉从中国得到的《开元释教录》为底本，请得数位写手来抄写佛经，这些经的落款均为“天平十二年五月一日记”，故而这些经被通称为“五月一日经”。据说当时光明皇后总计抄写了大约七千卷佛经，经过一千二百多年的流传，至今尚有九百多卷得以保存，其中的七百五十卷藏在日本宫内厅正仓院，余下的则分藏在日本的一些博物馆、图书馆、寺院和私人手中。这类经在中国很是稀见，据称仅有三卷收藏。此经以15万元起拍，60.95万元成交，可见在中国最为认可之物仍然是中国的写经，对于域外写经，出于各种原因，很少能见到拍得高价者。

还有一件拍品也是中外交流的产物，即《乾隆平定准部回部战图》。此图为清乾隆二十七年（1762年）到四十二年（1777年），由法国制作而成的铜版画。乾隆二十年到二十三年，清军三次出兵平定新疆准噶尔和回部叛乱，战争胜利之后，乾隆皇帝想按照他见过的德国铜版画形式来绘制这些战图，于是命令宫里的西洋画师郎世宁、王致诚、艾启蒙和安德义四人绘制图稿，然后将图稿送至法国制作。因为是大清皇帝定制，所以法国方面在制作上十分细致，竟然耗时十六年，才制作出两百套。后来法国将这两百套战图和铜版一并运回清宫，据说乾隆皇帝分五次将其中的一百套赏给了文武大臣，余外在个别园林和寺庙内有所保存。铜版运回来之后，也曾进行过刷印，第二次刷印的目的是为了在原图上加印乾隆皇帝的御题。据说带御题者，仅刷印了四十七份，而本场上拍之物，为没有带御题的初印本，这正是该战图的价值所在。因此这一册装订好的十六幅战图，以46万元起拍，96.6万元成交。

本场上拍了吴稼农旧藏古籍64件，其中并没有宋元之类的重要拍品，然亦有可称道者，例如《钱牧斋初学集诗注》，清初抄本，一函八册。此抄本为十六卷未删改本，跟康熙四十四年（1705年）朱素培所刻的二十卷本不同，两者之间的差异不仅是卷数上的变化，在具体内容上，刻本已作删改处，在此抄本上仍然保持原貌。因钱谦益作品在乾隆年间被禁毁，故该书流传较少，此本钤有武昌柯逢时藏书印记，按资料记载，当年柯逢时曾整批买下八百多部旧抄本，估计此为其中之一。此书以40万元起拍，55.2万元成交。

吴稼农旧藏版块中，大多为清代精刻本，此类版本名气较大者，有许梿所刻的两部书——《六朝文絜》和《洗冤录详义》，皆是道咸间著名的精刻本，虽然流传并不稀见，然每一书在印制时都有其特殊的说法，比如牌记的细微差别，钤章数量的多少，以及位置的变化，均为后世藏家所讲求之处。本场上拍的《六朝文絜》为细腻的白棉纸印本，这也是不同寻常之处，故此书以8万元起拍，12.65万元成交。而《洗冤录详义》则以3万元起拍，5.75万元成交。

专题版块之外的其他明清刻本，也有较为难得者，例如《本草纲目》，明万历十八年（1590年）金陵胡承龙刻本。此为该书的祖本，流传很是稀见，该书略有小缺憾，一者缺少牌记，二者缺少其中的十卷，但仍然拍得了32.2万元的高价。

古籍线装书中，活字本和套印本都属于较少品种，而活字与套印结合之书更为稀见。本场上拍的《御选唐宋诗醇》就是这样一部书。此书制作于道光咸丰间，为木活字排印，且为五色套印本，这是中国古书中木活字套色最多的一部书，以往却未曾引起印刷史专家的关注。该书为近些年来出现在拍场

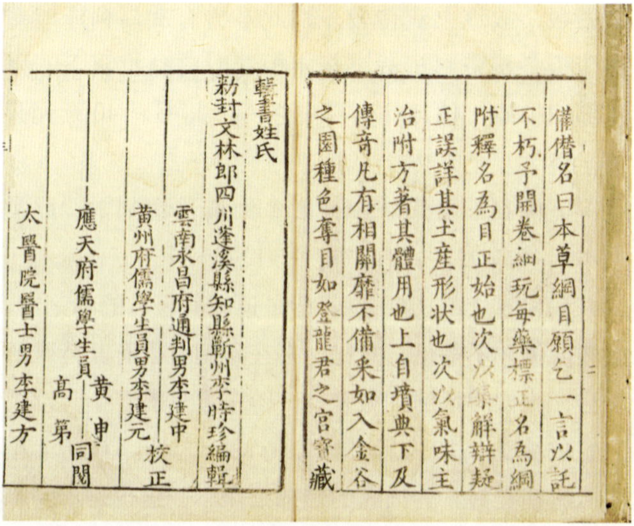

《本草纲目》(祖本) 明万历十八年刻本

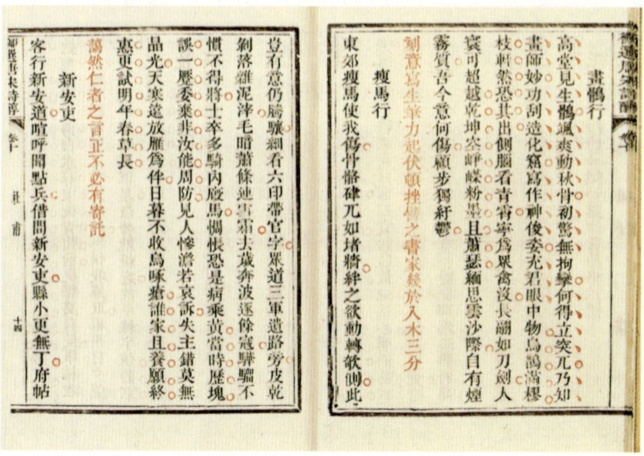

《御选唐宋诗醇》 清道光木活字五色套印本

上的第二部，以 13.8 万元成交。

印谱乃西泠印社拍卖行的强项，本场上拍了 12 部相关拍品，虽然没有名谱，但也有少见之物。例如《松园印谱》，清乾隆四十八年（1783 年）钤印本，此书流传稀见，且带有原书牌记，故以 3 万元起拍，5.175 万元成交。《有竹山房印癖》亦是如此，此谱为道光间钤印稿本，因书前序言均为手书，原装两函十二册，故此书以 10.925 万元成交。还有《吴让之印存》，清光绪间西泠印社钤印本，一函十册。西泠印社所出之谱，在当地历来受到热捧，而吴让之又属西泠派的重要篆刻家，故该谱被称为“流派印谱”，以 6 万元起拍，10.925 万元成交。

印谱系列中成交价最高的一部为《吴赵印存》，此谱为藏印大家葛昌楹制作于民国二十年（1931 年），当时总计制作了五十部，流传至今者很是少见，故该谱以 15 万元起拍，24.15 万元成交。

本场还上拍了一件特殊拍品，即“乾隆三十四年己丑科王邦治殿试卷”。科举殿试卷在古代一般收在内阁大库之中，外间绝少流传，晚清民国间的“八千麻袋”事件，使得这类档案散失出来，然八千麻袋所藏史料现大多藏于两岸的档案馆内，真正流入市场者并不多，且科举资料为近几年的市场热点之一，有多家机构收藏该类实物。本册殿试卷以 2 万元起拍，6.325 万元成交。

2015 夏　北京德宝

拍卖时间：2015 年 8 月 30 日

拍卖地点：北京市首都图书馆 A 座一层多功能厅

本场是德宝公司所举办的古籍小拍专场，在图录编排上，较一般的拍卖公司正规许多，从拍品质量而言，当然不能跟大拍相比。本场上拍了 558 件拍品，成交 324 件，成交率 58.48%，总成交额 170.6 万元，这个金额不包含 15% 的买方佣金。

从排列顺序来说，写本排在了最前面。这个版块有 20 件写本，从第 5 件到第 9 件，基本上是徐定文的稿本和刻本。就知名度而言，徐定文确实名气不大，然而能整组地上拍一个人的作品，这在拍场上也算是小专题。可是德宝公司未将这个版块单独地标示出来，因此难以得知这 20 件拍品全是徐定文旧藏还只是前 7 件跟徐有关。也许是这种处理方式起了作用，这些抄本全都受到了买家的青睐，最后这 20 件拍品全部成交。其中成交额最高的一件，是《皖学编》八卷，为徐定文的稿本，计十册，起拍价仅 6000 元，而成交价则高达 13 万元。

有意思的是，本场的 5 号拍品也是《皖学编》，然而为该书的刻本。此刻本为宣统元年（1909 年）徐氏万卷楼刻本，一函六册，以 4000 元起拍，1.7 万元落槌。此刻本与稿本的区别，主要在卷数上，稿本为八卷，另外卷首有两卷，而刻本为十三卷，卷首三卷。从内容上讲，稿本和刻本之间有这样大差异者不多，只有将两者拿到一起细对，方能看出作者改稿的思路。可能正是这个原因，才使得那六册刻本能够拍到这样的价钱。

在写本版块中，还有两件特殊的拍品。一是清宣统三年（1911 年）川汉铁路公司所发行的股票两张。按说股票类拍品属于金融版块，一般出现在钱币专场中，而在古籍场中上拍这类物品，倒是不多见。尽管如此，这两张股票 1.2 万元起拍，1.7 万元成交。这个成交价让人略感意外。从史料角度上讲，这张股票倒的确有特殊性，因为此股票涉及的背后故事，关联到了四川的“保路运动”。这场运动被称为武昌起义的先声，而武昌起义又对中国历史格局的改变产生了巨大的影响。这恐怕就是大家常说的

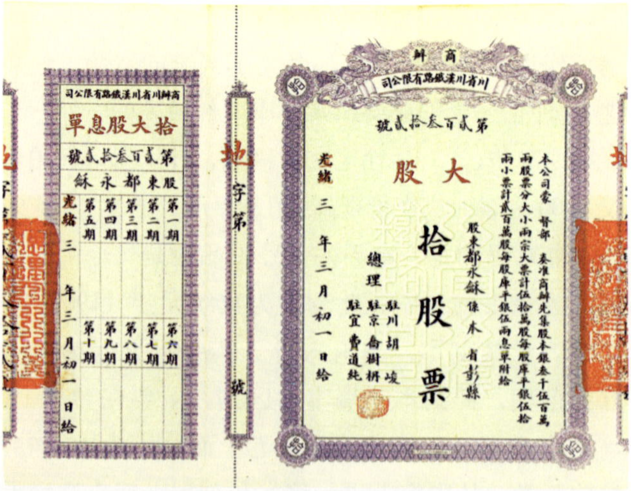

清宣统三年川汉铁路股票

“蝴蝶效应”吧。

另一件拍品也较为特殊，是一张古代的天文图，该图是用中国传统的方式画出了天上的十二宫和二十四节气。这种图很少出现在拍场中，我对此绝属外行，无法评价该图有何特殊之处，但拍场中自然有行家在，这张图以 2.5 万元的底价成交。

佛经类版块，本场上拍了 6 件，其中有 2 件较佳。一是《佛说持明藏瑜伽大教尊那菩萨大明成就仪轨经存》，此经的版本是元刻《普宁藏》本。《普宁藏》本在古代的大藏经中，不属于稀见品种，前些年时常出现在拍场中，然而近几年也难得一见了。因为此经特殊的流布经历，使得该经一概为元刻元印本。这件经以5万元起拍，8万元落槌。如此想来，以8万元买一件元代的原装之书，应该是个很便宜的价格了。《佛顶心大陀罗尼经》，明万历刻本，经折装一册。明代佛经到今天仍然流传较多，然而该拍品后面所刻牌记，写明是“大明敬妃”所刻。明万历年间，因为佛教问题，也展延出许多的故事，这件拍品如果深挖下去，也能从中知道另外的一段史事。如此说来，该经以4.5万元的底价成交，也的确物有所值。

本场上拍的最大部头古籍为《皇清经解》，总计三十六函三百六十册。在经学史上，这部书当然属于名著，此书刊刻于道光年间，到了咸丰和同治年间仍有补刊，而道光的原刊本在后世较为难得，因为战争，使得该书道光版片受到部分损毁，才有了后面的补刻。该书流传较多，而今上拍的这一部，虽然是补刊本，但是三百六十册完整无缺，且全部书写了书根，由此可见这个大部头不是拼凑而成的配本。这样一部书以15万元起拍，17.2万元成交。从体量而言，这个价格不贵，如果该书今日出线装影印本的话，估计售价不会低于这个成交价。

《通商约章》，清光绪二十二年（1896年）官书局刻本，此书虽然不常见，但也有几部曾经出现在拍场中，然而上拍的这一部，却有其特殊性，因为书内所列的各国国旗，全部都用人工添色，这也就

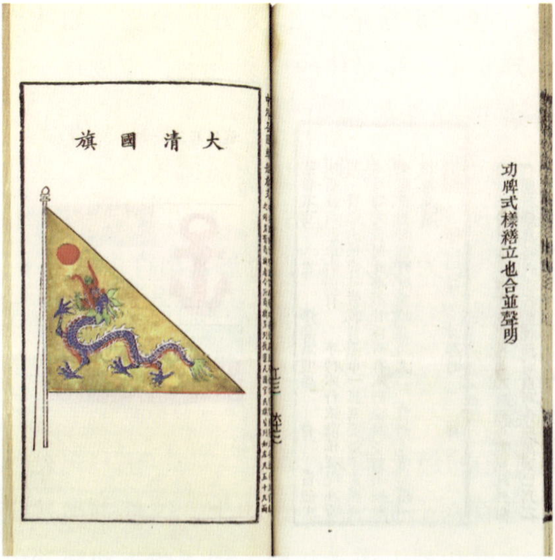

《通商约章》 清光绪二十二年官书局刻本

是所谓的“敷彩本”。以这种工艺所出之书，当然数量很少，更何况本书二函二十册，部头并不小，所以这部书以5万元底价成交。

《寒山子诗集》，民国十三年（1924年）周叔弢影宋刻本，这部书刊刻虽晚，却是民国藏书家刻本中的名品。1917年，周叔弢在天津买得这部宋版。这件事对周先生意义重大，因为这是他所收的第一件宋版书，所以后来他把自己的堂号改名为“寒在堂”。周先生得到这部书当然很兴奋，他想跟朋友们分享，于是决定：“因念《寒山子诗》世无善本，遂用西法摄影，付北京文楷摹刻”。周先生的这句话很

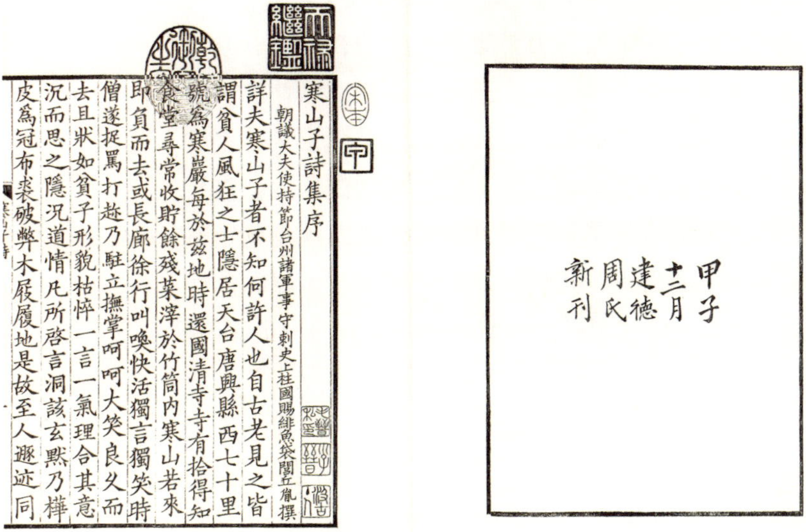
寒山子詩集序

朝議大夫使持節台州諸軍事守刺史上柱國賜緋魚袋閭丘胤撰

詳夫寒山子者不知何許人也自古老見之皆謂貧人風狂之士隱居天台唐興縣西七十里號爲寒巖每於茲地時還國清寺寺有拾得知食堂尋常收貯餘殘菜滓於竹筒內寒山若來即負而去或長廊徐行叫喚快活獨言獨笑時僧遂捉罵打趂乃駐立撫掌呵呵大笑良久而去且狀如貧子形貌枯悴一言一氣理合其意沉而思之隱況道情凡所啓言洞該玄默乃樺皮爲冠布裘破弊木屐履地是故至人遯迹同

甲子十二月建德周氏新刊

《寒山子诗集》 周叔弢影宋刻本

重要，因为这关涉到印刷史上一种特殊的印制方式。首先，周先生是以他的宋本作底本进行拍照，然后再用照片拿给文楷斋进行影刻，这等于说是将西式和中式两种复制技术结合的产物，这种印刷方式取了两种技术之优，印刷史上较为少见。因为用拍照的手法所得底本要比用影摹的方式更加准确而且不会污书。然而这样的一部书，从刊刻到今天还不足100年，在市面上却颇难见到，主要原因在于周叔弢刊刻后并没售卖，只是作为朋友之间的赠物。正因如此，这么一件民国的刻本，本场的起拍价竟然高达6万元，但因为市场不好，还是流拍了。

还有三件拍品均为易忠箓先生的批校本。几年前，泰和嘉成拍卖公司上拍过易忠箓旧藏，取得了很好的成绩，然本场的这三件不知是否也是从泰和嘉成拍得而转手者，仍然是因为市场的原因，这三件拍品全都流拍了。几个月前，我在武汉见到了易忠箓先生的后人，其儒雅之风给我留下了很深的印象，他向我讲述了易忠箓旧藏之物流散的历史原因，让我听来感叹不已。

《百美新咏》，清乾隆间刻本，一函四册，该书有许多的插图，故而是市场所喜欢的热门拍品。有趣的是，这部书在2011年曾经出现在德宝的秋拍拍场中，当时以16万元的价格成交，而今再次上拍，同一部书，底价则变为了无底价。图录中特意说明了这种情况："此书在本公司2011年11月份的秋季拍卖会上，以16万元的价格落槌。此次上拍，因卖家急需用钱，急于交割，故低价出售，各位买家敬请注意。"虽然无底价起拍，但买家却争到了7万元方才落槌，这个价格还不到当时价格的一半，由此可见，藏书跟其他艺术品的收藏类似，如果赶上经济形势不好时变现，只能是低价割肉。但从版本而言，该书也确实难得，虽然《百美新咏》曾多次出现在拍场中，而真正的原刻本则仅此一部。本场还有一部稀见版本，也是以无底价起拍，那就是《百美印谱》。将美人与印谱结合，而单独成书，估计历史上就这么一部。虽然是无底价，最终还是以1.4万元成交。

《鸿雪因缘图记》，清道光二十七年（1847年）扬州刻本，一函六册。从钤章看，这部书也是徐定文的旧藏，该书因为内有大量的精美插图而广受藏家喜爱，虽多次影印出版，竟然连影印本也很快能够卖光。该书以6万元起拍，8.2万元成交，从成交价而言，是近几年较低的一部，由此可见经济形势的滑坡对于收藏品的影响。

《百花诗笺谱》，清宣统三年（1911年）天津文美斋木版水印本，一函二册。该书是清末著名笺谱，至今流传仍然不少，然而此书的作者在制作该书时，却很是别出心裁，使得该书各版本有不同的装帧形式，里面的插图也有些许的区别。孟宪钧先生曾一度收藏有该书的不同装帧形式，这才使得世人得知该书有如此众多的版本。本场上拍的这一部不是寻常所见的线装本，而是做成了蝴蝶装本。也许是少见品种，故而以2.5万元起拍，4.8万元成交。

碑帖部分较难得者，有《孔羡碑》。该碑为著名的汉碑，而上拍的这一部则为明拓本，其中的考据字较为清晰明显，为近些年难得之品，故这件剪条本以3万元起拍，24万元成交，成为本场成交价最高的一件拍品。

《金华黄先生文集》，为民国商务印书馆的《四部丛刊》本。虽然版本寻常，但里面却有孙楷第的批校，书前还有孙楷第的题记一段。孙楷第是近代有名的藏书家，他主要是研究小说，而批校古书却很少见，有可能这件批校本是孙楷第所批之书第一次出现在拍场中，故而该书以5800元成交。

《参加伦敦中国艺术国际展览会出品图说》，民国三十五年（1946年）商务印书馆版，该书虽然多次出版，然而本场的这一部却有其特殊性，因为书内有大量的关祖章批校。关祖章最为人称道的是，

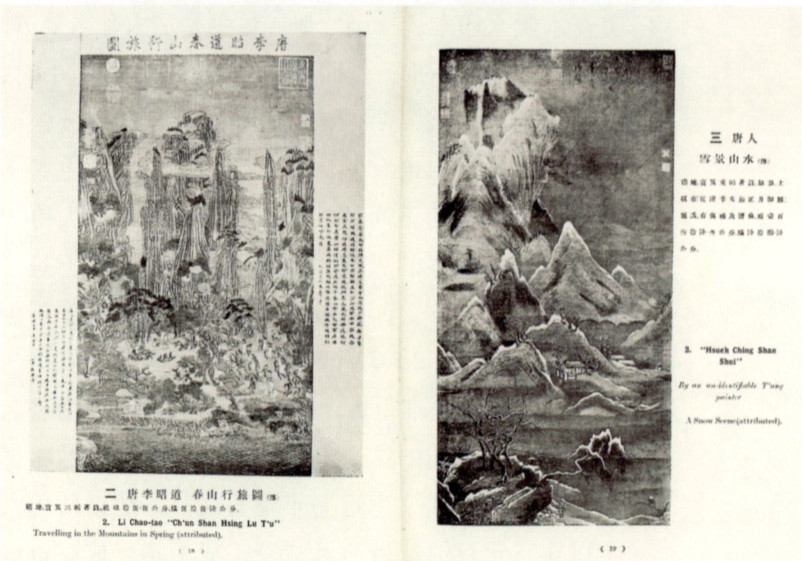

《参加伦敦中国艺术国际展览会出品图说》

他自制的一张藏书票，被认为是迄今所知最早的中国私人使用藏书票，因此关祖章也被称为中国藏书票史上的“第一人”。据说近几十年，关祖章藏书票被再次发现，是由台湾吴兴文先生所首见。自此之后，凡是书上贴有关祖章的藏书票，均受到了藏书家的追捧，然而关祖章批校之书却更难得一见，故而这件拍品以1万元的底价成交。

近几年老杂志成批地出现在拍场中，而本场竟然上拍了120多种民国杂志（一个标的）。这些杂志中有没有难得的稀见品种，因为我是外行，难以作出准确的评价，这只能让谢其章先生来下断语了。这批杂志的书根处盖有同样的图章，应当是整批出于同一藏家，此拍品以1万元流拍。

本场的特殊拍品有两件，其中一件是20刀的红星宣纸。红星宣是近年的热销品，价格连年上涨，听经营文房四宝的朋友说，红星集团卖出宣纸时，还要搭售一些市场滞销的文房用品，而卖家在销售的时候，只能将这些卖不动的文房用品低价处理掉，为此而产生的损失当然要加到宣纸头上，这加剧了红星宣纸价格的上涨。几年前，红星宣纸集团还特制了国庆纪念宣，一刀就卖1万多元，朋友还特地帮我抢购了一刀，而今上拍的这二十刀红星宣，出厂于1982年，以8000元起拍，1.8万元成交。这样比较起来，也确实够便宜。

本场还上拍了一块清光绪十三年（1887 年）苏州制造的金砖。金砖本是皇宫里专用的地砖，因为制作工艺的特殊，当今的收藏者则将这种地砖做成了桌面供起来。本场上拍的这一块，虽然仅产于清末，但因为较为完整，所以仍以 8000 元的底价成交。这类拍品出现在古籍场中，我实在不知道版块划分的依据是什么。

2015　上海博古斋

拍卖时间：2015 年 3 月 22 日

拍卖地点：上海市福州路 401 号古籍书店六楼

这场博古斋的第一期小拍整整上了 1000 件拍品，成交率 81.6%，总成交额 490 万元，这个成交额不包括 15% 的佣金。博古斋拍卖行是上海图书公司的下属机构，为了能够给藏书界增加新品种，同时也为了活跃市场，这家拍卖行每次都会从库中拿出一些库存。这样的拍品最受买家关注，而东西的好坏则又是另一个概念，这有如当今文艺圈里的小鲜肉，水准如何先放到一边，至少增加了悦目的新鲜感。本场从版块来分，最新鲜的一批拍品则是上拍了七八十组旧期刊和旧平装。整批地上拍这一类拍品，在近些年的拍场上很少见。

在预展的前一天，我前往公司的多功能厅观看已经排好的这些拍品，然而在大厅内却没有看到这些成摞的期刊，胡建强总经理告诉我，这些旧期刊没有开架陈列，而是放在了旁边一个专室内。我前往专室拍照，就在大厅旁边，约有20平方米大小，这些期刊放在专用架上，前面摆列着看书的柜台。我没有问胡总为什么单独把期刊拿出，以我的猜想，这些洋装纸印就的出版物因为纸张酸化，多人翻看之后很容易让品相变得面目全非，因此需要设人单取单放，以期尽量地保护好杂志的品相。

大厅内的摆放方式为全部开架，我按照自己事先列好的号码查看了有意向的拍品，同时也对一些有趣之书拍了照。本场的拍品除了自有库存和征集物之外，还有一个单独的号段。这个号段有34组拍品，图录上标明“由同一藏家提供”，但没有写明藏家的名字和堂号。这些拍品基本上都是旧期刊，这些旧期刊也同样成组上拍。由此可知，博古斋在征集拍品时有意将旧期刊作为本场拍卖的特色品种，除了自身的库存之外，还专门找到相应藏家拿出同类拍品，使得这两项加在一起成为了中国举办古籍拍卖以来，单场次上拍民国旧期刊和旧平装数量最多的一场。

从拍卖结果看，博古斋的这种拍卖策略确实获得了成功。这些期刊除个别组外，几乎全部成交，这类拍品的成交率远远高于总成交率的平均值，尤其后一批由同一藏家所提供的拍品，其中仅有一组流标。可能是为了增加成交几率，这一批拍品全部定为100元起拍。这个价格也太过便宜，流拍变成了一种意外。我举几个例子便可以知道这100元底价确实明显低于行市，比如“新文学十八种”这组拍品计有18种书，分别是：《福贵》(1949年中原新华书店初版)，《福贵》(1949年华东新华书店再版)，《登记》，《两个世界》，《北极风情画》，《金融线上》，《青年作家选集》，1947—1948年中央书店初版冰心、庐隐、沈从文《选集》各一种，《长生塔》，《晦明》，《还乡杂记》，《平屋杂文》，《复活》，《看人集》，《红裙》，《速写三篇》。这样的18种书竟以100元起拍，最终以2800元落槌。旧期刊也同样如此，比如《文学》杂志20期，其中含创刊号，以100元起拍，2500元落槌。《文萃》含创刊号，四十年代文萃社所印，共有66册，以100元起拍，3000元落槌。同样《宇宙风》含创刊号，这是林语堂主编的著名刊物，本场上拍了27期，同样100元起拍，2500元落槌。余外还有多组这样几十册一组的创刊号及杂志。

而博古斋从库中拿出的旧期刊也是同样成组上拍，但价格没有定那么低，起拍价大多是300元、500元，另外也有上千元者，因为我对此类拍品外行，不明白每一组期刊的定价标准，待有空时再向谢其章先生请教。我在下面列出几组期刊的拍卖情况，以供行家参考：

《十日杂志》含创刊号：民国二十五年出版，纸本平装九册；起拍价400元，成交价2200元。

《观察杂志》含创刊号：四十年代观察社发行，纸本平装约三十册；起拍价1000元，成交价2000元。

《申报周刊》含创刊号：三十年代出版，纸本平装约五十册；起拍价1500元，成交价4500元。

《青年界》等文艺杂志一组：民国出版，纸本平装约十八册；起拍价500元，成交价2800元。

本场拍卖的第二个特色，则应属民国精刻本。这类拍品一直有相应的藏家特别喜爱，尤其两年前，博古斋拍卖行的总经理胡建强先生和彭卫国先生共同出版了一本这方面的专著，使得这类拍品更加引起了相关藏家的追捧。本场上拍了十几件此类拍品，在古籍市场处在瓶颈期的当下，居然也拍出不错的价钱。本场的第1号拍品就是民国二十一年（1932年）所刻的《不匮室诗钞》，此书为胡汉民的著作，虽然属晚近刻本，却流传不多。本书为天头地脚开阔的放大本，是作者印来送人之物。博古斋将这样的可玩赏之书定为100元起拍，显然是为了开门红，以此来讨头彩。此书果真不负众望，100元起拍丝毫不影响买书人对此书价值的认定，终以1.3万元落槌。这个好成绩不知是否达到或超过了胡总的心理预期。

本场表现颇佳的另一部民国精刻本则是《山谷外集诗注》，此书一函九册，底价定为1.8万元已经是不便宜的价格，但却以4.4万元落槌，这确实超过了我的估计。该书是清末刻本中的名品，刻版出自当时的天下第一名手——湖北黄冈的陶子麟。可能是因为名气大，故而此书流传较多，且该书另外还有内集，因此能以这个价格成交，可见藏家对这种书的喜爱程度。这类拍品中还有一件《魏鹤山先生渠阳诗》，此书为光绪二十八年（1902年）著名藏书家刘世珩所刻，该书影刻得颇为精整，虽然只是一册丛书零本，但仍然以2000元起拍，5500元落槌。本场还上拍了董康诵芬室所刻《盛明杂剧初集》和《盛明杂剧二集》。此书是董康刻书中的名品，甫一刻成就广受藏家的喜爱，因此该书一直是民国精刻本中的重要品种。本场上拍的这两集虽都不全，但仍然得到了藏家的喜爱，初集存五册，以2000元起拍，1.6万元落槌；二集存七册，以2800元起拍，2万元落槌。这个版块成交价最高的一部书则是《覆宋淳祐本四书》，此书为民国十五年（1926年）孙氏小墨妙亭影宋刻本，原装十五册，以5万元起拍，7

万元落槌。

本场拍卖也上拍了一些大部头线装书，《玉函山房辑佚书》为马国翰的代表作，为晚清辑佚学名著。十几年前我曾在马家后人的院中看到了珍藏此版的夹墙，也看到了此套书的原版存在当地文管所的状况。这些上万块的版片说明，当年马国翰为了刊刻此书付出了巨大代价。然而，当地相关部门仅以一台拖拉机就换走了全部的书版。可能是马家很早就把这些书版封在了秘密的夹墙之内，致使该书的印本流传极其少见，故而现在市面流传者均为翻刻本。而上拍的这一部也同样如此，原装十函一百册，以8000元起拍，成交价为2.9万元。本场上拍的最大部头之书乃是中华书局四部备要本的《二十四史》，该书计有500册，可能是因为排印本之故，没有找到相应的买家，以5万元底价流拍。

本场的明刻本以常见的史部书为主，故而成交情况不很理想。但其中也有难得之品，例如《五伦书》，明正统十二年（1447年）内府刻本，此书开本阔大，相当于今天的大八开本。传统的藏书观，明正德之前的刊本很受藏家看重，这部《五伦书》虽然只存四十八卷二十七册，但也属难得之物，以8万元起拍，9.9万元落槌。跟此书相邻的一件也同样是该版本的《五伦书》，此书仅残存一册，然却有其特殊之处，因为该书上钤有袁克文的藏章，虽然

《玉函山房辑佚书》 光绪甲申楚南湘远堂刻本

这方章钤盖时不小心将印文倒了过来，但这并不影响该书的价值，以1万元的底价成交。有意思的是，此号之后仍然是该版本的《五伦书》，三件同样的书品、同样的版本排在一起上拍，这是一种有趣的排法，虽然书的质量逐步递减，第一部存四十八卷，第二部存一卷，而第三部则仅存一页，然而这一页仍然有买家以1000元底价将其拿下。我不在拍卖现场，因此不了解这三件是否为同一买家所得，若果如此，这种买法倒是颇值得思量。

清刻本中也有一些难得之书，例如《宋抚州本礼记》，该书为嘉庆十一年（1806年）张敦仁影宋刻本。此书刊刻虽晚，但却是清刻本中的名品，几年前的整部成交价格就在十几万元。而本场上拍者仅存该书的一半，为一函五册，以1000元起拍，7000元落槌。从该书的价值来论，这个成交价确实很便宜。《石湖居士诗集》康熙二十七年（1688年）顾氏依园刻本，此书流传虽不稀见，但却是著名的刻本，原装，一函四册，以2万元起拍，3.5万元落槌。

本场上拍了一组民国的家谱，计有11部，其中9部为木活字。在传统的藏书观念中，一般家谱不列入藏书范围，近几十年这类书才受到关注。相比较而言，家谱直到现在仍然是古籍中单价最便宜者。本场上拍的这些民国木活字家谱，从品种上而言是否稀见，我对此不了解，得暇当向励双杰先生请教，因为他专藏家谱。我下面列几件成交价，以此来反映当今藏家对这类家谱的市场认可度：

《湘潭龙船港李氏七修族谱》五十二卷：民国二十三年西平堂木活字本，白纸线装四十册；起拍价 1 万元，成交价 1 万元。

《刘氏宗谱》二十卷首一卷：民国三十五年刻木活字本，白纸线装二十一册；起拍价 1500 元，成交价 5500 元。

《萧氏十二修族谱》十三卷首三卷：民国间

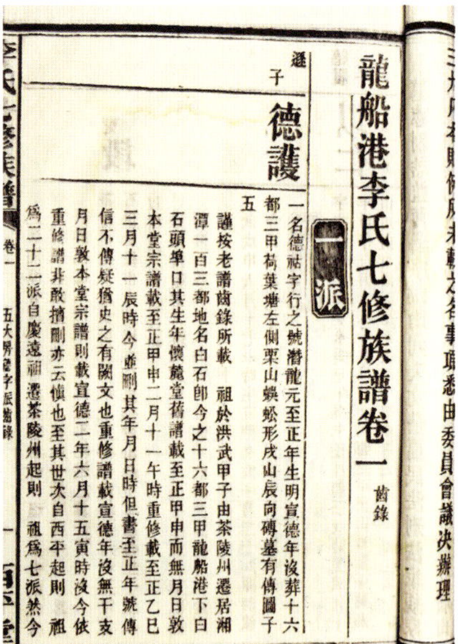

龍船港李氏七修族譜卷一　齒錄

一派

遜子

德護

一名德祜字行之號潛龍元至正年生明宣德年沒葬十六都三甲荷葉塘左側栗山蜈蚣形戌山辰向磚墓有傳圖子五

譜按老譜齒錄所載　祖於洪武甲子由茶陵州遷居湘潭一百三都地名白石郎今之十六都三甲龍船港下白石頭埠口其生年懷麓堂舊譜載至正甲申而無月日敦本堂宗譜載至正甲申二月十一午時重修載至正乙巳三月十一辰時今並刪其年月日時但書至正年號傳信不傳疑猶史之有闕文也重修譜載宣德年沒無干支月日敦本堂宗譜則載宣德二年六月十五寅時沒今依重修譜非敢擅刪亦云愼也至其世次自西平起則　祖爲二十一派自慶遠祖遷茶陵州起則　祖爲七派然今

卷一　五大房德字派齒錄

《湘潭龙船港李氏七修族谱》 民国二十三年（1934 年）西平堂木活字本

木活字本，纸本线装十七册；起拍价3000元，成交价3500元。

本场也有一些特殊的拍品，例如《集说诠真》。此书在图录中标明为稿本，我在现场查看此件拍品时，觉得此品应当是排印本的印样，后来作者又在该印样上进行了修改。以此而论，该书称为稿本也有道理，然起拍价仅1000元，被识货之人以8500元拍去。

本场还上拍了一批日本博文堂的往来信札。博文堂是日本著名的书店，此店的历史颇有传奇色彩，原田家族本来是以传授剑道为业，传到原田悟郎时，

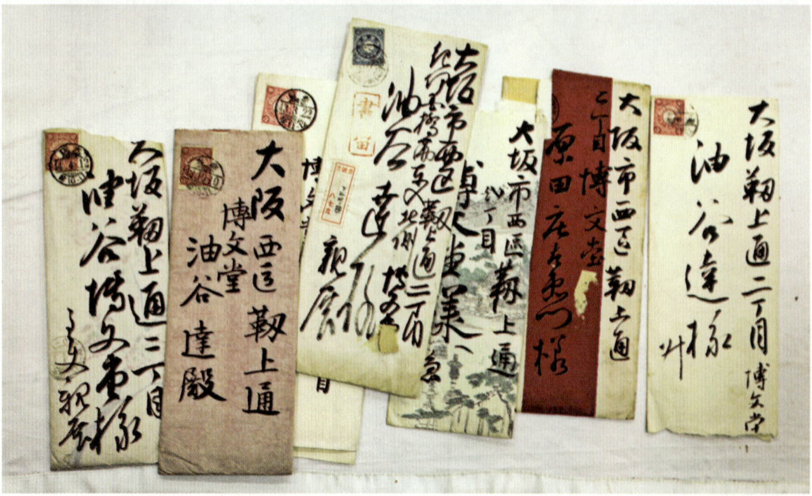

博文堂手札

他却从明治二年（1869 年）起在东京开起了博文堂书店，后来这家书店影印了许多与中国有关的画册以及碑帖。这是博文堂书店往来信札第一次在中国上拍，以 2000 元起拍，2800 元落槌。

另一件特色拍品是郑珍写给唐炯、莫友芝信札的留底，虽然是抄录本，但同样也有史料价值，由此可考察和索隐这些名士之间不为人知的交往细节。该拍品以 1000 元起拍，3200 元落槌。

还有一组特殊拍品，为 6 块汉晋时期的古砖。此类古砖虽非古籍，然而却制成了砖砚，因此也算文房用具。这些砖砚的起拍价都很便宜，而成交价大多在起拍价的 10 倍以上。比如东汉永宁二年（121 年）砖砚，以 300 元起拍，4200 元落槌。东晋太元八年（383 年）砖砚，以 500 元起拍，4800 元落槌。即使是这个价格，也低于其他专场内上拍砖砚的成交价。

2015　中国书店

拍卖时间：2015 年 1 月 24 日

拍卖地点：北京市琉璃厂东街中国书店三楼拍卖厅

在中国书店第 68 期古籍拍卖的预展上，我就感到看拍品的人比以往增加了很多，拍卖结束后，多位朋友给我来电话，说这场小拍出奇地火，不但现场坐满了人，很多书的成交价都超过了事先的估计。我打电话给刘建章先生，问他成交情况。他说，自己很满意，事先也没有估计到会有这样好的结果，因为总成交额竟然超过了 460 万元。我向他打听了几个成交价，确实出乎意料。近两年的全球经济形势都不太好，中国也跟着大环境进行调整，称之为“新常态”，大多数人花钱都谨慎了许多，尤其艺术品拍卖更属于酒饭饱足之后的雅玩，市场情况大幅度下滑，本是预料之内的事情。然而，这场小拍却能有这样的成绩，我也不知道该怎样来解释这种现象了。按说，我是局内人，不可能客观地做到“横看成岭侧成峰”，但我私下里总是觉得，古籍收藏跟其他门类的艺术品收藏有很多的不同，这里面的微妙关系并不是靠几套大道理就能解释得清楚的，我也不想再费这个心思，我仅能做到的事情只是把眼前所见的客观现象描述给大家而已。

在北京举办的古籍拍卖会，唯有海王村一家不出外租场地，只在自己的会议室内开拍，这种亲民也有可能是吸引人的原因之一。拍卖场设在中国书店邃雅斋的三楼。邃雅斋的一楼主要卖文史书，其中一个房间有一排书架专门摆放版本目录学方面的著作，这是大多数书友来此参拍必看的一组柜台，我也同样有这个毛病。然而，今天意外地发现这一组柜台里的目录版本学著作不见了，全部改成了旧平装书。问店员怎么回事，他告诉我搬到了大堂内。我在大堂书架的某个角落找到了自己所钟爱的这类书，浏览一过，从中间挑选了三本携归。我问店员，为什么要把这类书转换一个区域，他也没能说清楚。也有可能什么原因都没有，只是单纯的架位调整，是我过度解读，以为这个版块关注的人太少，而被移放到了不重要的位置。

三楼的预展现场仍是开架式摆放，中国书店搞了十七八年拍卖会，这种风格始终没有变过，以前的其他家预展基本也是如此，但后来渐渐地改为了闭架看拍品，就是由工作人员根据看书者填的表格到架子上取书。这种看书方式在效率上比开架预展要慢很多，但几家拍卖公司的老总告诉我，这么做并不是他们愿意，因为这样增加了很多的人力成本，可是因为在预展的过程中，有时会发现一些书经过预展者随手翻看后，品相差了很多，还曾经发生过丢书的事件，因此，闭架看拍品是一种不得已的举措。但海王村为什么就仍然坚持原有的方式呢？关于这一点，我之前还真没有仔细想过。

现场看拍品，也有一个麻烦，就是不断地遇到熟人。书友间因为各有各的行当，平时的交往也就是打打电话、发发邮件，真正见面聊天其实一年也没有几回，而拍卖预展成了大家约会的一个由头。其实也不仅是由头，而是因为都爱书，所以自然也就集中在这两三天时间来看拍品，那么碰面的几率也就增加了许多。其实，我并不反对书友间的交往，虽然性格各异，毕竟气味相投，见了面还是觉得很亲切，但这种见面唯一的弊端就是，会因为聊天而忘记自己来此的初衷。每场拍卖之前都会提前得到图录，首先在图录中划出自己感兴趣的拍品，然后再到现场去印证拍品的描述跟实物间的吻合度。但这种看拍品的方式只会拘囿于看图录而得到的兴趣点，其实如果把拍品实物浏览一遍，很可能会发现自己之前没有注意到的妙处，但如果忙着说话聊天，就难有心思细品拍品，也就不可能有意外之喜。

今天的预展，虽然看拍品的人仅几十位，但其中的十几位都过来打招呼。尤其意外地看到了王燕来先生，这是我第一次在拍场上见到他，因为我知道他对藏书没太大兴趣，他的兴趣点都在文房用具上。我问他为什么也来看书，他笑着说，自己收到了图录，感觉有几部书有出版价值，所以来看看原物的状况。他感兴趣的一部书是《中国版画史图录》，我翻看了一眼告诉他，这部书有两个问题，一是有配本，二是不全，全本应当是二十册，并且指出了这个配本里面的一些问题。他问我何以记得这么准。我说没什么特别原因，因为自己有一部全本而已。这部书的底价是4万元，最后果真流拍了，看来大家的眼力都不错。

燕来兄关注的另一部书是《校注项氏历代名瓷图谱》。他说这部书之前的最高成交价达到了7万多，而这一部起拍价仅15000元。这倒是原装原函的一部书，唯一可惜的是品相略差。我们探讨起了关于这部书的水印纸的问题。其实，我一直不认为这部书所用的纸是水印纸，因为西方的水印技术是指在纸张的内部透光看过去有暗纹在里面，而这部《校注项氏历代名瓷图谱》天头地角上的纹饰其实是印在纸面上而非纸内，但不知道为什么人们一直把这部书的用纸称为水印纸。燕来兄也同意我的看法，但市场却不在乎这一点，该书的成交价加上佣金超过了 4 万元。

我这次来看拍品的目的之一，是本场拍卖会出现了一位藏书家的堂号匾额，这个匾额是吴昌硕为徐乃昌所写，上书“随盦”，后面还有吴昌硕所书的小注，说的是徐乃昌赠送给吴昌硕几本影宋刻本，吴觉得刻得很好，故书此匾给徐。这么个小匾额竟然有一段名人交往的故事，我很想买回来演义出一篇文章来。然而，这个匾额的起拍价仅 5000 元，以吴昌硕的大名，如果这个匾额标 50 万似乎较为靠谱。但捡漏的心理还是驱使我将其从玻璃柜台内拿出仔细观看。在预展中遇到了方继孝先生，他对名家手迹很是熟悉，我问他对这个匾额怎么看，他说自己不熟悉吴昌硕的字，我觉得这是他的推托之词，于是放弃了竞投，最后果真流拍了。

本场拍卖图录的封面是套印本的《文选》，此书的翻刻本极多，在市场上一直卖不起价来，而今日上拍的这部却是乾隆三十七年（1772 年）海录轩的原刻本。这部书的品相也不错，四函二十四册全本，底价是 6 万元，后来以 86000 多元成交。

本场拍品中，有一件《状元图考》是咸丰六年（1856 年）叶氏的翻刻本，但刷印的效果不错，一函四册就标出了3万元的底价。近些年只要是带版画的书就没有便宜者。这部书的成交价竟然超过了8万元，仍然说明版画类的书只要品相好就不缺乏追捧者。

有意思的是，中国书店的这场拍卖会上拍了九组带着原箱的线装书，里面的书虽然一般，并且大多是石印本，但是这种旧箱摆在这里，有不错的装饰效果，如果拍电影用来做道具，那就比许多穿帮的假书会更有真实感。看来这么想的人不止我一个，这九组木箱全部都成交了，我把这个价格罗列在下面，以便让看官能够了解到，以往极不受重视的书因为多了个旧木箱，就能卖到这等价钱：

《随园全集》民国文明书局石印本，1箱64册纸本线装，起拍价6000元，成交价17250元；

《金石索》清光绪十九年积山书局石印本，1箱24册纸本线装，起拍价8000元，成交价18400元；

《金石萃编》一百六十卷《续编》二十一卷，清光绪十九年上海宝善石印本、民国十五年扫叶山房石印本，1箱24册纸本线装，起拍价8000元，成交价9200元；

《三希堂法帖》清光绪石印本，1箱32册纸本线装，起拍价3000元，成交价36800元；

《正续三希堂法帖》民国文盛堂书局石印本，1箱37册纸本线装，起拍价4000元，成交价13800元；

《钦定佩文韵府》清光绪十二年上海同文书局石印本，1箱60册白纸线装，起拍价6000元，成交价6900元；

《古今名人墨迹大观》民国十七年中华书局石印本，1箱4函60册皮纸线装，起拍价12000元，成交价48300元；

《三希堂画谱大观》民国十三年石印本，1箱42册纸本线装，起拍价15000元，成交价46000元；

《史记》民国十三年上海锦章图书局石印本，1箱23册纸本线装，无底价起拍，成交价3200元。

近两年开始，外文版的一些旧书也开始出现在拍场之中，上拍量较大者恰恰正是中国书店。这场小拍中，这类书又上拍了15组，我对这些书完全外行，无法比较出这类书在国外的价值以及在国内的认可度之间有什么关联性，我在这里只能选择性列出几个成交价，以便给懂眼的人做一个小小的市场参考：

《近代艺术版画集》(英文)19世纪80年代美国纽约出版，2册纸本精装，起拍价6000元，成交价18400元；

《瑞士风景建筑版画集》(德文)19世纪80年代德国慕尼黑出版，2册纸本精装，起拍价4000元，成交价4600元；

《约翰·斯塔德环球风景民俗版画集》(英文)20世纪初美国波士顿出版，15册纸本精装，无底价起拍，成交价2000元；

《普及版英伦历史版画集》(法文)1877年法国巴黎出版，2册纸本精装，起拍价4000元，成交价5500元。

本场拍品中，有一部有意思的书，该书没有书名，其实是刻本加填彩，有趣之处乃是函套上的书签，这个书签是出自刘半农之手，他给该书定名为《辛未年西藏人选择吉凶时日之书》，后面落款“半农”，是典型的半农书体。而更有趣的是，在书名的旁边，刘半农还写了一行小注：“民国二十二年癸酉小市邢姓书贾持来求售，以九元买入，其实不值也。”这句话里，不但注明了时间地点和人物，他还说自己花这几块钱买这本书并不值。那既然不值为什么还要买呢，这肯定有另外的原因，而这原因是什么呢？他没有写出来，如果用今文经学家的思维方式，肯定认为这行小注里面有很多的微言大义，估计下笔能写出十万字的考证文章。可惜我没这本事，只知道刘半农花了 9 元钱买了这么本书后悔了，为什么后悔呢，有可能他回去研究一番，觉得这本书没什么价值。但是今天的买家却不这么看，尽管当年 9 元钱买的书，而今的起拍价变成了 8000 元，也没能挡住人们对刘半农的喜爱，该书的成交价变成了 13800 元。

本场还有一件我感兴趣的书：《性天真境》一卷《欲海慈航》一卷《御虚阶》一卷。这部书一函三册，前面的牌记标明该书的版本为清乾隆五十五年（1790 年）京都琉璃厂五云堂刊本。今天的古书

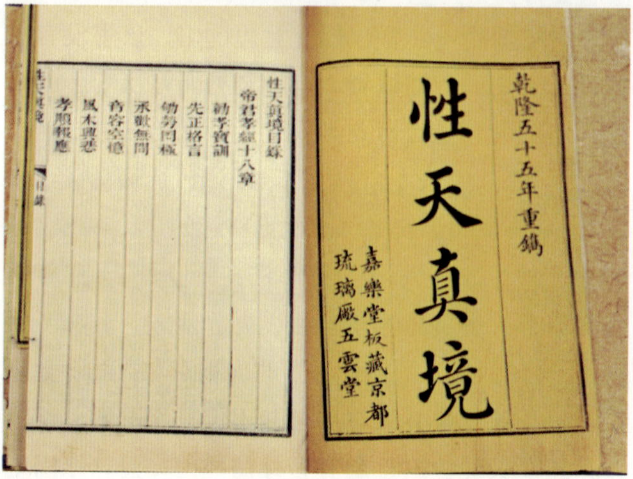

《性天真境》 清乾隆五十五年京都琉璃厂五云堂刊本

市场中，琉璃厂刻的书也不少见，但真正的乾隆本却很少出现。细看此书，里面为匠体字所刻，这是琉璃厂书坊刻书的一个特点，然而该书的牌记却刻得很漂亮，两相放在一起，似乎完全不是出自一家，我很想买回来研究研究，此书起拍价仅 1000 元，成交价却变成了 4600 元，不知道争这本书的人是否也跟我一样，看上了这张牌记。全场还有一部巾箱本的《小学绀珠》，此书虽不稀见，然而这种巾箱本却是第一次出现在拍场上，可惜该书品相较差，书口部分被老鼠啃掉了不少，可能是这个原因，该书变成了无底价起拍，最终以 1380 元成交。本场还有一部《尔雅郭注义疏》，是郝懿行的代表作，因为我在两年前曾寻访郝懿行的遗迹，所以对他的书较为关注，然而上拍的这一部版本却很一般，是清光绪十年（1884 年）荣县蜀南阁刊本。此书刷印一般，一函八册，底价是 2000 元，最终以 3680 元成交。

我在拍场上遇到了小邢女史。小邢原在四宝堂负责卖线装书，十几年前，我在她手里买到过一些书。后来，四宝堂撤掉了线装书柜台，她也分到了别的门市部，于是就很少见面了。今日见到很是高兴，跟她讲起当初的一个故事。那个时候，四宝堂有一部《东坡七集》，是晚清民国的影刻本，难得的是，这是一部红印本，有几十册之多，当时的标价并不贵，好像不到8000元，唯一的缺憾是这个大部头里少了一册，我因为固有的完缺之见，没有买下这部书，之后在山西某藏书家的架子上又看到了这部书，这位藏家给我大讲该书的妙处在哪里，让我后悔不已，后悔当时没听小邢的劝告。我今天给她讲这个故事，她能记起确实有这么回事，也引起了她的哈哈大笑。她正在看一部《童蒙养正诗选》，这是民国二十年（1931年）王揖唐刻的红印本，封面上有王揖唐题赠给别人的题款，小邢问我这个题款的真伪，我对王的字较为熟悉，告诉她确实是真品无疑。这么一册之书起拍价是8000元，成交价则变成了28750元，不知道是不是被小邢买去了。如此比较起来，当初的那一大摞书也同样是红印本，8000元她卖给我，我都没要，现在这一册就卖了近三万元，我想她一定会觉得那个韦力的眼光真是差。

本场的批校本有一部《冶城客论》，该书乃是民国三十六年（1947年）刻的蓝印本，封面上有一页题记，但没有落款，仅钤有一方章，章文是“寄沤行箧书册”。因为图录中没有拍出题记页，因此我到现场把此页翻出来细看，果真是潘景郑的手笔，这应当是本场不错的一件拍品，底价是8000元，最终以13800元成交。

本场还上拍了一些杂件，我看到有一些旧墨，请店员打开柜台，将这些墨翻看一过，其中有一块是清中期所制，这应当是个小漏。这一盒墨有几十块之多，起拍价仅 2000 元，其中那一块就不止这个价钱，当然，拍场之中有眼力的人不在少数，拍卖结果竟然到了 2 万元。这个柜台里还有 12 盒民国老印泥，倒可以买回来做钤章之用，这些印泥的起拍价定为无底价，最终以 4370 元成交。拍场中还上拍了一批旧纸，我也很想从中捡到一些便宜，用来印书，而这些纸的成交价钱依然让我愿望落空，如此看来，我总想趁市场行情不好，到拍场上去捡便宜，只能是个梦想。

2015　中国书店

拍卖时间：2015 年 3 月 21 日

拍卖地点：北京市琉璃厂东街中国书店三楼拍卖厅

2015 年的春季古籍小拍唯有中国书店一家举办了两场，虽然小拍难以作为古籍涨跌的风向标，但也能看出人们对古书的关注点。本场上拍了 577 件拍品，从数量上讲并不很大，然而成交率却高达 84.68%，这个成绩颇为靓丽。跟以往相比，成交额并不算高，在含 15% 佣金的情况下，总成交额为 345.71 万元，但跟整体拍品质量相比，能拍到这个成绩已经高于我的估计。跟前几年相比，本场拍品亮点不多，在没有重头的情况下，能获如此佳绩，说明市场正在趋暖。

从预展现场看，前往观看拍品的人数并不比以前多。在拍品的布局上，中国书店仍然坚持开架预展，仅有一些单页拍品和小件物品放在玻璃柜内。我在预展现场看到最富有视觉冲击力的一部拍品，是带有完整书箱的整套《四部丛刊》。之前看图录时，未注意到还有这等重头拍品，我以为这是图录印出之后的追加之物，马上问工作人员，得到的答复：这是两个月后的大拍拍品。看来，这等误会也是一种预热式的宣传手段。

从规律来说，大部头书因为数量大且整部完整者又属难得，故而成交价钱也较单本零册要高许多，自然也就成了每场的重头戏。本场的封面是《清史稿》，《清史稿》在历史上有太多的故事，按照图录上的标识，该部《清史稿》属于“关内本”，而关内本分为“一次本”和“二次本”，然而本图录中却未曾标明，而我又没有来得及细察，故不详其究竟是哪个版次。此书为六合装的插套，故而品相保护得较为完整，且每册书中均钤有国家粮食部图书馆藏章，看来该书是从公共图书馆散失出来的，也许是认为无人借阅之书而将其处理出来。这类书大多品相完好，故而该书成为了本场的重头拍品，13 函 132 册，底价标为 7 万元，终以 9.2 万元成交。这个价格已含 15% 的买方佣金。以下本场的成交价格均含此佣金，特此说明。

本场另外还有几部大部头之书，数量最多者乃是《笔记小说大观》，该书有48函565册之多，版本为民国进步书局石印本，此书属于巾箱小本。一般说来，藏家大多喜欢开本阔大之书，但民国年间石印之书大多属于小开本，其目的不外乎是降低成本，以此来降低售价，让更多的人能够买得起。这类书直到今天仍然难卖出高价，而这部《笔记小说大观》可能是因为数量大，且无缺损，故而以6000元的价格起拍，竟然拍到了7.13万元。同样还有一部《满汉名臣传》，此书虽然也是巾箱本，然该书为刻本，10函160册，以1万元起拍，3.45万元成交。这类资料性用书看来仍能受到藏家的关注。这类石印巾箱本大部头书本场还上拍了两部：《古本戏曲丛刊初集》、《古本戏曲丛刊二集》，这两部书分别以3万元和2.5万元成交。

本场成交价最高的一部书既不是古书，也非大部头，而是20世纪70年代印刷的大字本，书名是《中国文学发展简史》。70年代排印的大字本虽然是时代的特殊产物，但在近些年却受到了一些藏家的关注，使得这些以往不为人所重之书今日却能拍得高价，甚至有人把这种“文革”期间生产的大字排印本称之为“新殿版”。这部《中国文学发展简史》三函三十八册，以2万元起拍，我已觉得价格足够贵，而成交价竟然高达12.65万元。为什么能够拍到这么高的价钱，我对此很是外行，难以评论。本场的大字本还有一部《诗刊》，是1976年人民文学出版社的排印本，仅一函三册，也同样以1.15万元成交。为什么这么近的出版物能够拍得如此好的价钱，我不得而知，只能把该书的提要抄录如下：

> 《诗刊》创刊于1957年，1964年宣布“暂时休刊”，1975年经毛泽东主席审阅并批示“同意”后，于1976年1月1日正式复刊。复刊号从1976年始至12月止，共出版了11期大字体（其中2、3月为一期），堪称世界上印刷数量最少、最具政治意义，也是目前存世量最少的出版物之一。

本场古籍类够善本级别的书的确不多，但也有值得称道者，例如《重修政和经史证类备用本草》，该书整部是三十卷。此书虽然为残本，但却是正统的嘉靖本，存二十三卷，被重新装订为十九册。如此说来，缺少不多，可惜刷印较晚，原书的品相也不是很好，底价定为3万，如果跟其他拍品比起来，这个价格确实很便宜，最终以9.43万元成交。看来，难得的善本即便是残本，也同样不乏买家的关注。

中国的佛教大藏经系统，唯有明《嘉兴藏》较为特殊，它的特殊之处不仅仅是它的装帧由经折装改为了线装，更为重要的是该书收录了许多其他大藏所没有的著述。该书还有一个特点，就是每一部零种后面都有单独的牌记。本场上拍了《嘉兴藏》的一个零种——《阿毗昙八犍度论》，二函十一册，以1万元起拍，2.07万元成交。这个价格比前几年的《嘉兴藏》零种的成交价要下降了许多。

明闵凌刻套印本一直是近几年的拍场热点，本场上拍了一部《史记纂》，此书为闵凌刻本中并不稀见的品种，并且该部书其中有五卷为配本，但这仍未能挡住藏家对该书的看重，以3万元起拍，10.12万元成交。本书十八册，从册均价而言，比前几年均价3万以上已经下降了许多。当然，如果市场上出现从未见上拍过的初刻初印闵凌刻套印本，我相信仍能拍得大价钱。

批校本方面，本场拍品乏善可陈，仅上拍了一部姚大荣所题《竹书纪年》。因为姚的名气并不大，且时间较晚，故而少有人对此书关注。该书仅一册，以1500元起拍，3680元成交。

古籍类拍品中，还有一个特殊的品种——“清莲泾居士藏书票附明刻版画”。将一页说明书称为“康熙年间的藏书票”，这种比喻方式超乎常人想象，结果果真受到了喜欢藏书票人士的青睐。这三页纸以2000元起拍，竟然拍到了2.875万元。如果这算藏书票的话，这应该算是中国古代书票中第一高价。当然，拍得此物者是否为喜欢藏书票的人士我并不知道，也许买家另具慧眼看到了该票的独特价值，我希望他能将自己独到的发现跟大家分享。

真正中国早期的藏书票在本场中也确实上拍了一件，那就是《惩罚集》。关祖章的藏书票已经成了中国书票界的名物，而第一位发现这张藏书票价值者，是台北的吴兴文先生。他是研究藏书票的专家，当然有这种慧眼识珠的本领，我听说他就是在中国书店的东廊发现了这枚藏书票。自他撰文介绍之后，每有爱书人在旧书中发现贴有此票，都会郑重地撰文介绍一番，真应了那句话：这个世界上不

关祖章藏书票

是缺少美，而是缺少发现。这部贴有关祖章藏书票的法文书以3000元起拍，最终被识货之人以1.15万元买去。

近几年，中国书店的小拍一直在努力拓展西洋书在中国的市场，我对此完全外行，没有能力去鉴赏这些书的价值以及版本知识。然而从现场看，这类书却有很好的表现，比如《英国湖景》，我所看到的就是装帧的精美，但是这种精美之书在欧洲的洋装书里应当说多得是，而这部书我唯一能够欣赏的就是里面有彩色的版画插图。该书以无底价上拍，成交价是2070元。

西文书中有关中国事物之书大多都能受到国人的关注，也有可能是受到上海图书馆大批买进此类书的影响。本场上拍的《中华苗蔓花》是德文书，我一个字也不认识，但这么说好像也有点不准确，因为该书的封面上有一个中国古碑的图形，这个古碑上面印着五个中国字“中华苗蔓花”，这几个字我总算认识。这部书以500元起拍，以6500元成交。同样还有一部关于中国事物之书——《大清国》，同样是德文本，这部书不知什么原因，以4000元起拍，竟以1.15万元成交。该书妙在何处，我始终没弄明白。

在市场上，似乎有些事情并不对等，比如中国翻译西洋的书一直就难以拍出好价钱来，然而本场却有个例外，那就是《新约全书》。虽然圣经类的书在中国印刷量很大，但该书从版本上而言较为特殊，为清咸丰五年（1855 年）上海墨海书馆排印本。墨海书馆在中国近代印刷史上有着特殊地位，有兴趣了解详情的朋友可上网搜索一下这家印刷机构的历史。这部《新约全书》的翻译据说有王韬的参与，而这位王韬又是中国近代史上特殊的人物，这两个亮点叠加在一起自然能出高价，果真这一册之书以 1000 元起拍，以 2.53 万元成交。

近几年，现代出版物作者签名本开始逐渐走入拍场，本场上拍了十几组这类拍品，最为集中者乃是当代鉴定大家启功先生的。这批书全是“炳文先生”上款。一般而言，这样集中上拍之物保真度较高，故而这些签名本虽然全是以无底价上拍，但最终全部成交，为了能让大家了解这些书的成交价格，我把这几部书的情况列明如下：

《启功丛稿·艺论卷》(启功签名本)：启功著，2004 年中华书局出版；1 册纸本平装；启功私印，品相上佳；无底价起拍，成交价 460 元。

《启功韵语》(启功签名本)：启功著，1989 年北京师范大学出版社出版；1 册纸本精装；启功之印，品相上佳；无底价起拍，成交价 2070 元。

《汉语现象论丛》(启功签名本)：启功著，1997年中华书局出版；1册纸本平装；启功之印，品相上佳；无底价起拍，成交价2070元。

《启功韵语集》(启功签名本)：启功著，2004年北京师范大学出版社出版；1册纸本平装；启功私印，品相上佳；无底价起拍，成交价460元。

《启功口述历史》(启功签名本)：启功口述，2004年北京师范大学出版社出版，1册纸本平装；启功私印，品相上佳；无底价起拍，成交价345元。

《启功题画诗墨迹选》(启功签名本)：启功著，2004年北京师范大学出版社出版；1册纸本平装；启功私印，品相上佳；无底价起拍，成交价690元。

《中国文博名家画传·启功》(启功签名本)：侯刚著，2003年文物出版社出版；1册纸本平装；启功私印，品相上佳；无底价起拍，成交价575元。

2015　中国书店

拍卖时间：2015 年 8 月 29 日

拍卖地点：北京市琉璃厂东街中国书店三楼拍卖厅

记不得从哪年开始，中国书店的古籍拍卖跟北京国际图书节挂上了钩。每次图书节期间，中国书店都以自己固有的拍卖形式，举办一场拍卖会。本期拍卖会的图录封面上，将题目印得很长——“第十三届北京国际图书节古籍文物拍卖会暨中国书店第 70 期大众收藏书刊资料文物拍卖会”。但于我而言，一直没有找到，或者说一直没有看到这两者之间的结合点，因为拍卖还是在老地方，举办者和参与者也还是原有的老面孔。不知道为什么，中国书店的这种拍卖不放在国际图书节的现场去举办，我猜想，这种举措是为了吸引更多的爱书人走进拍卖市场。这个出发点当然很好，这有利于扩大爱书人的收藏队伍。但如果有条件的话，或者说条件允许的话，把拍场搬到书展会场，那影响力一定比在中国书店举办要大很多。当然，我既不是书店的人，也不是会展的人，不明白这种结合会有怎样的难度，只是一厢情愿地希望能够强强结合，产生更好的效果而已。

本场拍卖会上拍了912件拍品，成交了684件，总成交率为74.2%，总成交额442.7万元。这个价格包含15%的买方佣金。这个成绩于今而言，已属上乘。从整体上说，近三年来，艺术品市场处于下滑趋势，这跟国家大的经济形势很是同频。在市场进入下滑通道时，即使是好东西，也难有上好的表现。在这种情况下，定期的拍卖就会产生较大的压力，因为想说服卖家能够拿出好拍品，同时价格还要适应“新常态”，这确实是征集者的最大难点。从整个图录上看，拍品的布局与以往没有变化，仍然是现当代画册排在最前面，其次是旧平装，接下来是外文书籍，之后是拍卖主体——古籍线装书，此后则排列着老照片、版画及杂品书画等。其中不乏可称道者，下面为大家介绍一些难得之品或有趣之物。

《鲁迅日记》，1951年上海出版公司影印本，三函二十四册。从近几年的情况看，跟鲁迅有关的书籍，又渐渐引起了买家的关注，而在价格上，稀见难得的品种也在逐渐上升。此版的《鲁迅日记》影印本，因为属于穿线特装本，当初只发行了1050部。以今天的眼光看，这个数量谈不上很少，但是在那个年代，一千余部的印量确实不大，更何况这部书当年是用两种纸来刷印，一种是宣纸，另一种是玉扣纸。喜欢藏书的人当然知道，从纸价上来说，玉扣纸要比宣纸便宜很多，因此宣纸本更为少见，故而这部宣纸印《鲁迅日记》以2万元起拍，3.45万元成交。

《新青年》，存第一至第七卷，1915年至1920年，上海群益书社出版，平装本八册。《新青年》杂志对于中国近代史的影响自不待言，故而该刊一直是新文学研究者的珍爱之物。虽然从内容上讲，这个刊物已经被多次影印出版，但影印本对于爱书人的吸引力，远不及原版那样强大，因此，这种刊物每次出现在拍场中，都能以较好的价钱成交。此拍品以3万元起拍，竟然以8.9万元的高价成交，这是该刊近些年最好的市场表现。

老期刊的收藏，也是近些年藏家关注的版块，本场上拍了近30组这类拍品。其中有一组为37册老杂志，包含《新华文摘》、《文综》等均为1945年至1949年间的边区出版物。这类杂志的价值我没有研究过，应当请这方面的专家谢其章先生来点评，那肯定比我说得到位。最后，这一组旧杂志以1.495

万元成交。

《文选纂注》，清康熙十一年（1672年）刻本，六函三十六册。该书为新做金镶玉，内有清人顾崇善的多处批校。图录上注明顾崇善为苏州人，余外未见其他信息。也许竞投者是他的乡贤，或者了解更多有关顾崇善的人物信息，故这部书以4.025万元成交。

《战国策》，明万历九年（1581年）张一鲲刻本，二函十八册。此书虽然仅是万历本，然而却是《战国策》刻本系统中较有名气者，该书在《中国古籍善本总目》中有著录，虽然以4.38万元成交，但这个成交价跟前几年相比，还是便宜了许多。如果一个爱书人真心地对古籍收藏有着浓厚的兴趣，就目前情况来说，恰恰是买书的一个好时机。

《御制律吕正义后编》，清乾隆二十一年（1756年）武英殿刻朱墨套印本，开化纸十四册。从近几年的情况看，开化纸本越发地受到藏家的关注。十几年前，开化纸所印的殿版书，时常能够在市面上得见，而今这一类的书却很少能出现在拍场中，尤其是一些少见品种，更加受到买家的争抢。由此可知，当年在宫里用开化纸刷印的书确实不多。可能是这种原因，使得该拍品引起了买家的关注。尽管这部书仅残存了十四册，但买家没有这种完缺之见，故这部拍品以9.2万元成交。

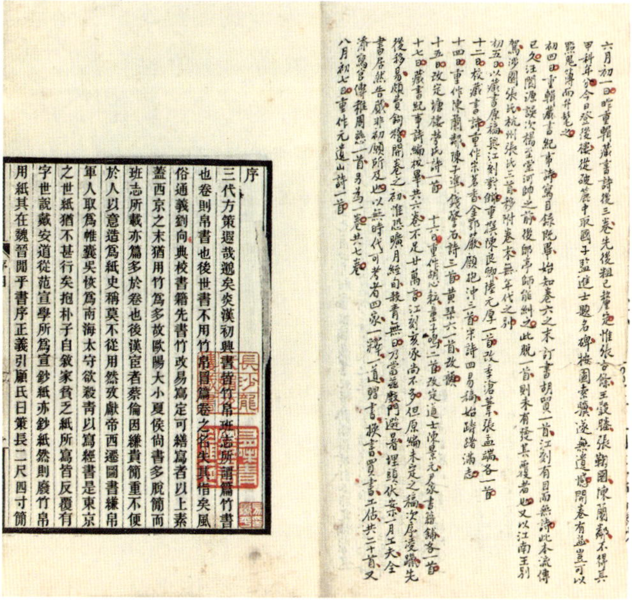

《战国策》 明万历九年刻本

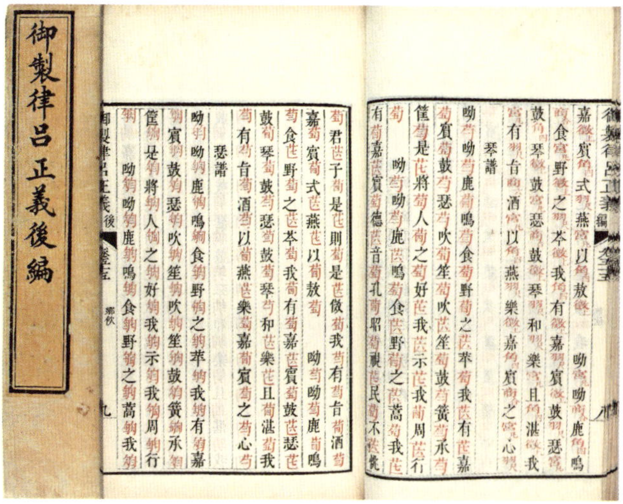

《御制律吕正义后编》 清乾隆武英殿刻朱墨套印本

《四明丛书》，民国间张寿镛约园刻本，八十册。《四明丛书》是民国间藏书家所刻书中较有名气者。这些年来，该书主要是以零种的形式出现在拍场中。十余年前，上海博古斋的店堂里陈列着一部该书的蓝印本，我以8万元的价格都未能将其买下，而如今出现在拍场上的这一部，虽然是墨印本，但标价仅8000元，可谓价格奇廉，但显然这个便宜并不容易捡到。经过几轮的争抢，以2.07万元成交。

《藏书纪事诗》，清宣统元年（1909年）叶氏刻本，一函六册。从内容上说，该书是藏书史上的名著，而有意思的是，这部书的初刻本，也就是我们所说的六卷本，在出版的时候，刊刻者并没有征得作者叶昌炽的同意，等出版之后，作者才知道自己的著作已经发行。叶不但没有感谢主动替他出版的朋友，反而对此事略有微词，因为他认为自己拿给朋友看的那部稿本并非定稿。于是叶昌炽本人又对原稿进行了修订和补充，然后重新刊刻出版，在内容上又增加了一卷，变为了七卷本。本场上拍的这一部，就是作者修订补充后的七卷本。而上拍的这一部，扉页有整段的题记，前有易漱平的藏印，只是不知道这些题记是否出自易氏之手。在民国间，故宫发生的最大事件，就是有人告首任院长易培基盗卖故宫珍宝案。此事沸沸扬扬搞了许多年，而这位易漱平就是易培基的独生女。易培基的女儿还喜欢藏书，这是以往未曾听到的故事。

《託素斋集》，清雍正间刻本，四函二十册。此书为清人别集中的少见品种，我没有查到该书曾经有上拍的记录。虽然此书的作者黎士弘名气并不是很大，但爱书人更在意的是流传的稀见。这部书著录于黄裳先生的《清代版刻一隅》。黄裳先生的这部书内所收的版本，均为清刻本中的稀见本，或刊刻精雅本，为此，《清代版刻一隅》成了今日藏书家收藏清刻本的指南。凡是该书中著录之本，藏家若得知，必会郑重注明。该书的出现当然引起了藏家的关注，故此拍品以3万元起拍，10.58万元成交。

《周易辑说存正》十二卷《易说通旨略》一卷，清乾隆十六年（1751年）武进杨氏复初堂刻本，合订本五册。此书也是清刻本中的少见品种，且刊刻字体是藏家所喜爱的写刻本。该书原藏上海图书馆，属于“文革”中的抄家之物，后来落实政策，又退还给了原藏家。从近几年的市场情况看，经部之书一直未受到更多藏家的喜爱，其版本价值难以得到恢复。该书以4万元起拍，6.9万元成交，这个成绩在近些年来说，已属清代经部书中较好的价格。

同样，《宋抚州本礼记》也是经学上的著名版本，它的版本项全称应该是“清嘉庆十一年（1806年）阳城张敦仁影宋淳熙四年（1177年）抚州公使

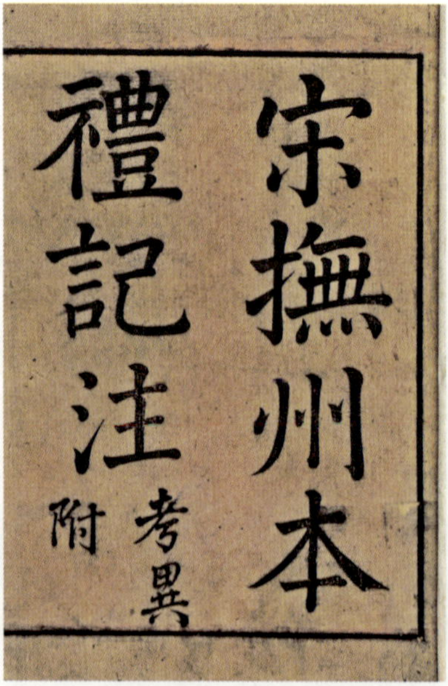

《宋抚州本礼记》
清嘉庆十一年张敦仁影宋淳熙四年抚州公使库本刊本

库本刊本”。该书的刊刻者张敦仁，是山西著名的藏书家，他刊刻的几部书，因为底本难得，再加上他是请当时名气最大的校勘家顾千里来进行审定，同时又请名气很大的刻书家刘文奎来刻版，这样使得该书被视为“四美具两难并”，成为了清代影刻本中的名品。虽然仅是嘉庆刻本，但在清末民国间，该书的售价就已经远超一些明刻本，而本场上拍的这一部，是原装的一函八册，起拍价仅定为 3 万元，而成交价也仅为 6.325 万元。这个成交结果与该书的名气比起来，确实差得很远。

藏书家所刻之书，除了上面提到的这几部之外，《铁华馆丛书》也同样是清末藏书家蒋凤藻所刻。这部书也使用了成本较高的影刻形式，加上该书所选择的底本，都是较为难得者。同时这部书的校勘者，则是前面提到的《藏书纪事诗》的作者叶昌炽，而该书的刊刻者，则为当时的名家徐元圃，故而尽管是光绪刻本一函六册，但成交价格在以往的记录中却从未便宜过。此书以1.5万元起拍，2.3万元成交。

批校本方面，本场未见重头拍品，较为难得者有吴则虞所批《论衡》。此书的底本较为一般，仅是民国间商务印书馆影印的《四部丛刊》本。从吴氏所批内容和形式看，这应当是准备再次出版的校勘本。这种校勘本在民国间以及解放后的前三十年较为多见，因为复印机还未发明，或者发明后还未普及，故而出版社在翻印古籍时，会请名家进行校勘，而校勘所用的底本，则当然会用该部古籍中的通行版本，因为没有人，或者说极少的人会直接把一部善本书，涂改为出版底本，而商务印书馆的《四部丛刊》所用底本在选择上极其严格，但属于影印本，经济价值不高，因此《四部丛刊》本就成了后世出版校勘用的常用底本。因为出版之后，这些被校勘过的底本，就基本成为废弃之物。而今这些当年不以为然的校勘底本，又成为了当今收藏家所关注的门类之一，这一函八册的小开本居然以 8625 元成交。

《陕西通志》，清雍正十三年（1735 年）刊本，八函一百册。可能是因为部头大，以 20 万元起拍，33.35 万元成交。二十余年来的古籍拍场中，地方志类的书籍一直没有引起买家的关注，这类拍品成交价格一般都不高。以我的看法，这种原因大概有两个：

其一，在民国年间，本来最不受藏书家喜爱的地方志曾经大火了一把。民国初年，美国植物学家施永格博士在中国采购书籍时，发现中国地方志中有大量关于土壤、植物的记载，非常有价值。于是他向美国国会图书馆建议收集中国地方志文献，随后他本人也被派往中国大量收集方志。结果使地方志价格暴涨，国内甚至出现了几位专以收藏方志出名的大藏书家，而当时的公共图书馆也开始大量收藏方志，一时间，私人藏书、国内图书馆、外国图书馆三管齐下，使得传统藏书家不待见的方志，成为了市场中最热门的品种。这种局面导致市场上的方志一纸难求。也正因如此，古籍拍卖兴起之后，市面上已经很难看到版本稀见的地方志了。

其二，因为地方志属于官刻之书，而这一类书的刊刻，不可能请到著名的刻版高手来操刀。在字体选择上，通常会用最便宜的匠体字，再加上这类

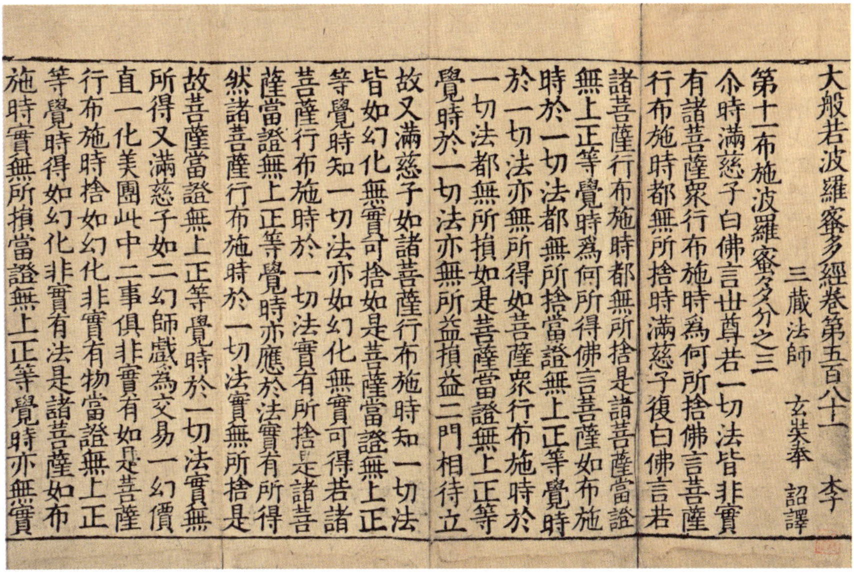
大般若波羅蜜多經卷第五百八十一 李
三藏法師 玄奘奉 詔譯
第十一布施波羅蜜多分之三
尒時滿慈子白佛言世尊若一切法皆非實有諸菩薩衆行布施時爲何所捨佛言菩薩行布施時都無所捨時滿慈子復白佛言若諸菩薩行布施時都無所捨是諸菩薩當證無上正等覺時爲何所得佛言菩薩如布施時於一切法都無所捨當證無上正等覺時於一切法亦無所得如菩薩衆行布施時於一切法都無所損如是菩薩當證無上正等覺時於一切法亦無所益損益二門相待立故又滿慈子如諸菩薩行布施時知一切法皆如幻化無實可捨如是菩薩當證無上正等覺時知一切法亦如幻化無實可得若諸菩薩行布施時於一切法實有所捨是諸菩薩當證無上正等覺時亦應於法實有所得然諸菩薩行布施時於一切法實無所捨是故菩薩當證無上正等覺時於一切法實無所得又滿慈子如二幻師戲爲交易一幻價直一化美園此中二事俱非實有如是菩薩行布施時捨如幻化非實有物當證無上正等覺時得如幻化非實有法是諸菩薩如布施時實無所損當證無上正等覺時亦無實

《大般若波罗蜜多经》卷第五百八十一　南宋《思溪藏》本

书也不太可能使用价格较贵的纸张。

这两点加在一起，使得方志类的古籍很难受到买家的青睐，而这部《陕西通志》竟然能拍到30余万元，看来这位买家并没有受到传统眼光的拘囿。

本场成交价最高的一件拍品是，《大般若波罗蜜多经卷第五百八十一》，为南宋《思溪藏》本，经折装一册。《思溪藏》前些年从海外流入一批，国图买得了其中大部分，但仍有小部分散在不同买家手中，而今出现在市面上的这些零本，几乎全部是从那一批中所流散者。这批《思溪藏》全部都是《大般若波罗蜜多经》，并且卷数均不重复。从这个角度而言，该经每一册都是国内公私收藏所未见的孤本。但市场就是这样，当某类物品频繁出现在市场中时，买家就会产生不稀罕的感觉，这使得该经在前些年的价格一直没有上去。而本场的这一件以 20 万元起拍，37.375 万元成交。这个成交价已远远高于以往。

手札类成交价最好者，为“赵朴初便笺”。这组拍品乃是赵朴初先生所写的 8 张便条，可能是买家更为看重赵先生在佛教界的地位，这 8 张便条以 3000 元起拍，成交价竟然高达 3.68 万元。这 8 张便条加起来也没有多少字数，看来买家不是以字数论英雄。

本场上拍了七十余件现当代版画作品，这个数量足够大，而我感兴趣者，是当代版画家徐匡先生的作品《老同学》的原版，这样的拍品确实少见。这些版画作品，基本上是以无底价上拍，本件也同样如此，最终以 1115 元成交。这个成交价要比徐匡先生的版画作品，不知低多少倍。版画作品中还有一些是“文革”时期的宣传画，成交价最高者，是《农业学大寨》和《突击队》两张。从严格意义上讲，这两张拍品可能是版画的原作底稿，因为这两件均为手绘本，故这件拍品以 3000 元起拍，但成交价却高达 5.175 万元。

本场中的特殊拍品，是上拍了一批 20 世纪 50

年代的整包纸张，其中有毛边纸、玉扣纸、日本书道专用纸等等，这些纸每包为一个标的上拍，成交价大概在 4000 元至 6000 元之间。以往的旧纸均以刀来卖，而今改为以包来卖，也是市场的一个小变化。

2015 秋　北京百衲

拍卖时间：2015 年 9 月 17 日 9:30
拍卖地点：北京陕西大厦二层宴会厅

本场拍卖从规模上讲，百衲公司做了一定的瘦身，全场总计 400 件拍品，包括碑帖、古籍、美术文献、文牍、故纸等五部分，总其名曰“吉金笺素”。整场拍卖以碑帖排在最前面，这一部分总计有 150 件拍品，可见所占比例之大。而尤为别出心裁者，碑帖版块中的墓志又排在了最前面，这种排列方式颇不寻常。从近几年的市场情况看，拓片升温较快，但拓片类拍品在市场上最受欢迎的是器物的全形拓，然而本场这类拍品很少，恰恰有些墓志颇为难得。墓志属于传统收藏项目，而今这部分受到了买家的喜爱，也可以说是传统收藏观的部分回归。

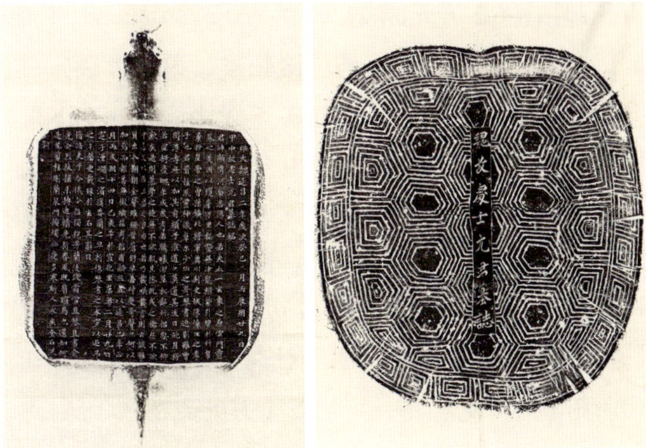

《魏元显儁墓志铭》拓本

《魏元显儁墓志铭》拓本，此志从稀见角度而言倒并不是最难得者，然其为魏墓志中的别格。此墓志原石于民国六年（1917 年）出土于河南洛阳，而后归了大藏书家傅增湘，再后来，墓志又到了京师历史博物馆，现在原石藏于南京博物院。这方墓志的特殊之处是墓盖加墓志两块石头扣在一起，正好是一个完整的龟形。从喻意上讲，可能是以此来祈求墓主能够得到永生，但将墓志刻成这种形状，却是北魏墓志中的特例。虽然在其他的墓志中也有偶见，但确实极其稀少，正是这个原因，这套元显儁墓志一直受藏家所喜爱，每出现在拍场上均能以较好的价钱成交。本场上拍的这一件包括了墓身和墓盖，同时还带有京师历史博物馆所做的封套，以 2.8

万元起拍，6.2 万元成交。

《齐朱岱林墓志》，清乾隆拓本（鲁九喜跋），该墓志为整纸裱本，此志为北齐武平二年（571 年）所刻。在明末时期出土于山东寿光，清雍正三年（1725 年）被王化洽得到，之后有了拓本传世。该墓志原石现藏于故宫博物院，因墓碑出土时间较早，渐渐成为了早期墓志中的名品，而上拍的这一件首行“于郑”二字未损，属于乾隆时期拓本。这个时代所拓墓志颇为稀见，可惜以 1 万元流拍。

《秦琅玡台刻石并秦二世诏版》拓本，琅玡台刻石是秦朝石刻流传后世不多的极品之一，从字体上讲，本石与石鼓文颇为相像，而今残石存于国家博物馆，而秦诏版则是秦二世所刻的铜版，这是最早关于度量衡的文献。这两件拓本虽然并不稀见，但在历史上名气较大，故以 1 万元起拍，1.3 万元落槌。

《大理南诏德化碑》拓本，此拓本总计两纸，包括碑阳与碑阴。就史料价值而言，此碑关涉到南诏的历史。该碑刻于唐大历元年（766 年），内容讲述的是一段重要史实。南诏本是一个独立的藩国，跟唐朝的关系几分几合，而此碑的内容则是关于南诏归属吐蕃的过程和原因。该碑的碑阳原有 3800 余字，现仅存 220 字，而碑阴原本有三千余字，现仅存 556 字。在明代中期，这个碑就引起了相关学者的关注，当时李元阳所编的《万历云南通志》第一次著录了该碑。本场上拍的这一对碑拓以8000元起拍，2.3万元落槌。

《东魏李道赞率邑义五百余人造像》拓本，此碑刊刻于北魏永熙二年（533年），原立于河南淇县封崇寺内。20世纪20年代，该碑被人运到了北京，而后几经转手，最终出售给了美国人。此碑原石现藏于美国纽约大都会博物馆，而上拍的这一件为清末拓本，以2万元流拍。

《西安碑林历朝拓本五十四种》，西安碑林应该说是中国现存碑林中最大的一家，建成已近千年。西安碑林建于宋哲宗元祐二年，也就是公元1087年，在这么长的时间内，碑石不断地在增加，而今已经超过了4000件，本次上拍的这五十四种均为碑林所藏之石。这批拓片以6万元起拍，14万元落槌。

《东汉赵宽碑》拓本，赵宽碑是汉碑中的名品，1942年出土于青海省乐都县，而后该石归了当地的军阀马步芳，再后来，原石入藏青海省图书馆，1950年该馆失火，倒塌的重物将该碑砸碎，而今仅剩面积不大的一小块，故今日所见拓本均为此前所椎拓者。本场上拍的这一件已经做成了册页，但同样较为难得，故以8000元起拍，1.7万元落槌。

《汉孟璇碑》拓本，此碑业界大多将其称为“孟孝琚碑”，也有称“孟广宗碑”者。光绪二十七年

《汉孟璇碑》拓本

(1901年)，该碑出土于云南昭通，此后颇受业界关注，原因是因为该碑文的字体是由隶书向楷书转变过程中的重要物证，相关学者对此碑都有论述，梁启超在《饮冰室文集》中称："此碑可征汉隶今隶递嬗痕迹，皆于书学有关。"本场上拍的这一件后面有黄膺及日本学者速水一孔的题跋，故本拍品以5000元起拍，1.2万元落槌。

"《北魏高贞碑》拓本（郑孝胥题跋，王国维上款）"，高贞碑也同样是北魏刻石中的名品，清嘉庆十一年（1806年）此石出土于山东德州。该件拍品第八行的"王"字仅略微缺损，而第十三行的"短"字末笔完好，故本拓片为道光间所拓。此册裱本后面还有郑孝胥的跋语。从郑跋可知，该拓本为王国维旧藏，也算名家递藏之物，故以2.5万元底价成交。

唐朝因为国力强大，故所刻之碑质量上乘，因此唐碑有的虽已经椎拓了上千年，至今仍然基本完好。也正因如此，唐碑拓片传世数量较大，即使是宋代拓本也并非特别难见，而明清拓本则更为平常，故唐碑除了极其稀见者外，大多市场价不高，比如《唐圭峰禅师碑》拓本。此碑立于公元855年，而碑文为唐代大书法家裴休所书，碑额则出自书法名气更大的柳公权，原碑现藏于陕西户县草堂寺，去年我在访古途中还看到过这块原碑。就史料价值而言，此碑极其重要，然而本场上拍的这一件尽管后有同治年间藏书家丁谦的跋语，也仅拍得8000元。《大唐三藏圣教序》拓本，从内容而言，可谓是中国佛教史上的重要物证，因为这关涉到玄奘西天取经后回到西安译经的历史，该碑石如今尚立于大雁塔下，而本拍品却以2000元流拍。

明代碑帖本场拍得最好的一件当属“明拓《唐多宝塔碑》拓本”，此件拓本为明拓，只是该裱本受到了虫蛀，品相略差，故此拍品以2.5万元底价成交。

套帖部分的拍品以《大宝贤堂法帖》较为难得，该帖为明代晋藩所刻。从书品来看，当是明代的原物。从内容而言，这部套帖收录了明代之前120多位书法大家的作品，属于古代丛帖中的难得之物，故该拍品以8万元起拍，25万元落槌。

《海山仙馆藏真帖》拓本，同样是套帖，此帖为清代广东大藏书家潘仕成所刻，后来因为海山仙馆的衰落，使得此套帖的原石大多散佚，而今海山仙馆被修成了公园，里面仍然能看到少量的残石。我在细看这些碑石时，感觉嵌在墙上的这些石块应该是后来的复制品，后来得知，海山仙馆残存的原石有一部分保存在广州美术馆碑廊内，可惜未曾目睹原物。而本场上拍的这部套帖，装裱为十六册，前面还有刻制的目录，故而这应当是本套帖的全本。该拍品以2万元起拍，4.5万元落槌。

《兰亭修禊图》拓本，这套图案刻石极有名气，明清以来有较多的翻刻本，虽然流传较多，但依然受到买家的喜爱，上拍者大多均能成交，而本场的这一件比以往所见者品相略佳，故以5000元起拍，1.8万元落槌。

本场上拍的写本类拍品，以《太乙八卦阵图》较为特别，此册所绘乃是军队的排兵布阵图，由此可见，中国古代的战法很大程度上是形式大于实用。该件拍品绘制较为精细，属于此类拍品中较难得者，故而以1万元底价成交。

周培春手绘《北京幌子》，同样是彩绘本。古代店铺门口的幌子各有各的特色在，而本书共绘制了各种招幌104幅。1948年伦敦曾出版过一册《中国

《太乙八卦阵图》(局部)

商店幌子》，不知道本拍品是否就是那部出版物的底本，若果真如此，这真是件难得的拍品。此品以2万元底价成交。

在刻本方面，本场没有重头拍品，然有几部清代刻本品相颇佳。例如《山谷先生诗集》，这部书是清末刻本中的名品，因为书版尚存，至今仍可刷印，然其早年的初印之书却并不多见，而本场上拍的这一件显然比寻常所见者的品相好许多，故该书以2.8万元起拍，8万元落槌。

《东海褰冥氏三十以前旧学四种七卷》，此书一

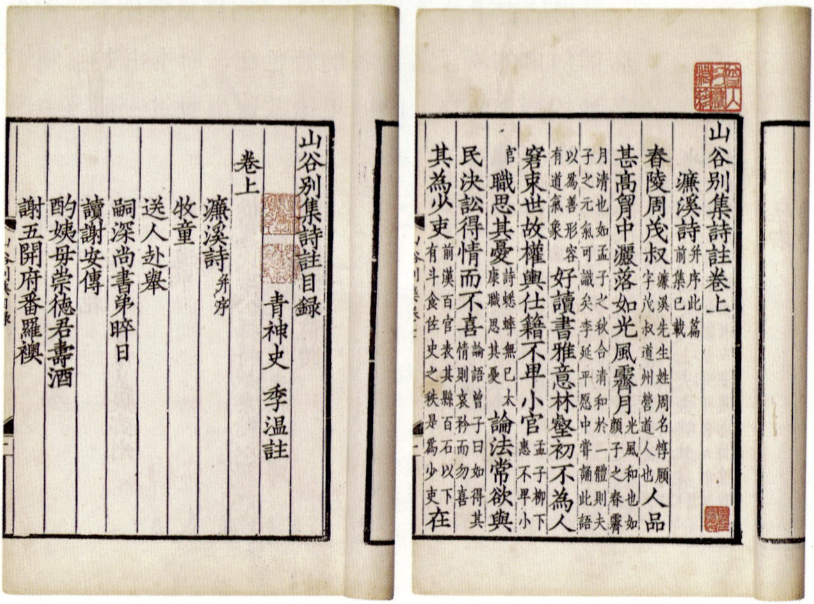
山谷別集詩註卷上
濂溪詩 并序此篇前集已載
舂陵周茂叔 濂溪先生姓周名惇頤字茂叔道州營道人也 人品
甚高胷中灑落如光風霽月 光風和也如顏子之春霽月清也如孟子之秋合清和於一體則夫子之元氣可識矣李延平愿中嘗誦此語以爲善形容有道氣象 好讀書雅意林壑初不為人
窘束世故權輿仕籍不卑小官 孟子柳下惠不卑小官 職思其憂 詩蟋蟀無已太康職思其憂 論法常欲與
民決訟得情而不喜 論語曾子曰如得其情則哀矜而勿喜
其為少吏 前漢百官表其縣百石以下有斗食佐史之秩是爲少吏 在

《山谷先生诗集》 清刻本

函四册，从未见出现在拍场上。该书为戊戌变法时的重要人物谭嗣同所撰。谭嗣同被杀之后，他的书也被禁，致使该书虽是近代之物，却难得一见，故此书以 1 万元起拍，2.2 万元落槌。

《天工开物》三卷，民国陶湘石印本，三册。《天工开物》是中国古书中少有的科技类书籍，该书初刻于明崇祯十年（1637 年），因为这一类书没有什么微言大义，故少有人收藏，致使这么一部明末刻本流传极稀，到如今，国内公共图书馆仅国图一家藏有崇祯原刻本，而上图等馆所藏则是残本。本场上拍的这一部，虽然是民国用石印技术影印的明崇祯本，但因为陶湘影印之书特别讲求精益求精，故而他所印制的石印本也同样受到藏家的喜爱，这部书以 1 万元起拍，1.9 万元落槌。

笺谱类拍品本场上拍了三部，且均得以成交，其中《北京荣宝斋新记诗笺谱》较为难得。该谱虽然印制于 1952 年，时代并不久远，然谱中收有《大泽乡起义》一图，极具时代痕迹。可能后来有关人士觉得将这种政治题材应用于传统笺谱中有些问题，故《北京荣宝斋新记诗笺谱》后来重印时将此图撤出，而该拍品系初印，仍然保留着这一幅图，这正是该书难得之处。此拍品以 1.8 万元底价成交。

本场拍得不错的版块是美术文献类拍品，这类拍品的买家大多是搞字画收藏的。买入这些旧画册，主要目的是想从中找到一些画作的出版著录，让人感叹的是字画的平均价格远远高于古书，字画收藏者觉得这些画册很是便宜，往往都能拍得善价，比如《墨盦集锦》二册，此为民国二十三年（1934 年）商务印书馆珂罗版印本，仅两册之书，却以 1.8 万元底价成交。

《吴昌硕早期珂罗版画册 10 种 11 册》，因为吴昌硕是近代著名的金石书画家，他的画作原件一直价格高昂，故这些旧画册也成为了藏家寻找历史依据的证物。此 11 册旧画册以 5 万元底价成交。

而更为奇特者，本场拍的最好得部分竟然是排在最后面的一批旧纸，这些旧纸总计上拍了 70 组，仅有 3 组流拍，且成交价格更比书籍贵许多，不知道这算不算是白面贵过了馒头。比如“京都秀文斋制橘红龙纹笺（一对）”，这两张纸以 1000 元起拍，成交价高达 1.2 万元。

另外还上拍了一些库绢，而库绢也同样是画作的原料，这一部分的成交情况确实不错，比如“五色洒金库绢”5 张，起拍价也是 1000 元，而成交价则高达 3 万元。

2015秋　北京保利

拍卖时间：2015年12月7日10:00

拍卖地点：北京四季酒店五层B厅

本场总成交额为8300万元，总成交率为78%。这个成绩创造了保利公司自举办古籍专场拍卖以来的最高纪录，这个成绩的创造归功于本场的几件重要拍品。

本场的图录封面为五代时期刻本《梁朝傅大士颂金刚经》。中国宋代之前的刻本流传极其稀见，此件拍品虽然没有确切的年款，然从字体的风格上来考量，应属宋代早期刻本。此件拍品难得者，是前面有一幅精美的扉画，故而这件拍品的出现引起了业界的关注。此拍品一卷总计长3.8米，从尺幅角度而言，并不是很大，而估价则高达400万至420万元。开拍之后，这件拍品争抢激烈，最终以2300万

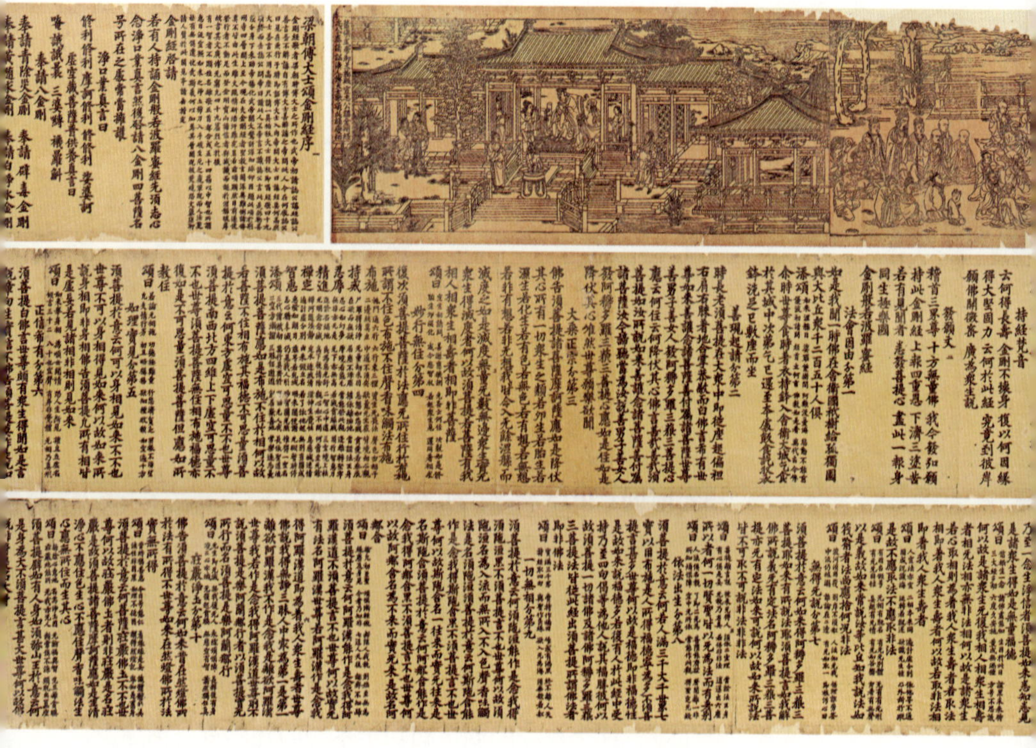

《梁朝傅大士颂金刚经》 五代刻本

元落槌，创造了本场的最好成绩。按照一般的规律，拍卖公司征集到重要拍品时，大多会召开专题研讨会，这种做法不仅是造声势，同时也是为了让潜在的买家对本场的重点推介有个全面的认识。退一步的做法，则也需要专门出一册特别精美的图录，以显现这件拍品的重要程度。而保利本场的拍卖，这些相关的举措完全没有实施，并且在拍品的介绍方面也未着太多的笔墨，然而这种简约做法却丝毫不影响买家对该拍品的热情。在市场普遍不景气的情况下，仍然能够拍得这样的好成绩，由此可见，是金子什么时候都会发亮。

本场的排列顺序依然照旧，排在最前面的部分是诰封和奏折等官书。诰封仅上拍了2件，均为康熙时代的写本。而第1号拍品所用之锦异于寻常，此诰封的全称为“恩封爱新觉罗巴尔图正室鄂卓氏辅国将军夫人封册诰命”，系康熙三十四年（1691年）写本。虽然康熙诰封并不稀见，但因为此件在形式上的特殊，故而以6万元起拍，8万元成交。余外上拍的19件奏折，时间均为同光时期，这些奏折仅两件流拍。以往这类拍品时常出现在拍场中，然成交价格一直属于不温不火，较常被关注者，则是同一受封人整批上拍的，因为这样的拍品更具有史料价值。从以往的成交情况来看，带有朱批的成交价较高，相比较而言，批字越多价格越贵。而本场上拍的奏折，一半以上带朱批，然所批却均为两字，故而史料价值较弱，成交价大多在1万元左右一件。

本专场内所设的第一个小专题，为“苏宗仁先生旧藏”。这批旧藏总计上拍41件，100%成交。从内容看，一半的拍品都是与黄山有关的古籍。这类拍品竟然有十几部之多，这么窄的专题能够汇集到这样的数量，其实并不容易，这是因为苏宗仁虽然住在北京，但他的原籍却是黄山。在民国二十六年（1937年），他曾出过《黄山丛刊》，请到了大藏书家傅增湘为其著作写序言，傅的序言中有这样的话：“苏君厚如嗜学癖古，雅度冲襟，风流蕴藉，挽近之俊人也。屏居旧京，过从最稔。尝就余商榷，以世居太平，结庐黄山之麓，欲裒集古今典籍文章涉及山事者，都为一集……”由此可知，当年苏宗仁想在自己的藏书中辟出一个黄山专题，他为此事还专门与傅增湘商议过，而今所上的这些拍品就是他当年黄山专题中的一部分。这些拍品虽然无特别贵重者，却依然能够受到买家的关注。比如《黄山志略》，清康熙三十一年（1692年）刻本，一函四册，3000元起拍，8.5万元落槌。《读黄合志》，清雍正刻本二册，1000元起拍，5.5万元落槌。这也可见估价的高低与最终的成交结果没有太大的关联度。苏宗仁自己撰写的关于黄山文献的资料，本场分为三组上拍，而最终的成交价也同样是估价的十倍以上。

苏宗仁版块中也有几件特殊的拍品，是三件唐人写经，前两件较短，比如《妙法莲华经》卷六中的一段，仅38厘米长，估价2000元，而成交价却是24万元。拍品虽然比前一段略长，但长度也不超过半米，而估价和成交价却与前一件完全相同。成交价最高的一件则是《大乘无量寿经》，从字体和纸张来看，为吐蕃时期写本，此经尺幅也不长，仅为

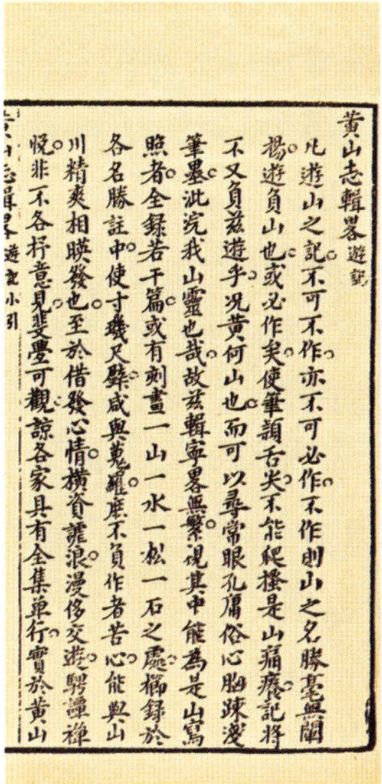
黄山志輯畧 遊記

凡遊山之記不可不作亦不可必作不作則山之名勝毫無闡揚遊負山也或必作矣使筆頭舌尖不能爬搔是山痛癢記將不又負茲遊乎況黄何山也而可以尋常眼孔庸俗心胸䟽淺筆墨洗究我山靈也哉故茲輯寧畧無繁視其中能為是山寫照者全録若干篇或有剜畫一山一水一松一石之處摘録於各名勝註中使寸幾尺縑咸與蒐羅庶不負作者苦心能與山川精爽相暎發也至於借發心情横脊誰浪漫侈交遊騁譚禅悦非不各抒意見斐斐可觀諒各家具有全集单行實於黄山

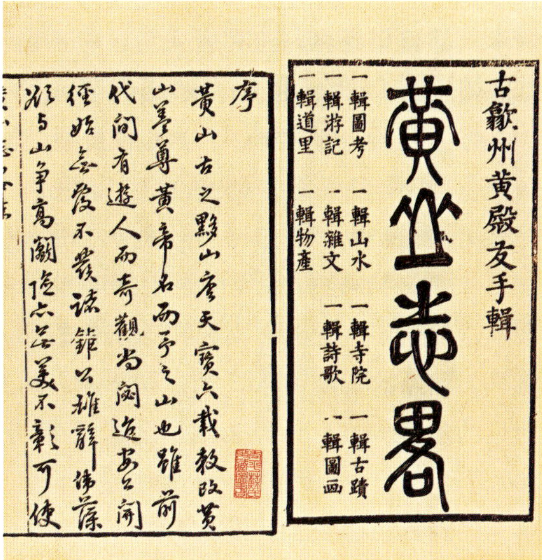
古歙州黄殿友手輯

黄山志畧

一輯圖考 一輯山水 一輯寺院 一輯古蹟

一輯游記 一輯雜文 一輯詩歌 一輯圖画

一輯道里 一輯物產

序

黄山古之黟山唐天寶六載敕改黄山蓋尊黄帝名而予之山也雖前代间有遊人而奇觀尚闕

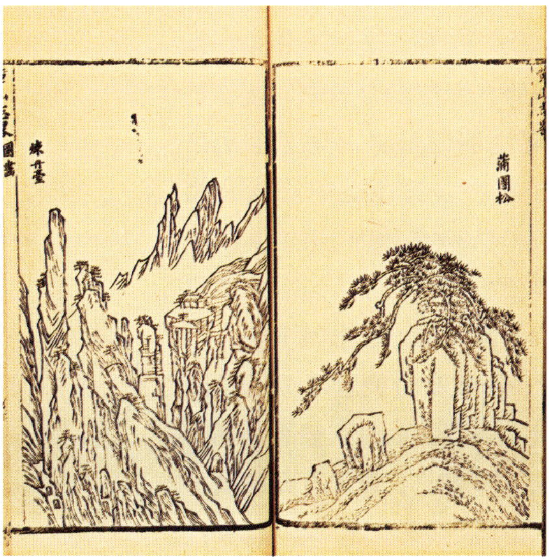

黄山名勝全圖

《黄山志略》 清康熙三十一年刻本

两米，却首尾齐全，这在唐人写经中不多见，故而这件拍品以4.5万元起拍，190万元落槌。

唐人写经一直是保利公司的长项，本场也不例外。除了苏宗仁专题中的这几件，另有两卷写经也很难得，比如《大般若波罗蜜多经卷第三百八十一》，这件写经图录上标明也是吐蕃时期写本，然从字迹上看，则要比苏宗仁的那一件时期略早。此经的长度为4.62米，属于唐人写经中当下所见的中等长度。该经首残尾全，以45万元起拍，280万元落槌。而上拍的另一件则是《说一切有部显宗论》卷第二十一，长度为5.66米，估价就达到了70万元，而成交价则为185万元。

本场还上拍了日本写经27件。近二十年来，日本写经时常出现在中国的古籍拍卖专场中，然这类拍品直到今日也未引起足够的重视，除了个别品种，这类写经的成交价格大多都不足中国同时代写经的十分之一。比如《大般若波罗蜜多经卷第二百三十二》，此为日本平安时代写本，与唐末的写经时代类似，而这件拍品首尾齐全，长度达到了9米，起拍价却仅5万元，而成交价钱也才7.5万元。而《大方广佛华严经第五十四》，为日本镰仓早期写本，首尾齐全，长度将近10米，仅以2万元的底价成交。

日本写经中也有一件特殊拍品，这件拍品的有趣之处，是前人搜集了日本不同时期写经的残片，然后将其裱贴在一个手卷上，总计有二十多个式样，并且当年的这位搜集者也很用心，他在每一残片佛经的侧边都写了一段题记，简明扼要地讲述该经的版本，这就成为了鉴定日本早期写经的标准件，故而此拍品起拍价虽仅2万元，却以62万元的高价成交。

宋代刻本本场上拍了2件，其一是《春秋经传集解》三十卷存卷第十九，南宋刻群经中字本，一册。此件拍品最早出现在市场上的时间约是15年前，而最初的发现人则是陈东先生。当时他收到了多册该书，然因为此书能够查得的资料很少，故陈东先生虽知道此书稀见，却难以卖出高价。该书最初的售价是两册15万元，而后不久涨到一册15万元，我因为对此书认识不足，故未曾买得。后来经过胡星来先生的考证，认定此书就是《九经三传沿革例》中提到的蜀刻中字本，此后该书价格大涨，虽然几次出现在拍场中，却难以下决心将其拍下，而本场的这一册，起拍价已经高达170万元，落槌价则为220万元。看来自己的这15万元两册的心理障碍，确实难以跨越。

另一件宋版书是《太学新增合璧联珠万卷菁华后集》存卷七十三、七十四、七十五、七十六、七十八、七十九、八十。该书为宋刻巾箱本，且为天禄琳琅旧藏。此书的宋刻本现公共图书馆所藏者，有山东省图书馆和国家图书馆，而此上拍之物正是该两馆所缺者。如此说来，鲁图、国图所藏该书部分与这一册，原本同为一部，故机缘难得，虽然仅是戋戋一小册，起拍价却为350万元，而成交价则更高达600万元。

虽然本场的高古拍品不在少数，然而也关注到了现在的市场热点，例如木版水印，本场就作为一个小专题上拍了32件。这32件拍品来自于同一位藏家，可能是底价不高之故，本版块仅流拍了5件拍品。最为难得的是《韩熙载夜宴图》，这幅木版水印的制作年代虽然并不久远，但却是这类作品中最著名的一件。该作品完成于1979年，当时由荣宝斋制作了35件，因为成本昂贵，当时主要是供外宾购买，故国内少有流传。此件为35件中的第27号，在此之前已经有4个序号的该图出现在拍场上，此为第5件，估价15万元，最后以70万元成交。

手札类拍品以《王国维呈雪堂先生和诗》（刘寅生、苏渊雷同题）较为难得。近十余年来，王国维的墨迹价格高涨，而此件则是王国维写给罗振玉者，王、罗之间扑朔迷离的关系一直是近代史上特别引人关注的话题，其内在原因各有各的说法，而这件拍品又提供了一个佐证，故这件手札一通三页，以5万元起拍，81万元落槌。

本场还上拍了一批张大千相关物品，其中有手札、照片等，总计有84件之多。本版块的专题为“情愫东瀛——山田家藏大千遗墨”，这部分拍品100%成交，且成交价均远高于起拍价，比如“张大千致山田喜美子信札”，一通二页，写于1961年，成交价格为75万元。还有一件是张大千与他人的一册合影集，内有14张照片，该拍品以1万元起拍，15万元成交。可见，与名人有关的物品，无论哪一类，大多可拍得善价。

2015 秋　北京德宝

拍卖时间：2015 年 11 月 29 日 13:00
拍卖地点：首都图书馆 B 座一层第二展厅

从图录编排上看，德宝公司依然保持着分类明晰的优点，整个专场的图录，直接区分为四个部分。第一部分为“名人手札、内府稿本”，该部分上拍了 49 件拍品，第 1 号为“俞樾致汪鸣銮手札”，一通三页。俞樾为晚清名士，其墨迹虽流传较广，却广受藏家所喜爱。而本手札的上款为汪鸣銮，汪也是苏州著名的藏书家。这上下款均为名人者，则是藏手札者最为喜欢的，故本通手札以 3000 元起拍，9000 元落槌。

《澄怀堂诗文稿》为傅增湆的稿本。民国大藏家傅增湘兄弟三人，傅增湆为长兄。其手稿极少出现

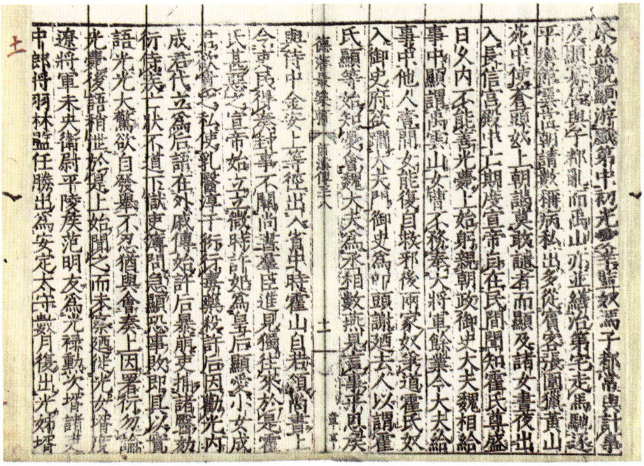

《前汉书》残页　明嘉靖刻本

在市面上，多年以前我曾买到过一册他的手稿，而今是我第二次见到他的墨迹，故该部稿本引起了几位藏家的关注，以1000元起拍，最终却举到了1万元。

时宪书是古籍中的一个独立品种，市面上较为多见，尤其清末的时宪书则更为普遍，然此次上拍的《大清光绪二十二年时宪书》，其特殊之处，则是为宫内工楷所书者，应当是宫内使用之物，且黄绫封面、黄绫函套也更证实了这一点。此一册之书，起拍价却高达70万元，致使该书流拍。

“《前汉书》残页”，这应当是印刷史上的一个特殊品种。该书内容为明嘉靖德藩最乐轩所刻《前汉书》，但该书的正面则为公文纸。一般而言，公文纸印书者是用背面印书，然用公文纸的正面印书，在此之前未曾得见，故这沓残页虽不成书，却有着印刷史上的标本意义，故而此书以5000元底价成交。

《鸣沙石室秘籍景本》，精装四册，此四册之本内里裱贴了多张老照片，照片的内容大多是敦煌古籍。宣统年间，伯希和在北京办展览，展品则是他所带回的敦煌藏经洞之物，当时罗振玉等人前往参观，其曾言："乃约同好往观，则皆已佚之古籍，因与约影照十五种，计书卷五、雕本二、石刻三、壁画五……都下同好既醵资影印，幼云先生复印一份，存京师大学堂藏书楼，充学人之考镜。"此四册照片集有可能就是当年罗振玉筹资所拍照者。这批照片难得之处，是内有不少罗振玉的跋语。该拍品已经两次出现在拍场上，却均因价昂而未得成交，本场也同样如此，以30万元流拍。

本场的第二部分为"宋元刻本、明清嘉椠"。从拍品质量而言，这部分为本场的主体。其中《大方广佛华严经卷七》，元刻普宁大藏本，经折装一册。《普宁藏》零本虽并不稀见，然以往所得见者，均为竹纸本或者麻纸本，而白纸本却是第一次出现在拍场上，由此可证，《普宁藏》当年也用白麻纸进行过刷印，这正是该经的价值所在，故而以10万元底价成交。

本专题还上拍了“宋佛经残页”一张。从这张残页的字体来看，与北宋两浙转运司所刻的《大方广佛华严经》颇为相像，故虽仅一张，依然从6000元争到9000元，买此残页可以作为两浙转运司刊本的样本。

《三元延寿参赞书》，元刻本，一册，该书未见国内公共书目著录，可见其流传之稀见。2008年也曾有一部出现在拍场中，同样是上拍于德宝公司，而当年正是为我所投得，这真是一个奇缘。本场上拍的这一部与我所得之本比对，显系同一版本。该书过云楼也曾藏有一部，著录于《顾鹤逸书目》“宋元旧椠”部分。潘祖荫《滂喜斋藏书目录》中著录有该书，将其标为元刻本。当时潘祖荫是花了180块银元买得，而本场上拍的该书序言页有潘祖荫的藏印，由此可知本书就是潘祖荫所收藏的那一部。书中另外钤有“安乐堂藏书记”，证明此书曾入藏怡亲王弘晓的书库，可见是流传有序之物。此书的起拍价定为31万元，最终以该价格成交。

《龙湖先生文集》，明嘉靖三十三年（1554年）彭治中刻本，白棉纸一函四册。该书流传较为稀见，《中国古籍善本书目》和《明别集版本志》两书均失载，这正是该书的难得之处，故而本书以4万元起拍，7.5万元落槌。

其他重要拍品还有明徐氏东雅堂所刻《昌黎先

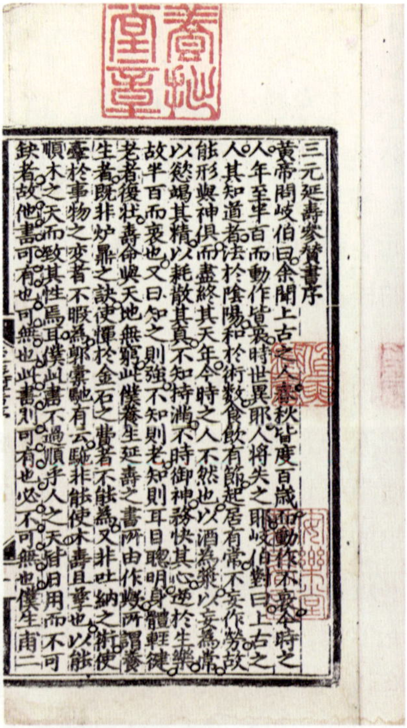
三元延壽參贊書序
黃帝問岐伯曰余聞上古之人春秋皆度百歲而動作不衰今時之人年至半百而動作皆衰時世異耶人將失之耶岐伯對曰上古之人其知道者法於陰陽和於術數食飲有節起居有常不妄作勞故能形與神俱而盡終其天年今時之人不然也以酒為漿以妄為常以慾竭其精以耗散其真不知持滿不時御神務快其心逆於生樂故半百而衰也又曰知之則強不知則老知則耳目聰明身體輕健老者復壯壽命與天地無窮此僕養生延壽之書所由作歟所謂養生者既非炉鼎之訣使憚於金石之費者不能為又非吐納之術使牽於事物之變者不暇為鄒叢馳有云驗非能使木壽且蕃也以能順木之天而致其性焉耳僕此書不過順乎人之天付日用而不可缺者故他書可有也可無也此書則可有也必不可無也僕生甫二

《三元延寿参赞书》

元刻本

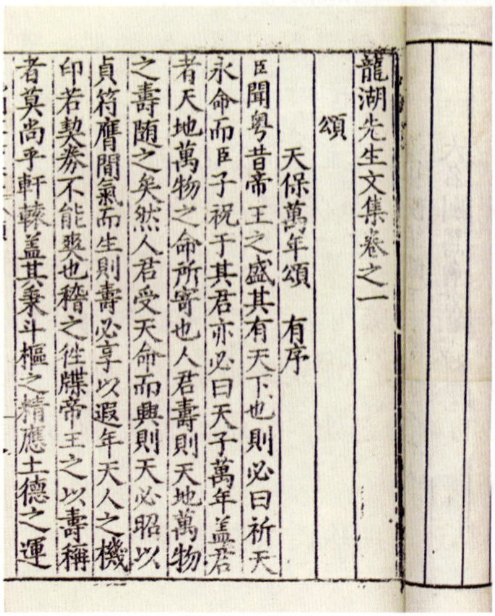
龍湖先生文集卷之一
頌
天保萬年頌 有序
臣聞粤昔帝王之盛其有天下也則必曰祈天永命而臣子祝于其君亦必曰天子萬年蓋君者天地萬物之命所寄也人君壽則天地萬物之壽隨之矣然人君受天命而興則天必昭以貞符膺間氣而生則壽必享以遐年天人之機印若契券不能爽也稽之往牒帝王之以壽稱者莫尚乎軒轅蓋其秉斗樞之精應土德之運

《龙湖先生文集》

明嘉靖三十三年彭治中刻本

生集》。此书从稀见度来说，则要比《龙湖先生文集》差很多，但也称得上是明刻本中著名的版本，虽然流传较广，但并不影响藏家对它的喜爱。该书二函十六册，以8万元起拍，13万元落槌。《埤雅》，明刻白棉纸八册，此亦为明刻本中的名品，且为曾入公藏后又退还者，此书品相颇佳，故而以25万元底价成交。

《仪礼注疏》，明万历二十一年（1593年）北京国子监刻本，二函十二册。北监本虽然流传较多，然大多为翻刻本，其明显特征是刊刻题款翻刻本列为两行。而本书则是一行书之，且保留着明代的原封面及原签，这也是该书的难得之处，故此书以3万元起拍，8万元成交。

《鼎镌红拂记》，明万历间萧腾鸿刻本，一函二册。此书流传稀见，国内公共图书馆仅国图一家有藏，且本书内有版画十余幅，这也正是后世喜欢该书的原因，唯一可惜者是此本品相较差，故而以15万元流拍。《古隶集韵》，明嘉靖二十五年（1546年）宋碧霞刻本，该书也同样是明嘉靖本中少见的品种，虽品相较差，但依然受到了买家的关注，以15万元底价成交。《日讲书经解义》，清康熙十九年（1680年）内府刻本，原装十九册。该书为黄纸封面，且为黄绫签，显系宫内陈列之本。此书流传较多者，为文选楼翻刻本，然此拍品为原刻，这正是该书的难得之处，以 4 万元底价成交。

本场的第三部分为“清代、民国精刻本”。这一部分的难得之书，有《古文苑》，清嘉庆间刻本，一函四册。书后有叶德辉长跋，这正是该书的难得之处。且该跋著录于《郋园读书志》，故属于有著录之物，因而此书以 8 万元起拍，8.5 万元成交。

《王先生十七史蒙求》，清康熙四十九年（1710 年）程宗璜养志堂影宋刻本，连史纸一函六册。此书为清刻本中的名刻之一，底本为宋刻麻沙本《蒙求》。康熙年间，朱彝尊曾影抄一部，之后程宗璜

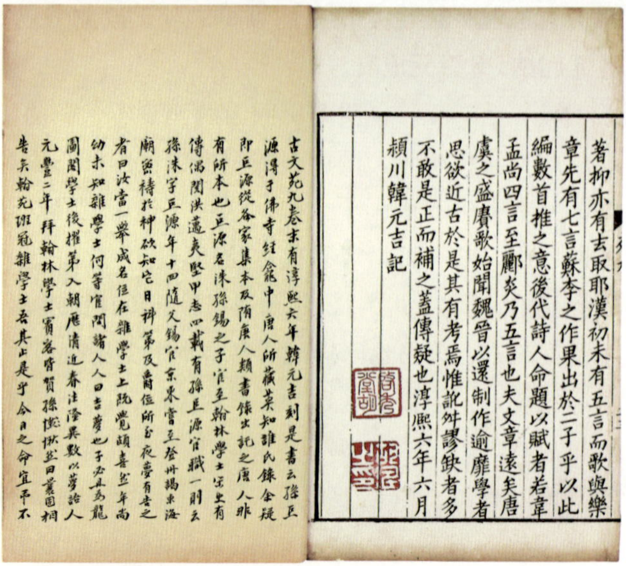
著抑亦有去取耶漢初未有五言而歌與樂
章先有七言蘇李之作果出於二子乎以此
編數首推之意後代詩人命題以賦者若韋
孟尚四言至酈炎乃五言也夫文章遠矣唐
虞之盛賡歌始聞魏晉以還制作逾靡學者
思欲近古於是其有考焉惟訛舛謬軼者多
不敢是正而補之蓋傳疑也淳熙六年六月
潁川韓元吉記

古文苑九卷末有淳熙六年韓元吉刻是書云孫巨
源得于佛寺經龕中唐人所藏莫知誰氏錄金疑
即巨源從各家集本及隋唐人類書錄出託之唐人非
有所本也巨源名洙孫錫之子官至翰林學士宋史有
傳偶閱洪邁夷堅甲志四載有孫巨源官職一則云
孫洙字巨源年十四隨父錫官京東嘗至登州謁東海
廟留詩於神欲知它日科第及爵位所至夜夢有告之
者曰汝當一舉成名位在雜學士上既覺頗喜然年尚
幼未知雜學士何等官問諸人人曰吉夢也子必且為龍
圖閣學士後擢第入朝歷清近眷注隆異數以夢語人
元豐二年拜翰林學士賓客皆賀孫慨然曰曩固相
告矣翰苑班冠雜學士吾其止是乎今日之命宜弔不

《古文苑》 清刻本

得到该书，并将其影刻出版，即为上拍的这个版本。此书以 1.2 万元起拍，2 万元成交。

《大清天下中国各省州府县厅地理全图》，清刻本四幅。这是清末湖北刊刻的著名地图，该图虽然流传较多，但极具装饰性，故每次上拍都能受到买家的追捧。本场上拍的这四幅也以 1 万元底价成交。

第四个版块是“近现代印本、老纸杂项”，其中“明刻套色《西厢记》图册”，1990 年上海朵云轩木版水印，虽然是当代出现物，但该书刊刻颇近原貌，故一直受到藏家所喜爱。本书总计刷印了 300 部，均为编号发行，此为第 193 部，以 2 万元底价成交。《梦溪笔谈》，1975 年文物出版社影印本，此书的底本为元大德东山书院刻本，因其原本尺幅极大，然版心却很小，这样的蝴蝶装为流传至今的元刻本中所仅见，故此书特别受到藏书者的喜爱。1975 年文物出版社按照原大原样影印了 100 部，编号发行，此为第 17 部，可惜本场将底价定为 6 万元，高于行市，致使流拍。本场还上拍了一块金砖，为光绪年间所制，最终以 6000 元底价成交。

2015秋　北京东方大观

拍卖时间：2015年11月17日16:30

拍卖地点：北京亚洲大酒店三楼亚洲会堂

该公司本季的古籍拍场分为两个场次，即金石契和古籍善本。金石契专场主要是碑帖拓片以及金石家墨迹和少量印谱，古籍善本专场因为没有重头拍品，成交情况不理想，故该公司本季的古籍拍卖则是以金石契专场为主。现将本场的亮点论述如下。

《吴越王投龙银简》，这件拓片尺幅很小，大约等同于32开本平装书籍，然而该拓片在历史上却颇有名气。投龙简是五代时期特殊的一种器物，每到大旱之年，吴越国王都会制作投龙简。这种简的形制有点像古代房屋上的瓦片，大多是用金或银来制作，上面刻制着国王向龙王乞求降雨的告辞以及

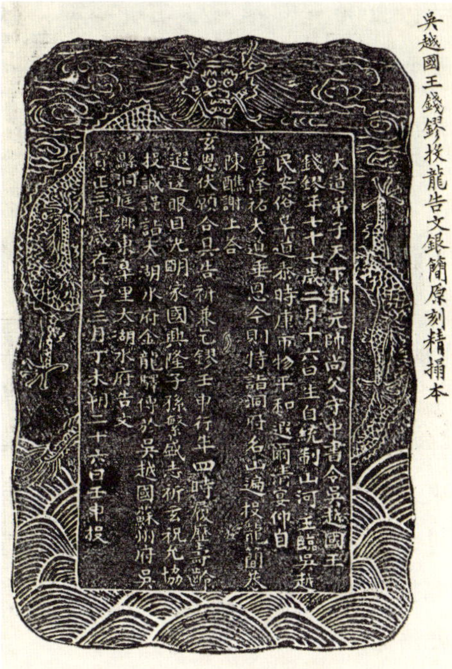

《吴越王投龙银简》

年款，然后在湖泊水边举行祭典仪式，仪式的一个重要环节就是将这个投龙简扔进水中。清顺治元年(1644年)，江南大旱，太湖边的一个渔民在湖底拾到了这样一块投龙简，为银制，重20两。此事引起了轰动，有些文人雅士将此做成拓片赏阅，后来这块投龙简被人化成了银锭，故而使得该拓片传世稀见。此投龙简拓片出现在拍场上总计三次，此为第三件。以往所见者，大多有名人跋语，然该件却无，故以8000元起拍，2.8万元落槌，为已拍过投龙简中成交价格最低者。

《一文和尚砖拓》，“一文和尚砖”本是宋代的一块古砖，上有“一文和尚”字样。关于此砖的来由，罗振玉有过考证，称此砖出自河北正定的隆兴寺。宋代时，隆兴寺有些大殿倒塌，有一位僧人化缘，每人只取一文，但若施主多给，他则不收。他的这种做法让众人口口相传，反而引起了更多的人来捐款，故很快凑足了钱，建起了新殿，而这位和尚从此也自号“一文”。这是颇为有趣的一段历史故事，故此拓片受到后世藏家的喜爱。隆兴寺我曾去过多次，但在那里从未见到过该砖或者拓片，可见此拓片流传之稀，而这张砖拓以2万元起拍，5.2万元落槌。

《成都西门外佛造像》，这张造像拓片流传稀见，此处所说的成都西门外，乃是指万佛寺，而此寺在唐代称为净众寺，为净众保唐宗的祖庭，可惜此寺早已没有了痕迹。自民国以来直到现在，万佛寺的遗址上时常挖出佛像，但大多为残件，而此件看上去较为完整，故为后世藏家所喜爱。这件造像最初归了王懿荣，因为他曾经给万佛寺捐款修塔，故收到了该寺赠送的两件佛像，此为其一。庚子事变时，王懿荣投井殉国，这件造像又归了金石大家端方；后来端方在四川保路运动时被杀，这件藏品竟然又

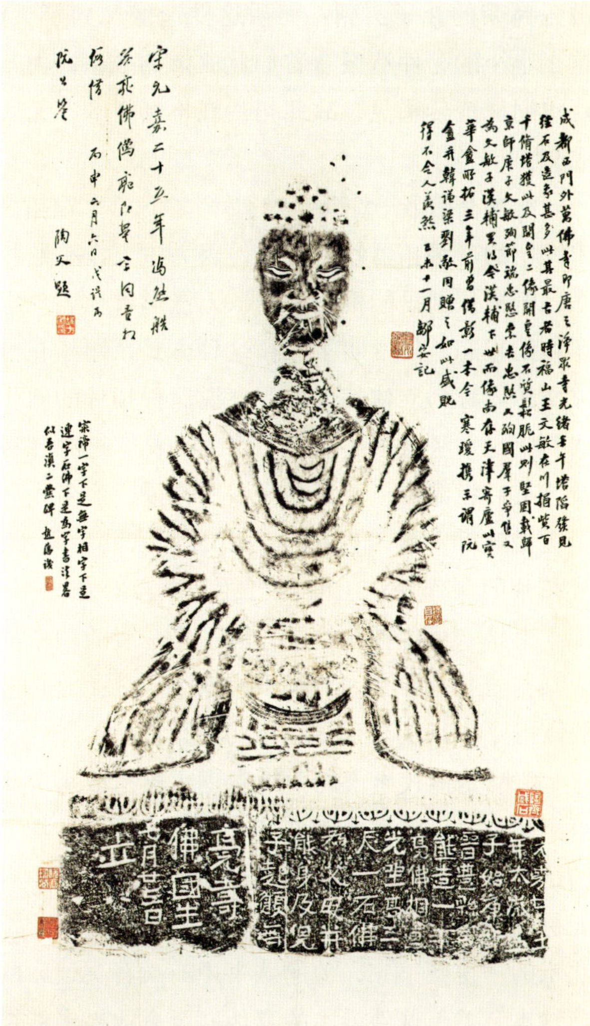

《成都西门外佛造像》

被王懿荣的儿子买到；而后这件造像又到了天津。这么小小的一件造像有着如此曲折的故事，而其拓片也同样流传稀见，故此拓片在本场以8万元底价成交。

本场上拍了一件《青铜器颖拓四屏》。颖拓是清末发明的一种拓器物的方式，因为古人没有照相技术，而拓片则只能椎拓平面，无法形象地表现出原器物的形态，故发明了颖拓这种方式。颖拓在当今被文博界称为立体拓，也有人说这种拓片的制作方式其实是一种绘画手法，不管怎么样，这种独特的技艺被后世藏家，尤其是今人所喜爱，而名人所拓则更受欢迎。这四件拓片为金石学家黄士陵所拓，从拓片的制作手法上看，已经完全没有拓的痕迹，基本上是一种传神的绘画作品了。一般的颖拓都是绘画与椎拓相结合，而本拓片则完全是绘画手法，故该拓片以12万元起拍，15万元落槌。

曶鼎是清代出土的西周青铜重器，故每被藏家得到拓片，上面都会有许多名人的跋语，本场上拍的这一件《曶鼎铭文》也同样如此。此拓片中有状元徐郙的跋语，另外还有刘位坦的跋语。刘位坦是北京的一位藏书家，他的藏书中有《石头记》的早期抄本。关于这件抄本的真伪，至今业界未能给出定论。也正因这件事，使得他所收藏之物及其墨迹，都为后世研究者所关注，故而这件拓片以12万元起

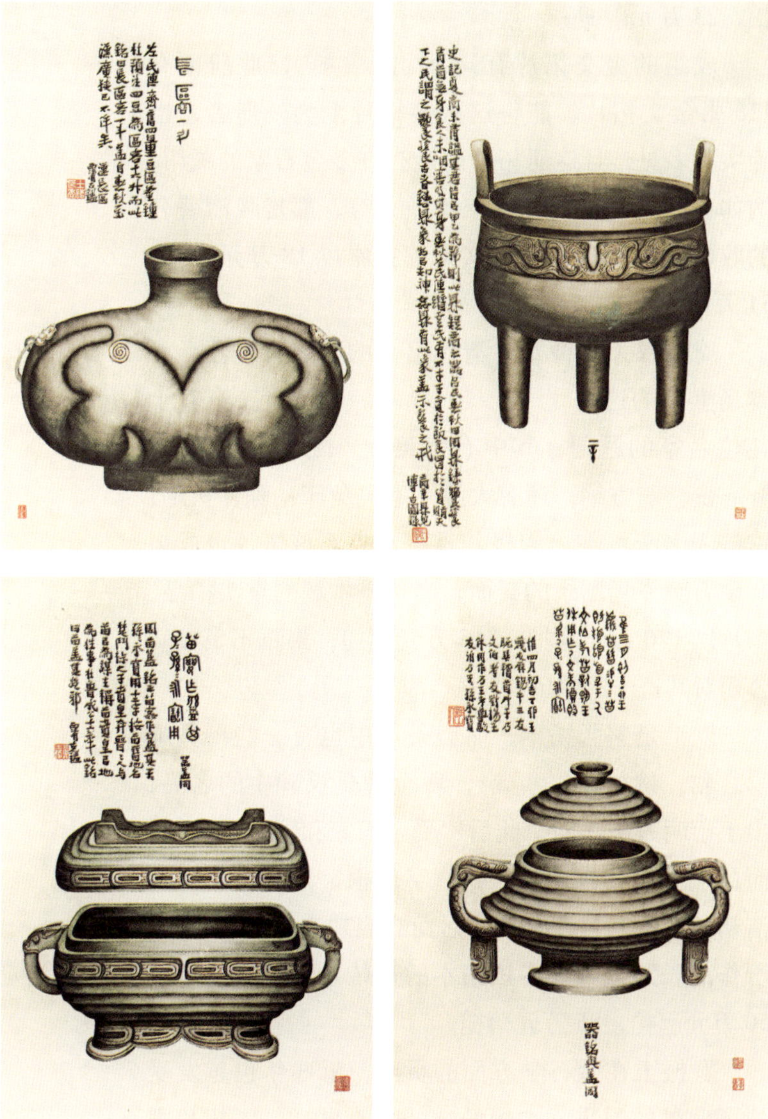

《青铜器颖拓四屏》

拍，23 万元落槌。

成组的金文拓片有《商周金文册》，此册内有 115 张金文拓片。能将这么多拓片汇为一册者，也确实不多见，且这册拓片内钤有许多金石家的藏印，例如有张廷济、杨守敬、梁鼎芬等，都是晚清著名的收藏家，故这一册金文集锦拓本以 18 万元起拍，31 万元成交。

周虢叔大林钟乃是清代出土的著名青铜器，而本场上拍的这件《周虢叔大林钟》拓片上，有着十几位名家的题记，其中有伊秉绶、阮元、孙星衍、叶志诜、翁方纲，还有大藏书家吴兔床、陈仲鱼等。这些大名头汇在一起极其难得，故而该拓片也成为了金石契专场图录的封面，当然是本场的重头拍品。拓片以 120 万元起拍，365 万元落槌，果真不负拍卖公司对其寄予的厚望。

以上是整张拓本，而剪条本中也有一些稀见难得之物。例如《曹全碑》，曹全碑是汉碑中的名品，出土于明万历年间，此后广受金石家和藏家的喜爱。而此次上拍拓片中的“乾”字未损，证明该拓片为清初所拓者。且该册拓本后面有启功先生在 1977 年所作的长跋，考证了该拓本的递传过程，故此本以 50 万元起拍，85 万元落槌。

罗振玉在金石学方面的贡献，近些年也越发受到了业界的看重。本场的《汉四时嘉至磬》拓片则正是罗振玉所拓，并且拓片上有他的两则跋语。其在文中详细地考证了该器物的历史及其价值，是一篇很好的考证文章。此拓片以 8 万元起拍，14.5 万元落槌。

本场上拍了一组赵烈文所藏之物，这几件拓片均有不同的亮点，比如《中字麻姑仙坛记》。此记为颜真卿所书，为著名的小楷。二十余年来，赵烈文天放楼旧藏之物出现在市面上者，基本上是其所藏的线装书，而这样精彩的拓片确实很是难得，故此本 30 万元起拍，52 万元落槌。

本场还上拍了一件《麻姑仙坛记》，但却是小字本。本件也同样是天放楼旧藏，签条将此题为宋拓本，而题签之人则是徐乃昌。拍卖公司为了谨慎起见，将此拓片的年代改为了“旧拓”。本册拓本里面还有张廷济和邓邦述两位大藏家的跋语，为此拓本增色不少，故而以 20 万元起拍，58 万元落槌。

有意思的是，本场还上拍了一件赵烈文墓志铭的拓片。赵烈文本是晚清重要的藏书家，他的《能静居日记》是晚清著名日记，尤其是他与曾国藩之间的特殊关系，颇受后世研究者的关注。这件拓片是第一次出现在拍场上，其中的文字对研究赵烈文的生平颇具史料价值。可惜当今市场上的藏家更多关注的是天放楼里面的珍藏之物，对与赵烈文本人有关的资料却并不看重，这使该拓片以 2000 元底价流拍。

就体积论，则以《中外历代钱币拓汇编》为最大，总计有42函185册，另外还有一批散的拓片。这么大量的钱币拓片一次性地出现在拍场上，的确很是稀见，且这些钱币拓片中有不少带有名人的题跋，比如有张廷济、吴筠、陈介祺、方药雨、袁克文、吴湖帆等，可见这批拓片量多质优。此物本为曹漫之先生所辑的两部书稿，然未曾出版，而今出现在拍场上，以200万元起拍，360万元落槌。

藏书家墨迹部分，以“赵之谦所书隶书七言联”最为难得。赵之谦书法虽然流传较多，但因其在金石书法界的地位，使得他的作品每出现在拍场上，只要是真迹，基本上都能够拍得善价。这副对联著录于《日本藏赵之谦金石书画精选》一书中，这种带著录之品为当今藏家所喜爱，故此副对联以50万元起拍，100万元落槌。桂馥是清中晚期的著名金石大家，他的书法作品也是后世藏家所追捧的热点之一。本场上拍的一件“桂馥隶书”，为其精心之作，故以8万元起拍，40万元落槌。

本场上拍的有趣之品有“太平天国玉玺”拓片。太平天国的这段历史，后世虽然有过各种各样的论述，但还未完全揭示其真实面目，其原因之一是太平天国留下来的文献太少，然太平天国玉玺拓片却偶尔能在拍场上见到。本场上拍的这一件与以往不同者，是在一张纸上同时钤盖有洪秀全和他儿子的玉玺。而此张纸的上方，有白桂亮所作的一篇题记，讲述了这两方玉玺的来由，我将此文录在这里，也算留一段掌故在：“清咸丰二年八月，太平军袭长沙，被清军围剿，内外夹击，势颇穷几。十月十八日，洪秀全于长沙南门外取玉造玺，伪称天赐，借以笼络群心，是为太平天国有玉玺之始。同治三年四月廿七日，清军围攻金陵甚急，秀全知大势已去，服毒而死，余众拥立其子福瑱，又为重造玉玺，是为第二玺，专为幼主所制，故有幼主作主之文。壬午春日，希贤仁弟大正，朗斋白桂亮。”

2015 秋　北京卓德

拍卖时间：2015 年 11 月 19 日 10:00

拍卖地点：北京宝辰饭店三楼宴会厅

本场共上拍了 480 件拍品，拍卖的总成交额为 2144.83 万元，总成交率为 44%。这个成交率虽不高，然因为有重头拍品，故总成交额仍然不低。这件重要拍品就是《钱唐西湖昭庆寺结净社集》。此书为近几年较受市场关注的一部书，之前有各种各样的说法，但卓德公司古籍部的负责人却并不受这些说法和成见的影响。他们征得此书之后，做了一系列的科学鉴定，在亚利桑那大学进行了碳 14 测定，同时将鉴定结果与北宋米芾所书《寒光帖》纸张作了比较，发现该书与此帖用纸相同，最终确认该书纸张的年代。而后又组织了专家学术研讨会，从内

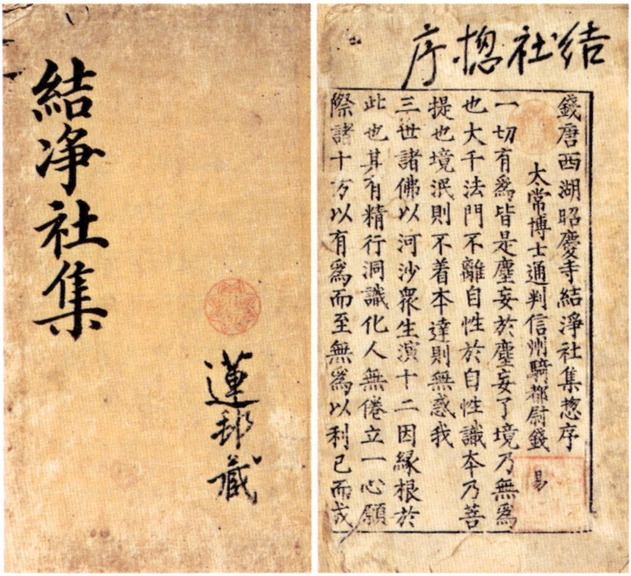
結淨社集

蓮邨藏

結社揔序

錢唐西湖昭慶寺結淨社集揔序

太常博士通判信州騎都尉錢易

一切有爲皆是塵妄於塵妄了境乃無爲
也大千法門不離自性於自性識本乃菩
提也境泯則不着本達則無惑我
三世諸佛以河沙衆生演十二因緣根於
此也其有精行洞識化人無倦立一心願
際諸十方以有爲而至無爲以利己而成

《钱唐西湖昭庆寺结净社集》 北宋刻本

容以及相关的资料，作出了综合的判断，最终将该书定为北宋刻本。因为北宋本流传至今者极其稀见，而像这样未曾著录之书则更为难得，故此书还未拍卖就引起了各界的关注。而卓德公司又为此书专门印制了单独的图录，并出版了专家研究的论文集。拍卖图录将该书的底价定为 800 万元，最终以 1400 万元落槌，成为了今年业界最耀眼的一部书。

古籍善本专场中，排在前面的是一个小专题，名叫“定远斋遗珍”。定远斋是张学良的堂号，这组拍品总计上拍 18 件，列在最前面的是“张学良致于凤至信札”，这封信涉及了一段历史掌故。1936年12月25日，张学良把蒋介石送回南京之后被囚禁，这一禁就是50年。最初张学良是由其妻于凤至陪伴，后来于凤至生病去了美国疗养，两人的通信则由宋美龄转交。于凤至去美国后，张学良由赵四小姐陪伴照顾，为了能让张学良得到自由，她多方奔走，想替张学良申请到美国绿卡。而后张学良想加入天主教，但因天主教的一夫一妻制成为了他入教的障碍，两人经过协商，于1964年离婚，此后直到1990年于凤至去世，两人再未见面。然而于凤至离婚之后，仍将自己的署名写为张于凤至，可见其仍然认定自己是张家人。而此件拍品是张学良写给于凤至的信，总计五页。张学良在信中感谢于凤至给他和赵四小姐带来的礼物，可见他们之间情深义厚。这通信以25万元底价成交。

“王盛烈画张学良肖像”，1991年绘本。王盛烈为当代画家，曾任辽宁中国画研究会会长，这件作品中有王盛烈的一段题记，其称是为了纪念“九一八事变”六十周年所作，这里面当然涉及张学良的一段伤心事。而将纪念“九一八事变”的画作绘成张学良的肖像，这的确是一种独特的视角。这件拍品以50万元底价成交。

还有一件拍品是三幅张学良收藏的珂罗版画作，其中有张大千所绘的仕女。当年张大千的画作因为名气大，完全无法满足市场的需求，于是在友人的建议下，他将自己的一些画作制成珂罗版印制，作为赠送朋友之用，而此画就是张大千赠送给张学良者。虽然这三件都是印品而非原作，但因为是名家收藏之物，虽然以无底价上拍，却仍然以2万元成交。

“张学良藏古书两种”，这件拍品让我很感兴趣，因为这是两部清末刻本的线装书。第一部《贪欢报》，是明末的一部短篇小说集，所写内容均为男女之事以及因果报应，在同治年间此书被列为查禁淫词小说。而另一部书则是长沙藏书家叶德辉所刻的《素女经》。这样的两部书为何被张学良所收藏？从内容角度而言，与他的信仰不相符；从版本而言，这也都不是善本。看来从藏书角度来探讨名人某个阶段的心路历程，也是个有趣的话题。这两部书以1万元起拍，1.5万元落槌。

张学良批注的《新约之信仰》，为1953年香港浸信会排印本。这部书倒是与张学良的信仰完全相符。该书为美国神学家高纳华所著，由台湾周联华、萧维元所译，而周联华本是蒋介石和宋美龄的专职牧师，后来张学良结识周联华，也是由宋美龄所引荐。张学良在被囚禁期间，周联华多次给张学良讲授基督神学，因此这本书有可能就是周联华送给张学良的，可惜书内没有周的题赠款。然本书有张学良用硬笔所做的批注，这些批注对研究张学良在那个时段的心理状态有一定的参考价值，故该书以25万元底价成交。

本场还上拍了张学良不同时期的三张照片，这三张照片的背面都有张学良手书的拍摄日期。这组照片以无底价上拍，以2200元成交。还有一件拍品也是张大千赠送给张学良的，是三支毛笔。这三支笔倒是有些来历。当年张大千有一度居住在巴西，他在巴西的牧场中搜集牛耳毛，这种毛当然数量很少，他用了一段时间搜集到了1磅，而后他将这1磅的牛耳毛寄给日本的玉川堂和高诚堂，请他们为自己制作毛笔。这些毛总计制出了毛笔五十支，这是艺术史上很有名的一个小掌故。张大千选出了三支不同形制的毛笔赠送给了张学良，而这样的笔也引起了藏家的关注。该拍品以1万元起拍，竟然到8.2万元才落槌。

手札部分的拍品当以“陈寅恪致杨树达信札”最为受人关注。这通信札总计两页，成为了本专场图录的封面，可见这也是拍卖行颇为看重的一件拍品。且该通信札著录于1986年湖南教育出版社所出版的《积微居友朋书札》中，也是有著录之物。可惜底价定到了180万元，显然这个价格在今天难以让市场接受，故而流拍。同样流拍者还有“顾颉刚致杨树达信札”。这通信札也是两页，也著录于《积微居友朋书札》中，唯一的区别是底价比前一件少

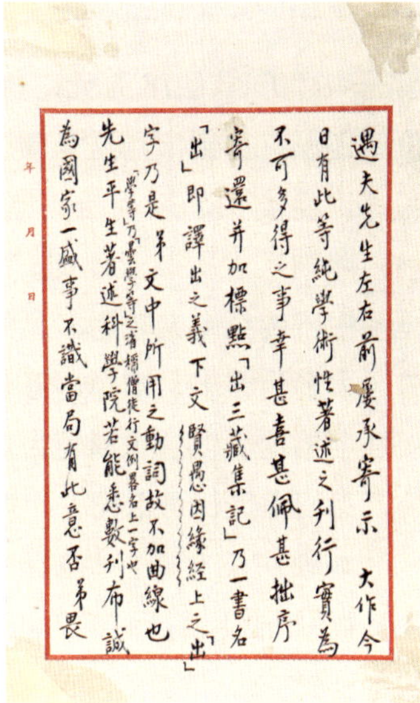

遇夫先生左右前屢承寄示 大作今
日有此等純學術性著述之刊行實為
不可多得之事幸甚喜甚佩甚拙序
寄還并加標點「出三藏集記」乃一書名
「出」即譯出之義下文賢愚因緣經上之「出」
字乃是 弟文中所用之動詞故不加曲線也
先生平生著述科學院若能悉數刊布誠
為國家一盛事不識當局有此意否 弟畏

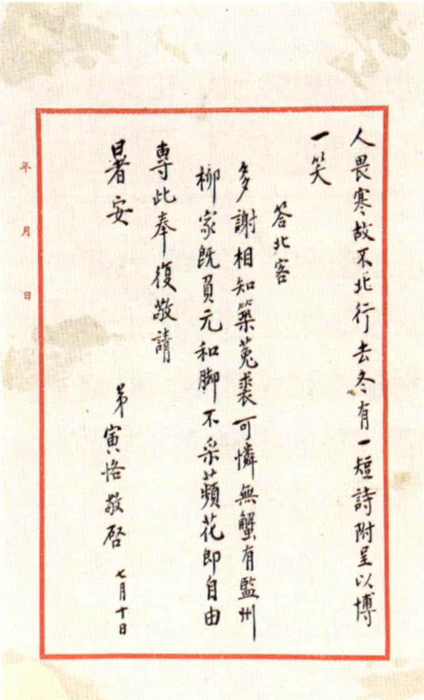

人畏寒故不北行去冬有一短詩附呈以博
一笑
答北客
多謝相知築菟裘可憐無蟹有監州
柳家既負元和腳不采蘋花即自由
專此奉復敬請
暑安
弟寅恪敬啓 七月十日

陈寅恪致杨树达信札

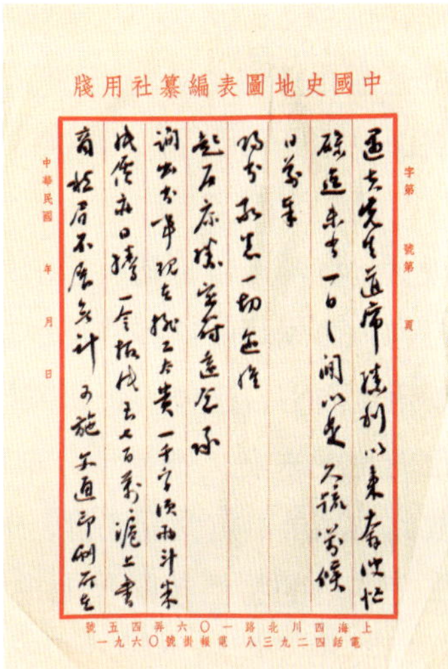

中國史地圖表編纂社用牋

上海四川北路一〇六弄四五號 電話四二九三八一 電報掛號〇六九一

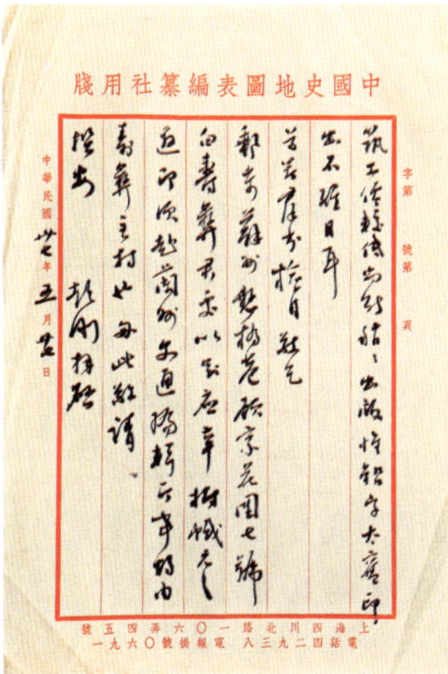

中國史地圖表編纂社用牋

上海四川北路一〇六弄四五號 電話四二九三八一 電報掛號〇六九一

顾颉刚致杨树达信札

了一个“0”，为18万元，但同样的顾颉刚手札，其价值还没有得到市场这等高度的认可。

佛经类拍品较为难得者有《永乐南藏》存五十种，明刻本经折装五十册。《永乐南藏》本为各大藏体系中流传至今者较为多见的一部，然近些年所上拍者，大多为零本，本场这五十册虽然也是零本，但一次性上拍这么多，也属较为难得。且这些佛经均为原装，品相上佳，可惜无人认可，以15万元流拍。

本版块还有一件特殊的拍品，这些拍品不是佛经，而是佛经经折装的封面，且这些封面均为明代的缂丝所制。缂丝是中国古代制作工艺中十分特别的一种，在绘画作品中，这类工艺也偶有应用，出现在拍场上时大多会受到藏家的争抢。然特殊制作工艺应用于佛经，这倒是个少见的物证，故此十个封面以5000元起拍，6500元落槌。

此次上拍了《崇宁藏》的一些残页，总计有七个折页。将佛经残页裱贴后出售，这是日本的一个特殊习俗，而本场的这些残页也是日本丹波屋所制。从文献角度而言，这些残页研究价值并不高，但从版本鉴定的角度来看，则是十分难得的宋代版刻实物标本。故此拍品虽然定为无底价，但仍以3.2万元成交。

本场的特色拍品是上拍了棋琴谱20部，这么多的同类拍品同时上拍，也确实不多见。其中较为难得者有《重修正文对音捷要真传琴谱大全》十卷，

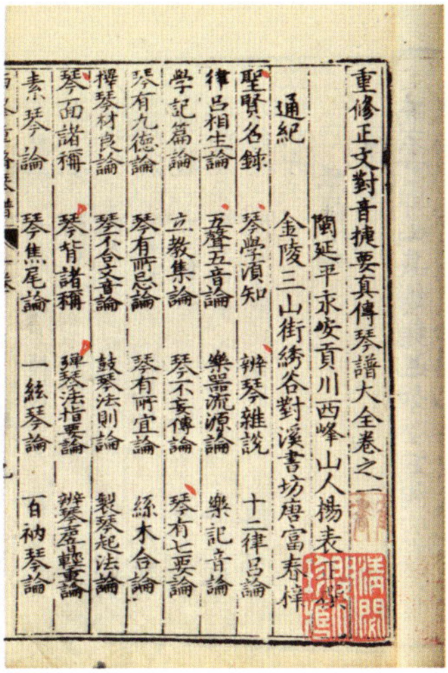

重修正文對音捷要真傳琴譜大全卷之一

閩延平永安貢川西峰山人楊表正撰

金陵三山街綉谷對溪書坊唐富春梓

通紀

聖賢名錄 琴學須知 辨琴雜說 十二律呂論

律呂相生論 五聲五音論 樂器流源論 樂記音論

學記篇論 立教集論 琴不妄傳論 琴有七要論

琴有九德論 琴有所忌論 琴有所宜論 絲木合論

擇琴材良論 琴不合文音論 鼓琴法則論 製琴起法論

琴面諸稱 琴背諸稱 彈琴法指要論 辨琴度輕重論

素琴論 琴焦尾論 一絃琴論 百衲琴論

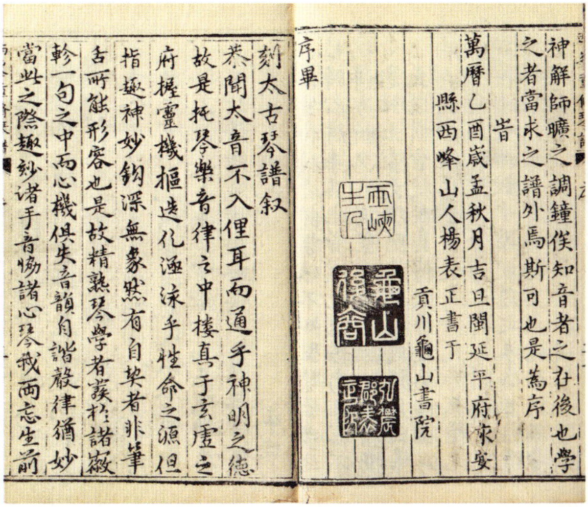

神解師曠之調鍾侯知音者之在後也學之者當求之譜外焉斯可也是為序

皆

萬曆乙酉歲孟秋月吉旦閩延平府永安縣西峰山人楊表正書于貢川龜山書院

序畢

刻太古琴譜叙

恭聞太音不入俚耳而通乎神明之德故是托琴樂音律之中樓真于玄虛之府握靈機樞造化涵泳乎性命之源但指趣神妙鈎深無象然有自契者非筆舌所能形容也是故精熟琴學者窺於諸徽軫一句之中而心機俱失音韻自諧殺律循妙當此之際趣妙諸手音協諸心琴我兩忘生前

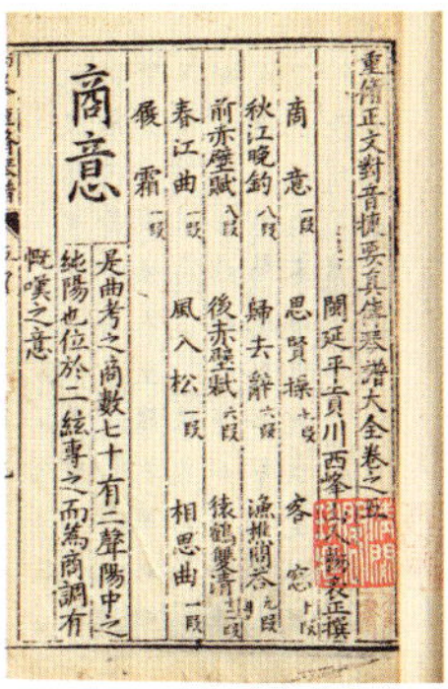

商意

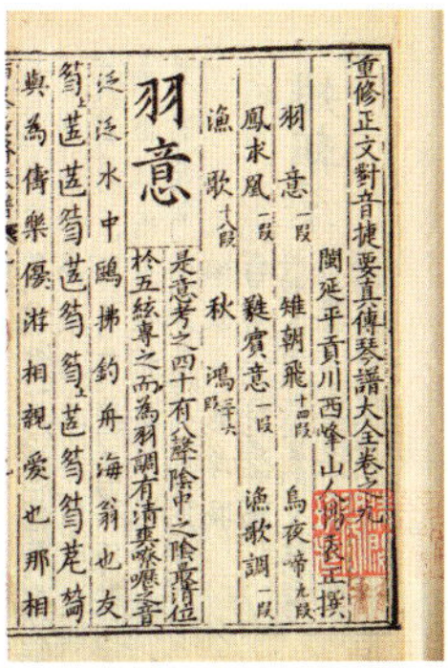

羽意

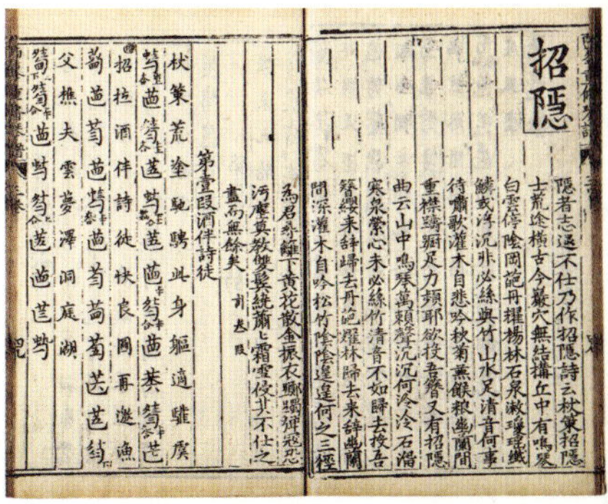

招隱

《重修正文对音捷要真传琴谱大全》 明刻本

明万历十三年（1585年）金陵唐富春刻本，一函六册。琴谱类书是近些年的热点，然市面所见的古书则基本为清刻本，而明刻本历来流传稀见，故本场的这一部以5万元起拍，14.5万元成交。

本场还上拍了12部医书，将这等数量的医书集中在一起上拍也极为难得。医书属古代的实用书，这类书大多刊刻草草，故少有受到藏家关注者。近些年，中医地位越发提高，故这类古籍也渐渐受到藏家关注。本场上拍的这些医书中，较为少见的有《钱氏小儿药证直诀》，清康熙起秀堂影宋刻本。从版本角度而言，该书已属医书中较为漂亮者。这部书一函四册，以2万元起拍，3.2万元落槌。《保婴全书》也是一部古医书，为万历间刻本。此书同样是医书中刊刻较为精雅者，且流传较少。《中国古籍善本总目》著录有该书的二十卷本，仅北京文物局和上海中医学院两家公共机构有藏。然上拍的这一部为十卷本，未见他书有过著录，故该书以2万元起拍，3.6万元成交。

清内府刻本以《渊鉴类函》较为难得，该书为清康熙四十九年（1710年）扬州诗局刻本。因为是皇帝委托刊刻者，虽然刊刻之处不在内府，然该书仍可以内府本视之。尽管这部书流传至今者并不稀见，然上拍的这一部品相上佳，且配有两个木箱，故该书以10万元起拍，17万元落槌。还有一件《康熙字典》清康熙五十五年（1716年）内府刻本亦较难得。《康熙字典》流传至今者较多，但因该书在清代有大量的翻刻，故真正的康熙内府刻本也并不多见。且此书为初印，故而这六函三十八册之书以15万元起拍，25万元落槌，为该书在近年成交价较高的一部。

本场还上拍了一册《圆明园西洋楼铜版画》。乾隆年间，朝廷委托英、法等国替中国制作了一批铜版画，本册铜版画即是由巴黎国家图书馆所制作。这册铜版画总计数量有20幅，基本上描绘出了圆明园景色的各个亮点。因为圆明园在近代历史上的灾难，使得国人对此园的物证有着特殊的感情，故这册铜版画以40万元底价成交。

《新约全书》，清光绪二十年（1894年）上海美华书馆排印本，这是较为珍罕的近代出版物。清光绪二十年是慈禧太后六十生辰，基督教中国女教徒特意制作了该书作为贺寿之礼，因此该书就被称为“君王版圣经”。关于此书的版本，沈津先生做过专门的考证，此文收录于他的大作《书丛老蠹鱼》中。沈先生称，其实上海美华书馆所排印的《新约全书》出版于清咸丰十一年（1861年），而到了光绪二十年，基督教中国女教徒敬献的该书其实是美华书馆的重印本。沈先生说，“君王版圣经”当时只制作了4部，故而上拍的这一部以25万元起拍，40万元

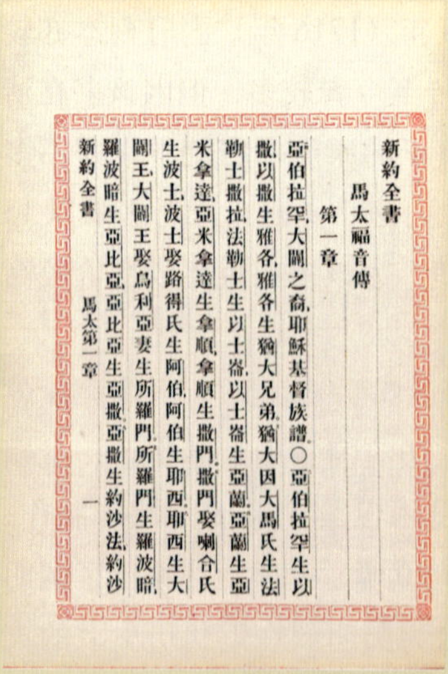
新約全書

馬太福音傳

第一章

亞伯拉罕、大闢之裔、耶穌基督族譜。○亞伯拉罕生以撒、以撒生雅各、雅各生猶大兄弟。猶大因大馬氏生法勒士、撒拉、法勒士生以士崙、以士崙生亞蘭。亞蘭生亞米拿達、亞米拿達生拿順、拿順生撒門。撒門娶喇合氏生波士、波士娶路得氏生阿伯、阿伯生耶西。耶西生大闢王、大闢王娶烏利亞妻生所羅門。所羅門生羅波暗、羅波暗生亞比亞、亞比亞生亞撒。亞撒生約沙法、約沙

新約全書　馬太第一章　一

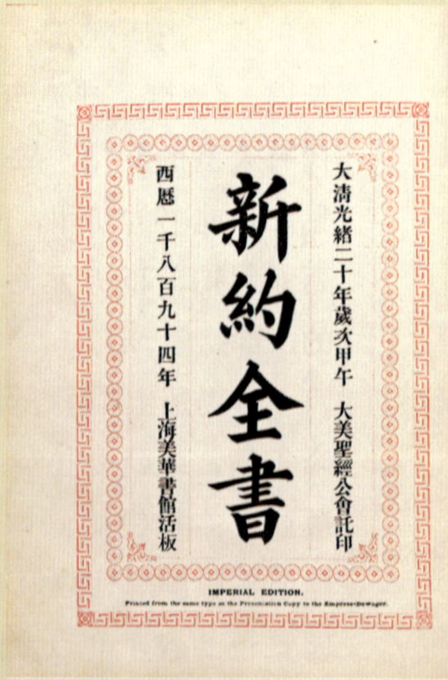
大清光緒二十年歲次甲午　大美聖經公會託印

新約全書

西歷一千八百九十四年　上海美華書館活板

IMPERIAL EDITION.

Printed from the same type as the Presentation Copy to the Empress-Dowager.

《新约全书》 清光绪二十年上海美华书馆排印本

落槌。

木版水印之书，本场上拍了多件，其中难得者有《唐孙位高逸图》，1993 年上海朵云轩木版水印卷轴装。该图制作颇为精美，当年只做了 50 件，而上拍的这一件为第 6 件，且为第一次出现在拍场上，故该品以 5000 元起拍，7.8 万元落槌。

本场内的小专题还有一批同一藏家的珂罗版资料，数量有 56 件之多。这批珂罗版印本除第一件外，其余全是无底价上拍，然而恰恰是第一件流拍，余外还流拍了 5 件。这批珂罗版印本成交价最高的一件，是《黄庭坚书松风阁诗》，民国二十二年（1933 年）故宫博物院影印本，一册，成交价为 1.5 万元。此一册印本从无底价能够拍得这等高价，是因为史上有个传说，就是当年故宫博物院成立后资金困难，于是报请有关部门同意，用宫中的所存旧纸影印一些专藏之物予以出售，以此来补贴费用，而该拍品正是由宫内所藏旧高丽皮纸所印者，这也是买家对此感兴趣的重要原因。

2015秋　北京海王村

拍卖时间：2015年11月20日10:00

拍场地点：北京琉璃厂东街115号中国书店三楼多功能厅

海王村的本场大拍独创了“舆地方志专场”。舆地类、方志类拍品本是民国时期的藏书热点，但近些年此类的专藏之家并不多见，故而这类拍品的成交价格也一直不高，而海王村却逆势而上，专门举办起了这样的专场，拍品竟达218件之多。从成交结果看，流拍了91件，总体情况高于我事先的估计。

从本版块的拍品质量而言，其实没有什么重头戏，最佳之本则为《广舆记》，明万历刻本，六册。此书流传并不稀见，然该书难得之处，是卷一有朱

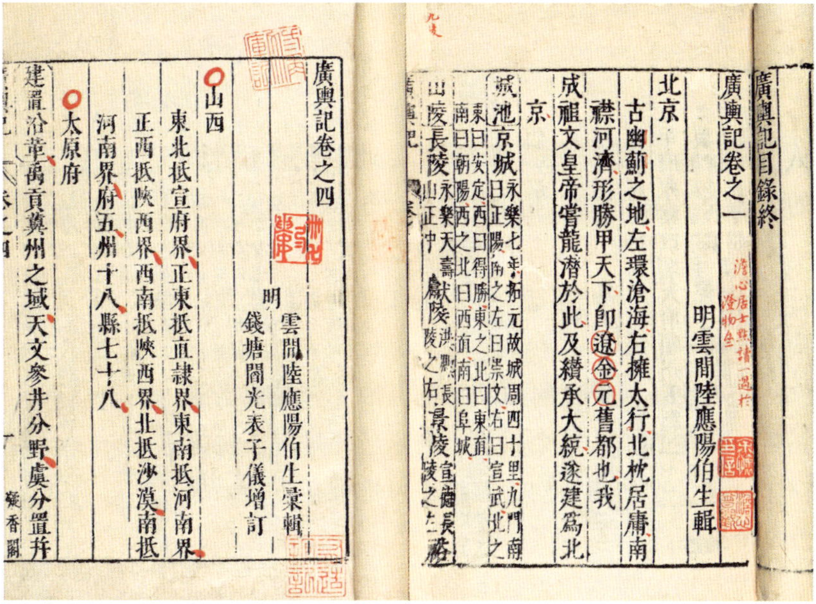

《广舆记》 明万历刻本

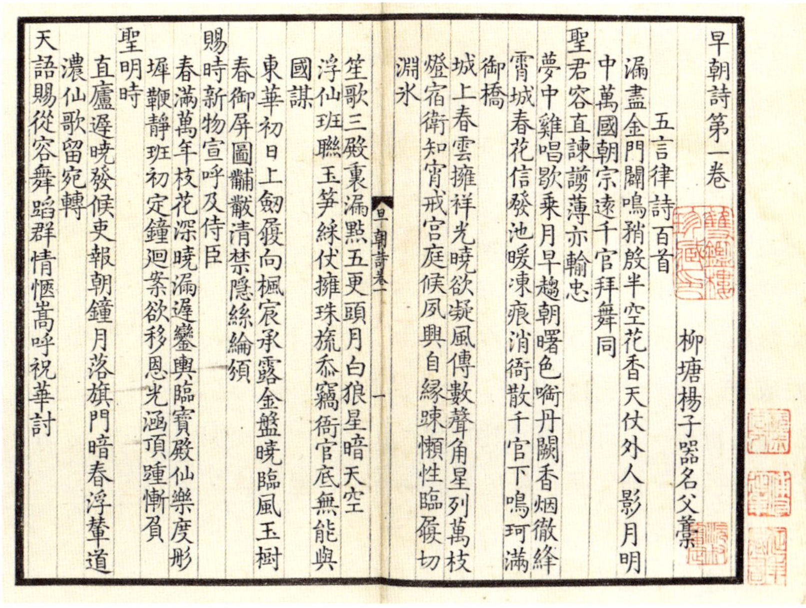

《柳塘杨先生早朝诗》 明写本

笔“澹心居士点读一过于澄物斋”，此人即明末清初的著名文人余怀。余怀旧藏之物，今天不多见，唯一可惜者是该书内仅有圈点而无批校，故此书以5万元起拍，5.2万元落槌。余外的拍品则无明代及以前刻本。

此版块较为特殊的拍品则是上拍了一批整张的拓片。将拓片归入这个版块，也应当算是海王村的一个创建。这些拓片均为整纸，可惜椎拓不清，故成交价格不高。

本专场的亮点应当是上拍了傅增湘旧藏17件，其中成交14件。傅氏旧藏版块最佳之物应当是《柳塘杨先生早朝诗》，该书的版本为明写本，可惜仅存十六页，此品著录于《藏园群书经眼录》中，然该品估价略高，故而以25万元流拍。《三事忠告》也是本版块的难得之物，该书虽仅一册抄本，然抄写者则是乾隆时代的大藏书家李文藻。该件拍品有傅增湘写在封面上的题记，明确指出该书的抄写人就是李文藻，并且傅增湘称这册抄本是路大荒所赠。李文藻抄本这是第一次出现在拍场中，故该书以26万元成交。余外上拍的几件，则为傅氏家抄本。这类抄本的价格一向不便宜，比如《忆旧游诗话》，傅氏长春室抄本一册，虽仅是民国后期所抄，但仍然以8万元底价成交。

而这个版块有意思的一件拍品，为北平自来水公司民国二十四年（1935 年）的股票。该公司有多位大藏书家为其股东，傅增湘亦是其一，这件股票之上有股东傅增湘的姓名。可能是因为这个签名，这张股票以 2000 元起拍，3800 元成交。

现代文献学家王重民先生也有 8 件旧物组成了一个小版块，并全部成交。以重要性而言，当属《中国善本书提要》手稿一批。此书应当是王重民在目录版本学方面的代表作，这些资料本为出版底本，虽然不全，但也是难得之物。该拍品 2.5 万元起拍，2.8 万元成交。还有一件王重民用钢笔所写的手稿《徐光启传》。从收藏角度而言，当今的藏家更为关注毛笔所书手稿，而硬笔所书者一直价格不高，这一件也是如此。这批手稿仅以 2 万元成交。

殿版书一直是海王村的重点拍品，本场上拍了 15 件，然因为这些拍品较为多见，故其中 8 件流拍。这个版块中，以《御选金诗》较为难得。该书为清康熙四十八年（1709 年）张豫章刻进呈本，而进呈本一直被业界视为等同于内府本。此书为《御选四朝诗》的零种之一,二函十册，为难得的开化纸印本，且书内钤有清中期大藏书家汪士钟的藏印。十几年前，嘉德公司曾经上拍过《御选四朝诗》的另外几个零种，上面同样钤有汪士钟的藏印，由此可证，本专场所上拍的《御选金诗》跟嘉德上拍的零种为同一部书，而嘉德所拍者是群众出版社旧藏之

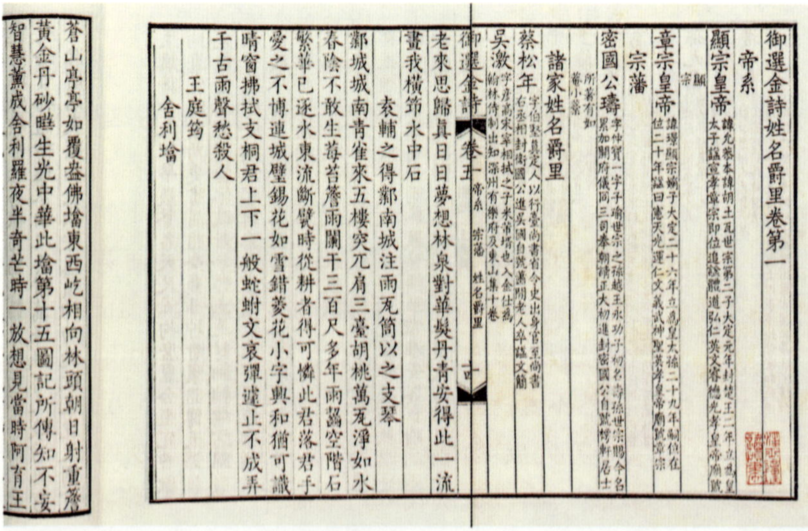
御選金詩姓名爵里卷第一

帝系

顯宗皇帝 諱允恭本諱胡土瓦世宗第二子大定元年封楚王二年立爲皇太子謚宣孝章宗即位追謚體道弘仁英文睿德光孝皇帝廟號顯宗

章宗皇帝 諱璟顯宗嫡子大定二十六年立爲皇太孫二十九年嗣位在位二十年謚曰憲天光運仁文義武神聖英孝皇帝廟號章宗

宗藩

密國公璹 字仲實一字子瑜世宗之孫越王永功子初名壽孫世宗賜今名累加開府儀同三司奉朝請正大初進封密國公自號樗軒居士所著有如庵小藁

諸家姓名爵里

蔡松年 字伯堅真定人以行臺尚書省令史出身官至尚書右丞相封衛國公進吳國自號蕭閒老人卒謚文簡

吳激 字彥高宋宰相拭之子米芾壻也入金仕爲翰林待制出知深州有樂府及東山集十卷

御選金詩 卷一 帝系 宗藩 姓名爵里 一

老來思歸真日日夢想林泉對華巔丹青安得此一流畫我橫笛水中石

袁輔之得鄭南城注雨瓦筒以之支琴

鄭城城南青雀來五樓突兀肩三臺胡桃萬瓦淨如水春陰不敢生莓苔簷雨闌干三百尺多年雨齧空階石繁華已逐水東流斷甓時從耕者得可憐此君落君手愛之不博連城璧錫花如雪錯菱花小字輿和猶可識晴窗拂拭支桐君上下一般蛇蚹文哀彈遠止不成弄千古雨聲愁殺人

王庭筠

舍利墖

蒼山亭亭如覆盎佛墖東西屹相向林頭朝日射重簷黃金丹砂矄生光中華此墖第十五圖記所傳知不妄智慧熏成舍利羅夜半奇芒時一放想見當時阿育王

《御选金诗》 清康熙四十八年张豫章刻进呈本

物，则本场的这一部也应是如此。然 58 万元的起拍价高于行市，故而该书流拍。

《钦定大清会典》，清光绪二十五年（1899 年）总理各国事务衙门石印本。这是一个大部头，有 82 函 494 册之多。该书虽然为晚近的石印本，且时常有零册出现在拍场中，而整部上拍者却很少，可惜以 55 万元流拍。

本场上拍了十余部明版白棉纸本。从近三年的情况看，这个版块降价幅度最大。其实从前代的收藏角度来论，明嘉靖及以前的白棉纸本一直是藏书的中坚，只是因为前几年涨价幅度太快，使得藏家的接受度无法跟上。比如本场的《诗集传》，明正统十二年（1447年）司礼监刻本，白棉纸一函六册，虽然监本书在学者眼中历来不受重视，但其中完整流传下来者也并不多见，该书的成交价在三年前已经超过了百万，而本场却以75万元流拍。

《唐文粹》，明嘉靖八年（1529年）晋府养德书院刻本，白棉纸二十册。明藩府刻书广受后世藏家的关注，因为其所刊之书底本大多出自宋元，再加上藩王有强大的经济实力，其所刻之书无论用纸、刻版及其装帧，都较为漂亮，因此明藩府刻本一直是明版书中的难得之物。本场上拍的这部《唐文粹》虽然不属于藩府刻本中的稀见品种，于今而言，这原装之物也属难得，故以65万元底价成交，成为了本场明版书中最高的成交价格。

《师山先生文集》，明嘉靖十四年（1535年）郑氏家塾刻清修补本，白棉纸一函八册。该书为明嘉靖本中的少见品种，唯一可惜者是略有补抄以及清代递修，然此本为王绶珊九峰旧庐旧藏。近二十年来，九峰旧庐旧藏时常出现在拍场中，其所藏之书最大的特点是品相上乘，这正是大藏书家的着眼点，而今这类品相好的书最受藏家喜爱，故而该书以40万元底价成交。

《新刊迂斋先生标注崇古文诀》，从书名而言，这也是明刻本中较稀见的品种。从字体上看，也有嘉靖体的风格，该书二函十二册，以白棉纸刷印，且为周越然言言斋旧藏之物。周越然为民国时期上海藏书家，然在抗战阶段，他的藏书楼被日军炮火所毁，故其旧藏之物基本全部损毁，这一部明刻本为劫余之物。站在这个角度而言也属难得，故该书以35万元底价成交。

本专场还上拍了14件明版书的残本，这样的集中上拍也较为少见。从以往情况看，因为宋元版完整无缺者基本都归了公共图书馆，故宋元版的零本、甚至零页出现在拍场中，只要稀见，无论残损程度如何，都会受到买家的追捧。而明残本除了个别的稀见品种外，很少有成批地出现在拍场内。由于古书的价格超过了大多数爱书人的承受能力，然好古之情并不因此而熄灭，故而明代残本渐渐成为了爱书人关注的版块。也正因如此，这类的拍品越来越多地出现在拍场中。其实站在收藏的角度来说，除了极稀见的文献外，大多数的古书从资料性而言，都不具有特殊的价值，故而收藏古书更多的是满足一种好古之情。如果这种观念成立的话，那么收藏残本与收藏全本，其实没有太大的区别。从满足个人的收藏癖好和占有欲而言，根据个人的经济实力去购买明代著名的残本书，也是一种明智之举。

《资治通鉴纲目》，明成化司礼监刻本，这是一大部头书，完整无缺者现在的市场价格上百万，而本场仅上拍了其中的一册，以8000元起拍，1.6万元成交。买这种书当然不是为了资料的占有，因为该书的点校本以及后世的刻本到处都是，故而拍得此书一定是为了满足对该版本的占有。

《历代君鉴》，明景泰四年（1453年）内府刻本，白棉纸包背装一册。按照业界的普遍认定，明正德之前的刻本均视为明初本，而景泰本也较稀见，尤其该册为内府的原装包背装，这种未曾改为线装的装订形式，于今也不多见，故而此书以3万元起拍，3.2万元成交。

《明伦大典》，明嘉靖七年（1528年）内府刻本，白棉纸包背装一册。该册书的零种也是多次出现在拍场中，然因其开本阔大，并且书中钤有内府的“广运之宝”和“钦文之玺”，以此证明此书确为内府原刻，而非当时市场的翻刻本。从传统角度而言，钤有这种章的书并不受到关注，但近二十年，凡是跟皇家有关之物，均受到人们的追捧，故而钤有这类章的书，反而成为了优点。这一册之书以4万元起拍，4.2万元成交。

稿抄校本类的拍品，本场未见重头，其中《永乐大典》较为难得。此书为北图抄本，书内有版本目录学大家赵万里的眉批。《永乐大典》对于中国文献的保存，其价值自不待言，然而该书的原本到了民国初年已所剩寥寥，所余之物散失于各地。20世纪30年代，赵万里决定将散失在海外的该书零册尽量地补抄回来，至少有文本能够留在中国，于是他本人以及当时的善本组组长陈恩惠、组员刘福春以及另外几位同事，共同开始抄录此书。这个过程陆续进行了二十年，而上拍的这十六册即为那个时段所抄之书。虽然这个抄本的时间较晚，但确是那个特殊年代的一段证物，故该拍品以5万元起拍，17万元成交。

古代版画类拍品，本场也未见重头。以名气论，似乎当属《太平山水诗画》为最，该书的版本为清顺治五年（1648年）张万选怀古堂刻康熙间印本，一函六册。此书本名《太平三书》，受到后世关注者，乃是其中一册全为版画，且这些山水图的原作者为清初著名画家萧云从。这些版画绘制得很是繁复，到了民国年间，带有版画之书大热，而该书的价值也顺势飞涨，郑振铎曾夸赞该书说："图凡四十四，无一不具涤远之趣。或浪卷云舒，艳笼渺渺，或田园万里如毯。……大抵诸家山水作风无不毕于斯，可谓集大成之作也。"《太平三书》曾经几次出现在拍场上，然均缺最重要的版画一册。本场上拍者，全册版画具在，只是该书的文字部分为竹纸本，而版画为连史纸本，显系补配而成者。即便如此，亦属难得，故该书以5万元起拍，15万元落槌。

佛经类拍品，本场较为难得者则为《大般若波

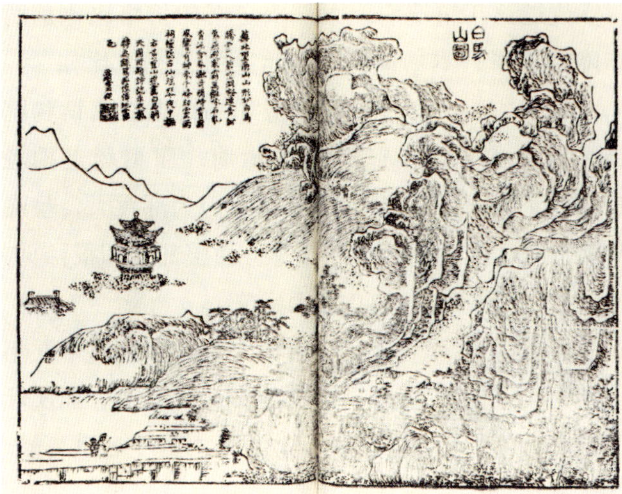

《太平山诗画》 清刻本

罗蜜多经卷第三十八》，南宋安吉州思溪法宝资福寺刊大藏经本。十余年来，《思溪藏》零本陆续出现在拍场上，从市场角度而言，似乎并不稀见，然其特殊之处在于该经零本基本上是同一部大藏而散失者。该部大藏的主体现藏国图，而市面上所见的零本，从卷数上讲，均与国图所藏不重复。虽然日本号称藏有该部大藏的几部全本，而实际上也均有残损。站在中国的角度来说，今日所见该版本的大藏经零本，都可以称为国内的孤本。可能是藏家渐渐也意识到了这一点，近些年这部书的零本价格在持续上涨，而本场的这一册则以 28 万元起拍，33 万元成交。

从近三年情况看，大部头之书的价格也比前两年降温不少，本场也有几部这类书上拍，比如《四库全书珍本初集》民国间商务印书馆据故宫博物院藏文渊阁本影印，整部为1906册，而本场上拍者为全套。该书当年仅印了80部，因为部头大，虽在市面上时常能见到该书的零本，而整部者却很稀见，然这么一部大书却以40万元流拍。

《皕忍堂模刻唐开成石壁十二经》，民国十五年（1926年）张宗昌刻本，本书刊刻确实漂亮，而实际的出版人为大藏书家陶湘，故而该书颇受后世喜爱。然本场该书的估价竟高达90万元，虽然带有原箱，品相上乘，但还是因为价格太高而流拍。

同样是陶湘所出版的《喜咏轩丛书》，这部书虽然是民国石印本，但书内所收的版画在今天已很难看到，因此也成为了后世藏家的追捧之书。该书一箱四十二册，品相绝佳，但因底价高达70万元而流拍，由此可见，在当今的市场上，即使是难得一见的佳本，如果价格高于藏家心理承受能力，则同样无人问津。

2015 秋　江苏真德

拍卖时间：2015 年 10 月 24 日 9：30

拍卖地点：南京图书馆新馆负一层学术报告厅

本专场总计上拍 682 件拍品，总成交额为 1060.19 万元，总成交率为 71%。

在图录的编排上，本专场未作细致的划分，而是以一部殿版书排在了最前面。《真西山政经、心经》，清光绪武英殿刻本，这个版本的《心经》和《政经》是拍卖场中常见的品种，但从拍品质量而言，因为该书可以算得上清末内府中的精品，故虽然多见，却均能以高价成交。本场上拍的这一部也是如此，该拍品以 3 万元起拍，5.5 万元成交。

《御制资政要览》三卷序一卷，清顺治内府刻本，一函四册。这件拍品可以说是清内府刻书顺治

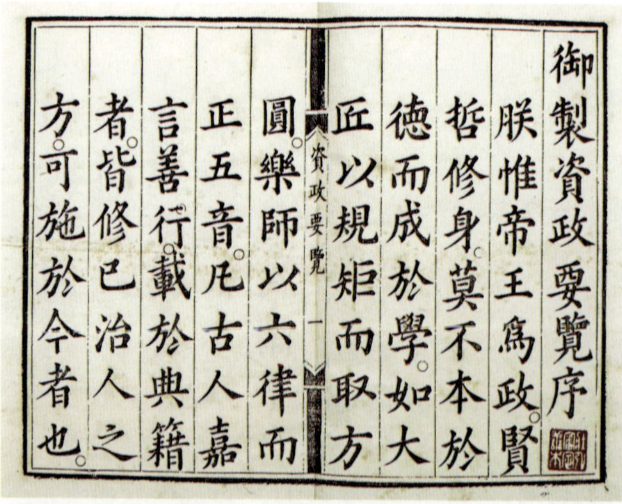
御製資政要覽序
朕惟帝王爲政賢
哲修身莫不本於
德而成於學如大
匠以規矩而取方
資政要覽　一
圓樂師以六律而
正五音尼古人嘉
言善行載於典籍
者皆修己治人之
方可施於今者也

《御制资政要览》 清顺治内府刻本

一朝的代表作。清顺治时期，内府所刻之书的风格承续了明代司礼监刻书的基本面貌，然有意思的是，这部《资政要览》却有着线装、包背装和蝴蝶装三种装帧方式，同时又分大开本和小开本两种版式。同一部书有如此众多的装帧风格，这不仅是在清代，就是在整个的中国官府刻书中也是极其罕见的，唯一遗憾之处，则是至今未见对这个现象进行细致研究的文章，使得我也无法解答为什么满人刚刚夺得天下，就在刻书上搞出了这么多的名堂？而本场上拍的这一部则是该书的蝴蝶装，以往所见者大多有虫蛀，而本拍品却未见这种现象，故而这部书以 5000 元起拍，一直至 16 万元方成交。

《御选唐诗》三十二卷，清康熙间内府朱墨套印本，三十四册。该书为康熙内府所刻著名的套印本，其套印方式是把内文中的专用名词以红线的形式将其围起。然上拍之物为竹纸印本，且有开化纸的配本，但这个缺陷并未阻挡买家对该书的喜爱，故此书以 6 万元起拍，8.2 万元落槌。

《御定历代赋汇》，此部书也是清康熙间内府刻本，属于流传至今内府刻书中较为多见的品种。此拍品的难得之处是未曾经过改装，依然是原装十册，故此书以 1 万元起拍，3 万元成交。

《碧溪诗话》十卷，清乾隆武英殿聚珍本，二册。乾隆年间武英殿聚珍本总计制作了 134 种木活字本，另外还有四种刻本，但因为当年印数不大，故流传至今者除了其中的十几个品种之外，余外的部分大多稀见难得。今日所见的聚珍本零种基本上都是木活字的翻刻本，而本场上拍的这一部则仍然是活字本，这类活字本被称为“内聚珍”，而翻刻的木刻版本则称为“外聚珍”，故而此书以 1000 元起拍，1.2 万元成交。

本场还上拍了多部清代的精刻本，成交价还不错，例如《隶辨》八卷，清康熙间刻本，一函八册。该书的难得之处是开化纸的初印本，此书虽然不稀见，但如此初印者也确实难得，且该书卷首钤有杭州藏书家王杭生藏印。去年我曾到他的藏书处观看

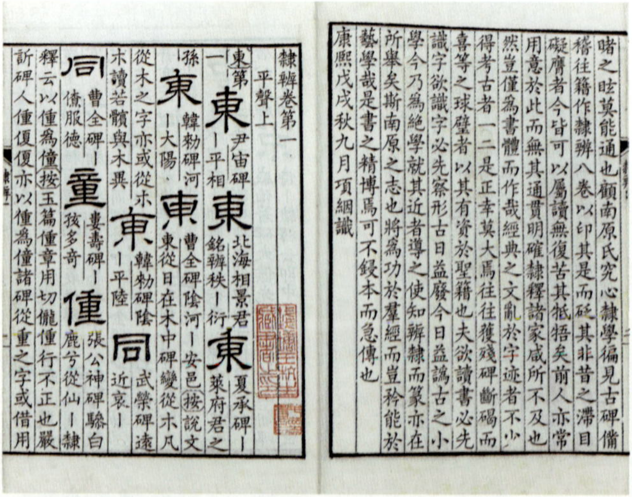

隸辨卷第一
平聲上
東第一
東 尹宙碑丨平相 東 北海相景君銘辨秩丨行 東 夏承碑丨萊府君之孫
東 韓勑碑河丨大陽 東 曹全碑陰河丨安邑按說文東從日在木中碑變從木凡從木之字亦或從朩朩讀若髕與木異
東 韓勑碑陰丨平陸 同 武榮碑遠近衺丨
同 曹全碑丨儵服德 童 婁壽碑丨孜多奇 僮 張公神碑騄白鹿兮從仙丨隸釋云以僮爲僮按玉篇僮章用切儱僮行不正也嚴訢碑人僮僾僾亦以僮爲僮諸碑從重之字或借用

睹之眩莫能通也顧南原氏究心隸學徧見古碑備稽往籍作隸辨八卷以印其是而砭其非昔之滯目礙膺者今皆可以屬讀無復苦其牴牾矣前人亦常用意於此而無其通貫明確隸釋諸家咸所不及也然豈僅爲書體而作哉經典之文亂於字迹者不少得考古者一二是正幸莫大焉往往獲殘碑斷碣而喜等之球璧者以其有資於聖籍也夫欲讀書必先識字欲識字必先察形古日益廢今日益譌古之小學今乃爲絕學就其近者導之使知辨隸而篆亦在所舉矣斯南原之志也將爲功於羣經而豈矜能於藝學哉是書之精博焉可不鋟本而急傳也
康熙戊戌秋九月項絪識

《隶辨》 清康熙刻本

了他当年所藏之书，由此可知，王杭生颇为重视品相上佳的精刻本，而本拍品应当算是其珍藏物之一。本书以5000元起拍，6.8万元落槌。《朱子集》一百零四卷，清咸丰十年（1860年）鳌峰书院刻本，六函三十六册。此部书虽然刊刻较晚，然此阶段正是太平天国战乱时期，书院仍然能刊刻出这样大部头之书，也确实难得。这部书以6万元起拍，8.5万元落槌。

本场的明刻本上拍了多部，其中较为整齐者有《前汉书》一百卷，明万历北京国子监刻本，四函三十册。北京国子监所刻之书被称为“北监本”，从内容角度而言，因为校勘不精，故一直受到学者诟病，然从递传情况来看，流传到今天能完整无缺者，其实也并不容易，且上拍这一部的难得之处是用白棉纸刷印，而以往所见者均为竹纸本。可能正因如此，这部书以10万元起拍，29万元落槌。类似的还有《后汉书》一百卷，同样是北京国子监所刻正史之一，也是白棉纸印本，总计四函二十二册，以8万元起拍，26万元成交。《宋史》四百九十六卷，万历间北京国子监刻本。与前两部的区别，则是本书为竹纸印本。一般而言，业界更看重白棉纸印本，而《宋史》是古代正史中部头较大者，本拍品有20函118册之多，虽然是竹纸本，仍然以10万元起拍，17万元落槌。本场上拍的北监本还有《十三经注疏监本礼记》五十卷，此书虽然仅是《十三经注疏》中的零种，然却是难得的内府包背装，唯一可惜者是这部零种也不全，缺《礼记》的卷一至卷十三。尽管如此，该书仍然受到了藏家的喜爱，以20万元底价成交。

本场上拍的正史中，以《旧唐书》二百卷最为有名，因为该书的版本为明嘉靖间闻人诠刻本。此刻本的底本出自宋本，为《旧唐书》明刻本中最佳者，以往该书特别受到学者的看重，当年黄永年先生曾专门点出该书的价值所在，而其公子黄寿成教授到我的寒斋看书时也点名索阅我所藏的该书。然本拍品五函四十册的白棉纸印本，起拍价仅15万元，而成交价则为28万元，这个价格跟该书的版本价值与名气不相匹配。

明刻本中本场上拍的大部头书还有《文献通考》三百四十八卷，明末梅墅石渠阁刻本，竹纸十函一百六十册。《文献通考》是中国古籍中的名著，历代翻刻本较多，因部头较大，故全本较为难得，而本场上拍的这一部却完整无缺。可能是因为此书的天头地脚略小，故起拍价仅定为8万元，而成交价也才8.5万元，这个结果颇令人感慨。《资治通鉴纲目》，明嘉靖间内府刻本，白棉纸五十六册。这同样是一部明刻本中的大部头书，虽然该书并非初印，却是白棉纸印本，仅凭这一点就受到了买家的喜爱，故此书以25万元起拍，32万元落槌。

同样是大部头者还有《十三经注疏》三百三十三卷，明末汲古阁刻本，竹纸二十函一百六十册。汲古阁所刻之书虽然名气很大，但也正因为它名气大，使得坊间有许多盗版者。又因为盗版质量不高，但流通面却很广，致使汲古阁所刻之本背上了“校勘不精”的名声。故自清代以来，汲古阁所刻之书一直价格不高，然真正的大部头者却也很难完整地保留下来。而本场上拍的这一部却是汲古阁所刻的《十三经注疏》全本，属于难得者，故本书以10万元起拍，16万元落槌。

余外本场还上拍了多部明版大部头之书，在此无法一一列举。如此成批地上拍这一类的书，堪称本场的主要特色。而有趣的是，本场还上拍了一些明版书的残本。按照传统的观念，古书中的残本若非极其稀见者，通常少有人关注，但从目前情况看，这种观念正在渐渐地改变，比如《历代名臣奏议》，此书仅存一册，却仍然以5000元起拍，5500元成交；而《资治通鉴纲目第二十二》同样是以5000元起拍，7500元成交。

宋元版本，本场未见重头拍品。《晦安先生朱文公集卷第九十一》为宋刻元明递修本，此书原本是宋咸淳元年（1265年）建宁府建安书院刻本。虽然是递修本，但流传至今者，全本却极少，故此递修之物也同样有其价值在。本拍品为新做金镶玉，一函二册，以6万元起拍，17万元成交。

家谱类拍品至今未成为市场的热点，然从成交价来说，比前些年已经上涨了许多。本场上拍了7部宗谱，成交了5部。比如《刘氏宗谱》十二卷，民国间木活字本，十二册，以6000元起拍，1.3万元成交。

近几年，上海徐家汇藏书楼旧藏之书时常能在拍场上得见，可见这是早些年所散失出来者。本场上拍了一件，为《中国大主保圣若瑟圣月》。此书原装一册，为首次出现在拍场上，属于中国所刻该书中的稀见品种，以2000元起拍，3000元落槌。

套印本本场上拍了14部，其中以《唐诗艳逸品》四卷较为稀见，该书是明天启年间所刻朱墨套印本，白棉纸四册。书中内容均为古代妇人所撰诗词，而这一类的书一直受到藏家所喜，故此部书以25万元起拍，33万元落槌。《东坡禅喜集》也是明代套印本中较少见的品种，白棉纸一函六册，为天启年间凌濛初所刻，唯一缺点是品相略差，故以16万元底价成交。明代所刻套印本仅以文字套印来论，

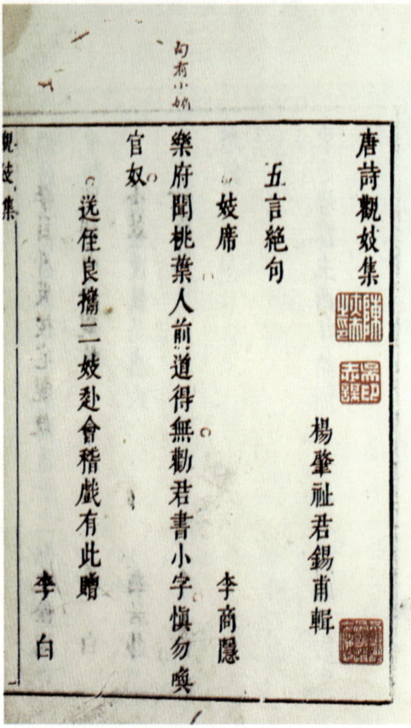
唐詩觀妓集
楊肇祉君錫甫輯
五言絶句
妓席　李商隱
樂府聞桃葉人前道得無勸君書小字愼勿喚官奴
送任良攜二妓赴會稽戲有此贈　李白
觀妓集

《唐诗艳逸品》 明天启朱墨套印本

以五色套印最为难得，其次则是四色套印，而本次上拍的《南华经》十六卷正是四色套印本，且在拍场上全本也较少见，故而该书以35万元起拍，40万元落槌。

手札类拍品较为难得的有唐景崧所书手札，总计三册，其内容关涉到光绪年间的中法战争，而后唐景崧做过台湾巡抚，故这批手札颇具史料价值，以5万元起拍，10万元成交。

本场上拍的名家手稿则以“何绍基手写南华经”最为难得。何绍基是清代著名的书法家，然而他所抄之书却很少出现在拍场上，本场上拍的这一件原装一册，且在封面上有何绍基五世孙何诒恺的跋语，可见该书是何家几世递藏之物，故以45万元起拍，71万元落槌。

本场碑帖类的佳品有“匋斋藏旧拓二种”，旧拓本一函二册。这两件拓本分别是《隋陈子严碑》和《唐黄石公祠记》，且内中均有张之洞等多位名家的题跋，即知该拓本也属名家递藏之物，故此拍品以5万元起拍，16万元落槌。

本场还上拍了一批医书，总计有36件之多，成交情况却不错，仅流拍了5件。此批医书部头最大者为《古今医统大全》，明万历刻本竹纸十七册。该书在市面上流传较少，但本拍品的可惜之处是缺册。即便如此，该书仍然以4万元底价成交。

2015 秋　上海博古斋

拍卖时间：2015 年 12 月 20 日 9:30

拍卖地点：上海大剧院八楼宴会厅

博古斋的本场古籍大拍没有在品种上单独分列，总计拍得 3305.76 万元，总成交率 73.52%。

本场的重头拍品即为该场的封面，是《新编古今事文类聚》，元泰定三年（1326 年）庐陵武溪书院刻本，黄麻纸 110 册。这么大部头的元刻本为近十年来所仅见。这部拍品最难得的是除了部头大外，特殊之处就是带有刊刻时的书牌。这种书牌有时也称为封面，因为古籍流传久远，宋元版之书带封面者极其罕见，但这种封面对于考察书版的流转极有价值，故而该书甫一出现在拍场上就引起了买家的关注。该书以 480 万元起拍，1160 万元落槌，这个

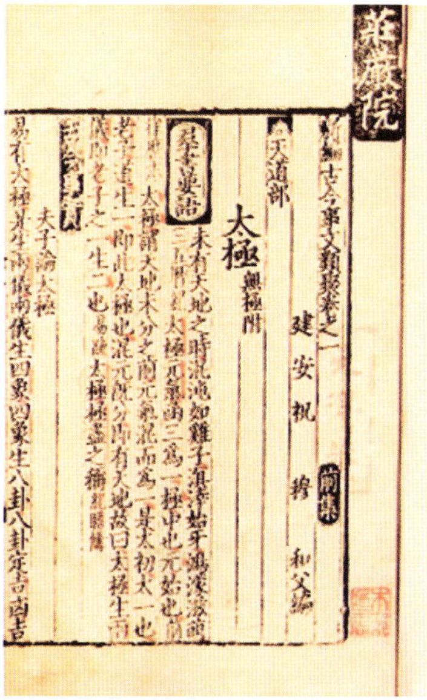

《新编古今事文类聚》 元泰定三年庐陵武溪书院刻本

成交价是有古籍拍卖以来元刻本的最高纪录。

出于各种各样的原因，日本写经在中国一直难以卖出高价，对于这种现象，业界有人认为卖到中国的日本写经和刻经极难有真品。而本场的《佛说如来智印经》为日本著名的光明皇后藤原氏所书，书写的年代是日本天平十二年（740 年），此年即中国唐开元二十八年。从时代上讲，这件经的年代足够久远，再加上是著名的皇后所书者，且经后有书写尾题及年款，这样完整的一件写经真品也确实难得，故此经以 110 万元起拍，140 万元落槌。

还有一卷日本写经也挺有意思，为《金刚界五佛胎藏界五佛图》，日本室町时代写绘本，一卷。此经的难得之处是在经文中有彩绘的佛像，这样的经流传较少，可惜这类物品在中国少有人关注，故而以 5 万元流拍。

《大般若波罗蜜多经卷四百四十五》，同样是日本写经，该经的特殊之处是用泥金书写于瓷青纸上。这一类的经在日本重要文化财中有收录，然中国藏家毕竟对日本的相关文献递传情况了解较少，故此经仅以 18 万元底价成交。

相比较而言，国内藏家更为关注的是中国宫廷相关的藏品，比如《大乘妙法莲华经》，经折装三册，也是写于瓷青纸上，且书写年代要比日本的这件写经晚许多。日本的那一件书写于公元 12 世纪，而本件则书写于清乾隆二十七年（1762年）。虽然如此，这件《妙法莲华经》的起拍价却是上一件日本写经的10倍，为180万元，而成交价则是230万元。此经的特殊之处是序言中的“弘”字不缺末笔，由此可知书写年代可能要早于乾隆年间。这件拍品能够拍得如此高价，主要的亮点是该经钤有玉玺，且书写人为乾隆年间的书法家陆遵叔。

明刻本部分有《礼记集说大全》时代较早。该书为明中早期司礼监刻本，虽没有具体的刊刻年代，然此经刊版较大，且为白棉纸印本。从内容角度上讲，该书以往不受学人重视，但这部书二十册全本，也正是其难得之处，故此书以30万元起拍，52万元落槌。近几年明内府本的价格略有下降，而今该部书能够拍得这样的价钱，也足见这类书依然受藏家喜爱。

《欧阳行周文集》，明弘治正德间刻本，四册。该书是唐人欧阳詹的文集，此集的明刻本流传较少，而今市面所见者基本上是清末翻刻本。唐人文集流传至今者，其实品种并不多，故其早期刊本一直受到藏书家的关注。根据《中国古籍善本总目》的著录，该书仅上图和社科院文学所两家有藏，由此可知，该书流传至今者确实少见。且本书中钤有多位藏家的收藏印，而上图的退还印正说明本书即是《中国古籍善本总目》著录的两部之一，故这部书以

6 万元起拍，25 万元落槌。

《重修政和经史证类备用本草》，明嘉靖间刊本，四函二十四册。该书最早的刻本为蒙古时期所刊，此书虽非蒙古刻本，然嘉靖本亦较难得。细审该书的版刻风格，与以往所刻的明刻本略有差异，有可能是另外一部未曾著录过的明嘉靖本，故该本以 32 万元起拍，49 万元成交。

《宋学士文集》，明正德九年（1514 年）张缙刻本，此为明初著名文人宋濂的文集，为该集流传至今最早的版本。民国年间，张元济主持《四部丛刊》的影印，即以该版为底本。然不知什么原因，此书近些年出现在拍场中的几部均为后刷印者，而该部书也是这种情况。因此该书的起拍价仅 3 万元，而以 9 万元的低价成交。这个成交价与该书的价值不甚相符。

稿抄校本部分以《越缦堂诗文稿》为难得。李慈铭在学界的名声自不待言，虽然他以日记名于世，然其墨迹亦受藏家喜爱。这册诗文稿虽然没有落款，然与其已知日记相比较，字体基本一致，故该册手稿以 18 万元起拍，20 万元落槌。

缪荃孙当然是晚清最重要的文献家之一，然其所抄和所藏之书在拍场却并不多见，本场上拍了一件缪氏藕香簃抄本，所抄内容竟然是苏州经学家曹元忠的著作。曹与缪本是同时代的人，而缪却抄写他的作品，看来缪没有佞古之习。此抄本仅一册，以5000元起拍，3.2万元落槌。

近几年胡文楷的抄本时常出现在拍场中，因胡氏所抄均为历代妇女著作，可能正是这个原因，这些抄本受到藏家的喜爱，尽管其所抄之书数量很大，但依然能够得以成交。本场上拍了七组这类抄本，同样得以全部成交。从内容角度而言，本场上拍的这些胡氏抄本流传较少者为“《饮香楼小稿》等闺秀遗文七种”。这组拍品总计五册，为胡氏所抄五位妇女著作。此件拍品以3000元起拍，1.3万元落槌。

名家旧藏部分，本场上拍了一组跟周叔弢及其亲属有关的拍品，总计21件。从内容而言，这一组拍品未见重头，但因为今日藏家对大藏书家周叔弢特别喜爱，故这组拍品全部成交。其中较为难得之物有《汉熹平石经残字》，民国罗振玉拓本。《熹平石经》在中国经学史上有着很高的地位，而今所见者均为小块残石，当年罗振玉致力于收藏这类残石，而后做成拓片，装订成册对外发行，此即周叔弢所得者。此拓本以3.5万元起拍，7万元成交。

近几年，周叔弢的长子周一良先生所藏之书渐渐出现在拍场上，本场上拍了4件，其中批校较多者有《殷虚文字类编》。该书为商承祚所作，系著名的甲骨文研究著作，而周一良却在此书中做了大量的批校，由此可知他在这方面也有自己独特的见解，故此书以8000元起拍，1.7万元落槌。

清代内府刻本以《周易本义》最为难得，此书的版本为清康熙五十三年（1714年）内府覆宋咸淳元年（1265年）吴革刻本。从刊刻风格而言，这部书可谓是清内府本中的别格。从版本上来说，该书是影刻宋本，然其影刻的结果却和宋刻本有较大的差异。从收藏角度来说，此本也并不多见，叶德辉在《郎园读书志》中说："此本虽仿宋刻，较宋椠原本有其过之，传世颇稀，得者幸勿以寻常殿本相等夷可也。"叶德辉说该书流传稀见。其实他的这句话缺少了一个定语，就是该书的初刻开化纸本流传稀见。因为此部书的书版在乾隆年间皇帝同意一些学

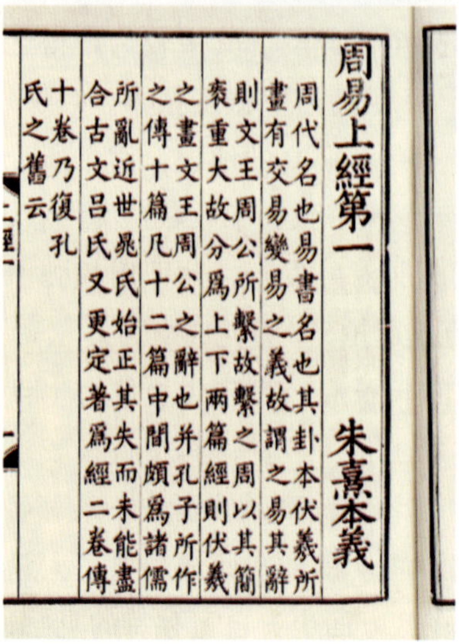
周易上經第一　朱熹本義
周代名也易書名也其卦本伏羲所畫有交易變易之義故謂之易其辭則文王周公所繫故繫之周以其簡袠重大故分爲上下兩篇經則伏羲之畫文王周公之辭也并孔子所作之傳十篇凡十二篇中間頗爲諸儒所亂近世晁氏始正其失而未能盡合古文吕氏又更定著爲經二卷傳十卷乃復孔氏之舊云

《周易本义》
清康熙五十三年内府覆宋咸淳元年吴革刻本

人可以自备纸张来刷印，而内府所刷的开化纸本确实难得一见。本场上拍者正是用开化纸所印者，且书品上乘，故此书以15万元起拍，19万元落槌。

清代的精刻本还有《韦苏州集》，清康熙间项氏玉渊堂刻本，该书为清初著名的写刻本，而且本场上拍的这部带有原书的书牌，故此书以5万元起拍，10.8万元成交。王渔洋是清初著名的文学家，从诗学角度而言，他又是神韵派的创始人，该场上拍的《带经堂集》即为王渔洋的文章全集。因为名气大，所以王渔洋的诗文集流传至今者并不稀见，然流传到今天的完整的初印本，确实并不易得，故这部书以6万元起拍，12.5万元成交。

本场的红蓝印本以《元逸民画传》较为少见，此书为徐世昌刊刻于民国十四年（1925年）。整本书以徐世昌的手书上版，从字迹上来说，本书颇为传神地刻出了徐世昌的特殊手笔，而难得者还有一点，则是该书是用罗纹纸所刷印者。故此书以1.8万元起拍，3.6万元成交。

三年前，古籍中涨价幅度较大的品种之一为明刻套印本，在近两年，这类书的价格有较大幅度的滑落，然本场上拍的几部闵凌刻套印本的成交价较近两年略有回升。例如《庄子南华经》，明万历间闵齐伋朱墨套印本，一函五册，以12万元起拍，25.5万元成交。而《秦汉文钞》，也是明万历年间闵氏所刻，一函七册，起拍价也同样是12万元，而以25万元落槌。凌刻套印本，本场上拍一部，为《史记纂》二十四卷，明万历七年（1579年）凌稚隆刻朱墨套印本。《史记纂》有两种版本系统，一为此二十四卷本，另外还有不分卷本。该书十册，以10万元起拍，29万元成交。

民国精刻本以陶湘和董康所刻最受今日藏家喜爱，本场上拍了一件陶氏刻本为《託跋廛丛刻》，民国间刻本，一函八册，此书为棉连纸初印本。从内容角度而言，所收书均为流传稀见之本，而陶湘所刻之书几乎能完全表现出原书的刊刻面貌，故此书虽然刊刻较晚，但一直受到今日藏家所喜。这部书以4万元起拍，10万元成交。

本场上拍的民国影刻本，还有一部也是受藏家所喜爱者，为《寒山子诗》，民国十三年（1924年）影宋刻本。此书为周叔弢所得的第一部宋版书，正是因为得到了该书，他才走上了藏书之路，甚至他的堂号之一就是以此书为缘起，起名为“寒在堂”。因其喜爱非常，所以他将该书影刻出来，分送同好，故此本每出现在拍场上都能拍得不错的价格，本场也同样如此。该书起拍价5.5万元，已经是民国影刻本中较贵的价格。尽管仅是薄薄的一册，因其开本较大，刊刻精美，最终以6.5万元落槌。

批校本中以《玉台新咏》较为难得。虽然该书仅是民国徐乃昌影刻本，然却是徐赠人之物，里面有他的题赠款，且本书有王真过录纪晓岚批语，故此书以5万元起拍，20万元落槌。

上拍大部头的书是博古斋的传统长项，本场也同样有二十余部大部头书，其中部头最大者为《四部备要》，民国间中华书局仿宋排印本，2265册。这部书自发行以来名气就较大，虽在点校的质量上受到了一些学者的诟病，然此书应该是民国年间点校古籍部头最大的一部，也有其版本价值，故此书以30万元起拍，32万元落槌。

2015 秋　上海朵云轩

拍卖时间：2015 年 12 月 17 日 18:00

拍卖地点：上海四季酒店三楼宴会厅

本场的图录编排，以写本排在最前面，其中难得之品有《题雪浪石》。此件为清中期著名学者钱大昕所书。钱氏墨迹流传虽并不稀见，然因其名气很大，故其墨迹每出现在拍场上都会受到藏家的关注，故本专场将其排在第 1 号。而这件拍品果真得了开门红，以 8000 元起拍，2.7 万元落槌。

近几年与瞿鸿禨有关的资料大量地出现在拍场上，陆续拍了十余年仍然有上拍者，据称是被一位藏家成批挖到了这些旧藏。从历史价值而言，瞿氏为晚清重臣，若他的这些旧藏被一位藏家所得，并将其影印公布出来，则对研究晚清史，尤其研究瞿鸿禨，是极其有用的一批史料。可能是出于市场的考量，这批旧藏分批出现在拍场内。但从收藏角度来说，这种做法可能会让更多的爱书之人分得一杯羹，倒也有另外的一种效果在。而本场上拍的这组拍品，总计有十三页，以2万元底价成交。

叶德辉是民国藏书家中特别重要的一位，尤其他的《书林清话》，可以说开创了书话类读本的一个时代，因此他的墨迹虽然流传较多，但持续受藏家关注。本场上拍了他写给孙毓修的手札一通两页。而孙毓修同样是民国间著名的文献家，他们之间的通信从内容角度而言，当然有着一定的史料价值，故该拍品以5000元起拍，2.6万元成交。

写本类拍品中，有一件拍品的成交价格超出了我的预料，即"叶圣陶致谢国桢信札"，一通三页。这封信以1.2万元起拍，竟然拍到了9.5万元。叶圣陶虽然是一位著名的作家，但他似乎跟藏书没有什么关系。得信人谢国桢，当然是著名的文献家，但他的同类手札也不会有这样的高价。

写本部分，以"陈文述所书行书诗册"的成交价最高，这件册页装以20万元底价成交。该件拍品原为郑逸梅所藏，能够拍得这么高的价钱可能与此有一定的关系。《词林书目》为清光绪间四大词人之一的朱祖谋所抄。于今而言，朱祖谋的书法作品在市面上并不稀见，然其所抄之书却较为难得。此书一册，起拍价8万元，可能正是因为这个价格高出了藏家的预期而致使流拍。

本场上拍的清中期拍品则有《蔡九峰书经诠义》，此稿本原装十三册，为清中期经学家汪烜所书。汪氏稿本是第一次出现在拍场中，然该书仅以3.5万元底价成交，应该没有体现出其应有的价值。伊秉绶所书《咏史亭》，应当属于书法类作品，然名家所书堂号一直是市场上的热点。按照字画收藏家所定的惯例，书画作品的市场价值均是按照平尺来计算，唯独堂号不按这种惯例，因为其价格远远超过书法平时的单价。这件作品当然也同样如此，故而以70万元底价成交。

明刻本中难得的拍品有《重刻申阁老校正朱文公家礼正衡》八卷，明万历己亥（1599年）自新斋余明吾刻本，竹纸一函二册。此书流传稀见，而谢国桢的《江浙访书记》中却有著录。然该书卷首恰有谢国桢的藏书印，由此可知，他当年到江南访书时，将此书自得。该书前附有扉画一页，也是较少见的明刻版画，而卷末刻有莲花牌记，写明了此书的版本，故这部书以8万元起拍，9.5万元落槌。

印谱部分较为难得者有《秋苹印草》，清嘉庆二十一年（1816年）钤印本，一函八册。该谱虽然不是流派印谱，然从版本角度来说却并不多见，故

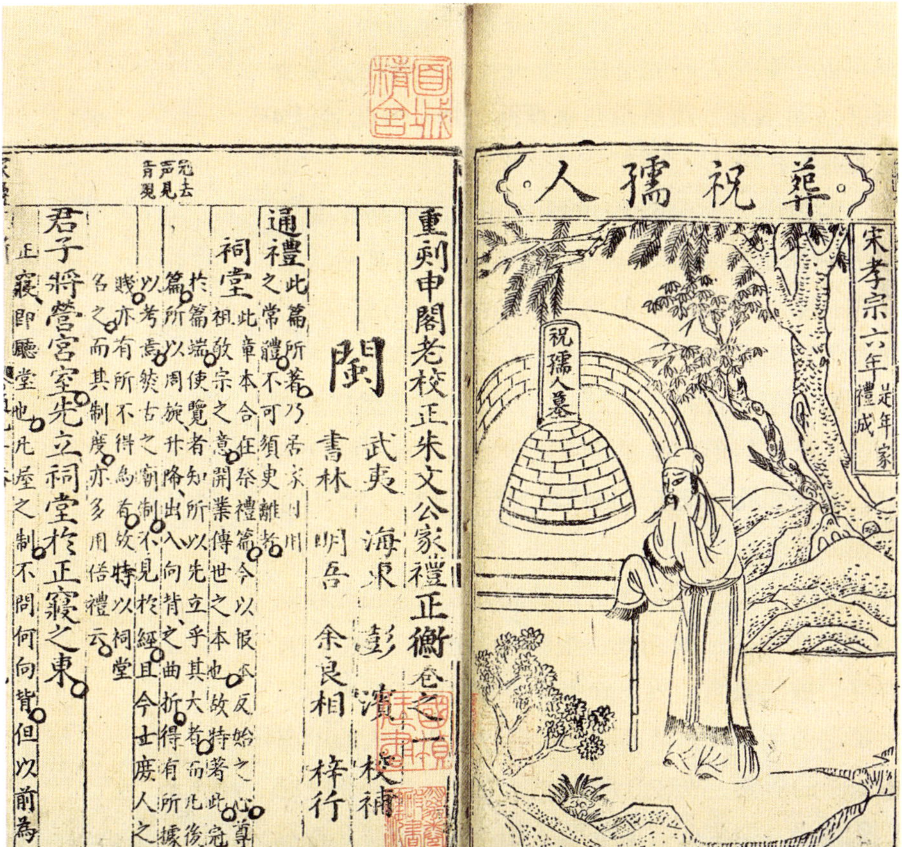

《重刻申阁老校正朱文公家礼正衡》 明万历己亥刻本

该书以2万元起拍，5.5万元落槌。

拓本部分成交价最高者为《清蔡名衡旧藏题跋金石杂拓》，一函一册。该拓本的主人蔡名衡，虽然名气不大，然其所拓之物均为难得一见的小品，即此可以了解文人间的交往。而此本是由藏书家莫棠所装，卷尾有其跋语，亦属难得之物，故此品以4万元起拍，12万元落槌。

大盂鼎当然是青铜重器之一，此原物本是晚清大藏家潘祖荫所藏珍品之一，后来由其后人将此物捐给了中国历史博物馆。大盂鼎上有铭文292字，为青铜器中字数较多者之一，故该器拓本一直受金石家所关注。一般而言，大盂鼎拓片都是上有铭文，下拓器形，而本场的这件拍品却仅有铭文部分。即便如此，该拓本仍然以5万元起拍，5.5万元落槌。

《曹真碑》是著名的三国碑刻，原石于道光年间出土于西安。三国期间，魏国与蜀国属于敌对国，曹真为魏国大将，故此碑中有“汉蜀贼诸葛亮称兵上郡”等字样，但诸葛亮的英名已在中国人心中凝固成正面形象，故这里将其称为“贼”，当然不被时人所接受。据传此石出土后没有多久就被群众将石上的“贼”字砸掉，故“贼”字不损本成为了鉴定该石拓本是否为初拓本的最重要依据。此拓本虽然“贼”字已损，但下面的“诸葛亮”三字却仍然完

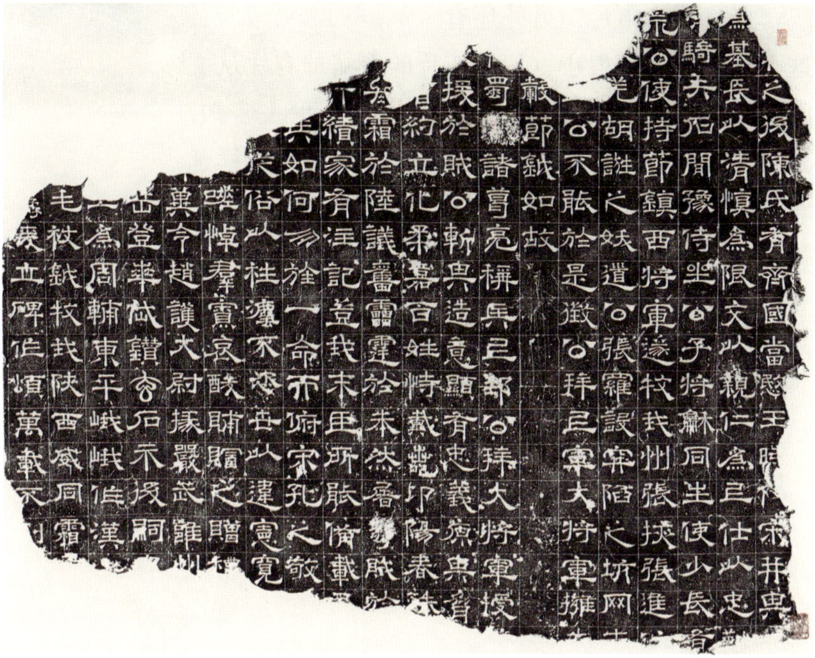

《曹真碑》拓本

好，因为后期拓本此三字已经被人砸掉，故此拓本较为难得，以4000元起拍，3万元落槌。

本场上拍了一件《昭陵六骏》拓本。从拓本的尺幅来看，该本为颖拓，因为昭陵六骏的原物尺寸要比拓本大许多，然此颖拓水平颇为精湛，且上端有齐燕铭的长题。齐燕铭为解放后重要的藏书家之一，今日拍场所见，大多是其所批之书，然其在拓本上的长题却较为难得，而此拓本以3000元起拍，8000元落槌，确实是个便宜的价格。

有长题的拓片，另外还有《朱拓北魏佛造像》。这个造像的尺寸很小，然而拓片的上端却有沈从文的长篇题记。沈从文的大名在当今可谓世人皆知，其书法作品也一直是拍场中的热点。本场也同样延续了藏家对他的热爱，以5万元的底价成交。

2015 秋　北京泰和嘉成

拍卖时间：2015 年 11 月 22 日 13:30
拍场地点：北京亮马河大厦万黛厅

泰和嘉成的图录编排方式仍然是按照惯常的做法，将诰封排在最前面，本场上拍了 7 件此类拍品。以往所见诰封大多品相破烂，而泰和嘉成的这几件却均属上乘，因此成交价也很不错。最为难得者，是一件明永乐十二年（1414 年）写本。明初的诰封极其稀见，而更为珍贵的是，这件诰封的受封人身份成为了研究明初任命非汉人将领的重要物证，故而受到了买家的重视，以 28 万元起拍，136.85 万元成交，为近些年诰封类拍品的最高成交价。

在诰封之后，本场组织了一个小专题，题目为“耕织天下”，而内容则是各种版式的《耕织图》。《耕

《内府耕织图》 清刻本

织图》是古籍中的特有品种，而本场最为难得者，是一次性上拍了该书的18个品种。从印刷方式而言，这些品种包括了刻本、拓本、写本、绘本，而拓本又包括了墨拓和朱拓。从印刷品而言，另外还有日本刻本和印本。如此众多的品种集于一场，为举办中国古籍拍卖以来之首次。这里面的稀见品种，比如《静明园旧藏御制耕织图拓本》，此件为清内府墨拓，该本不但刊刻精雅，且拓功上乘，是难得一见的《耕织图》版本，且此品钤有“静明园宝”官印，此园为圆明园内的一处独立建筑，钤此印之书也是首次出现在拍场上，故此拓本以35万元起拍，52.9万元落槌。另有一件《内府耕织图》，为木刻本，实际是从清雍正《古今图书集成》一书中抽取图者而制成的抽印本，就是将该书中所收的《耕织图》单独取出编为两册，这种做法颇为少见，且该书是用开化纸所印，故而以38万元起拍，47.15万元成交。

从整体质量来看，本专场最为整齐也是最为难得者，则是上拍了一批在历史上很有名气的明刻本。从知名度而言，以《玉台新咏》明崇祯吴郡寒山赵均小宛堂覆宋重刊本最著。《玉台新咏》虽版本众多，然以这个版本最受藏家的关注，原因是该书出自宋本，并且刊刻得极其漂亮，后代往往以此书冒充宋版，故而这个版本成为了后世藏家最喜爱的明版书之一。而该拍品尤为特殊者，是书前有傅增湘的长篇题记，且著录于《藏园群书经眼录》中。故该书以48万元起拍，70.15万元成交。同时上拍者，还有民国徐乃昌影刻小宛堂本的《玉台新咏》，因为该书影刻水平很高，使得大多数人难以辨识两者之间的区别。能将这两书同时上拍，也是难得的比勘机会，故这部民国影刻本也以5万元起拍，5.75万元成交。

《盐铁论》，明嘉靖三十三年（1554年）张氏漪澜堂刻本，白棉纸一函四册。该书同样是一部著名的嘉靖本。本拍品的难得之处是卷首有民国藏书家董康的题记，由此题记可知，该书是董康赠送给日本汉学家杉荣三郎的。当年董康避居日本期间，杉荣三郎曾给予其较多的帮助，这些事情董康记录于《书舶庸谭》中。且杉荣三郎曾经专门研究过《盐铁论》一书，可能正因如此，董康才将此书赠予他。有这些故事在，该书当然也受到了藏家的喜爱，故以52万元起拍，69.58万元成交。

《韩诗外传》，明嘉靖吴郡沈辨之野竹斋刻本，白棉纸一函四册。此书同样是该书系统中的著名版本。野竹斋所刻之书广泛受到后世学者和藏家的关注，叶德辉在《书林清话》中将此书列入明人刻书中的精品，正因为该书的名气大，且市面少有流通，故此本以45万元起拍，60.95万元成交。

《文薮》，明正德十五年（1520年）袁氏刻本，黄棉纸一函二册。该书难得之处是经过了几位大家的递藏，此书曾入鲍廷博知不足斋、顾千里思适斋等等，而后归了黄裳的来燕榭。黄裳在该书后面写了一段跋语，称此书因为刊刻漂亮，书商为了冒充宋版，故将刊刻者袁氏之序撤掉，而此本难得之处，就是该则序言仍在书内。此书的封面有朱笔题写书名，书名下的落款有“壬辰大雪日，小雁为黄裳题”

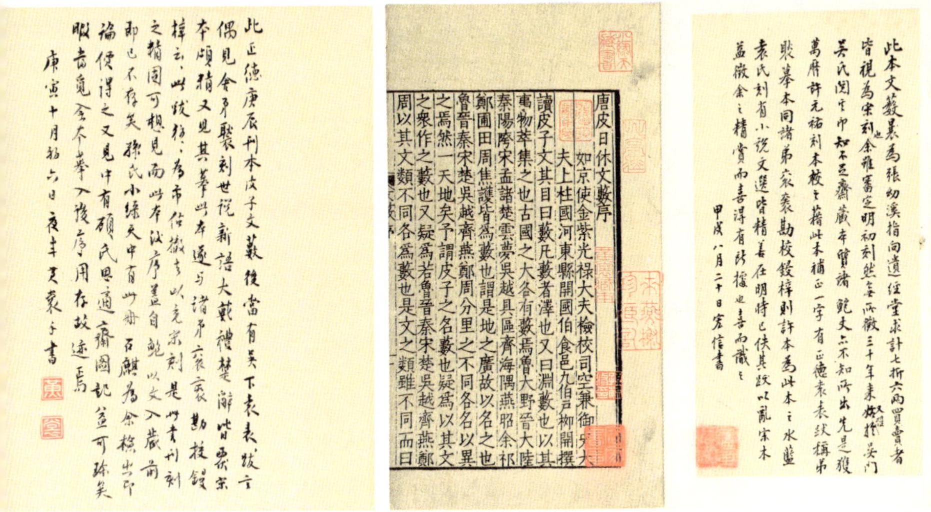

唐皮日休文藪序
如京使金紫光祿大夫檢校司空兼御史大
夫上柱國河東縣開國伯食邑九伯戶柳開撰
讀皮子文其目曰藪凡藪者澤也又曰淵藪也以其
萬物萃集之也古國之大各有藪焉魯大野晉大陸
秦陽紆宋孟諸楚雲夢吳越具區齊海隅燕昭余祁
鄭圃田周焦護皆爲藪也謂是地之廣故以名之也
魯晉秦宋楚吳越齊燕鄭周分里之不同各名以異
之焉然一天地矣予謂皮子之名藪也疑焉以其文
之衆作之藪也又疑爲若魯晉秦宋楚吳越齊燕鄭
周以其文類不同各爲藪也是文之類雖不同而曰

《文薮》 明正德十五年袁氏刻本

字样，这些字就是书界惯常所见的所谓黄裳独特的精美小楷字体。黄裳先生所藏之书，大多有或长或短的跋语，而小雁为黄裳的夫人，业界流传黄裳书中所题跋语基本出自小雁之手，小雁故去后黄裳自书跋语，字迹与小雁所书跋语相差较大。我为此事专门问过黄裳先生，如何鉴定哪些为小雁所书？哪些为其亲笔？当时黄裳先生笑着跟我说，书写漂亮的就是小雁所写。黄裳先生去世后，我在某篇文章中谈到了黄裳跋语为小雁所书之事，为此有人认为这是对黄裳的不恭，其实我完全没有此意，只是想记下一段自己所知道的真实历史，而今这个封面上的题字证实了我的说法，即我们今天所看到的所谓黄裳跋语，部分确实就是小雁所书者。其实我并不认为小雁所书的黄裳跋语就是对当今黄跋的贬损，其实恰恰相反，这样的故事反而说明了两人意趣相投、琴瑟相和，给藏书雅好带来了更多的温馨与情趣。

《何氏语林》，明嘉靖二十九年（1550 年）何氏清森阁刻本，白棉纸三函十六册。该书品相上乘，每册书的卷首钤有群众出版社的独特藏章，即说明此书也是该社前些年所售出者。群众出版社藏本最大的特点就是品相极佳，而该书也是如此，故而受到了买家的喜爱。此书以 80 万元起拍，97.75 万元成交。

《松雪斋文集》，明天顺六年（1462 年）刻本，白棉纸一函六册。该书也同样是群众出版社旧藏，而更为难得者，此书内钤有阮元的收藏印，可知是名家递藏之物。从版本角度而言，《松雪斋文集》有至元花溪沈氏刻本，而此天顺本正是翻刻沈氏本而来者，故该书成为赵孟頫文集中重要的底本。此书以 45 万元起拍，51.75 万元成交。

清代的精刻本本场也有两部可称道者，一是《百城烟水》，清康熙二十九年（1690 年）张大纯刻本，太史连纸一函四册。此书虽是康熙本，却流传较少，今日能够得见者，大多是中国书店出版社当年的影印本，而原书在市面上却很难见到，故该书以 9 万元起拍，40.25 万元成交。而另一部则是《六朝选诗定论》，清康熙书林陈君锡刻本，毛边纸二函十六册。此书为第一次出现在拍场中，而其难得之处在于该书内有彭元瑞之父彭廷训的批校。其批校之书也同样是第一次出现在拍场上，故此书以 12 万元起拍，13.8 万元成交。

以名气论，本场上拍的清代精刻本之最则应属《笠泽丛书》，清雍正碧筠草堂刻本，开化纸一函二册。《笠泽丛书》的版本较为复杂，此版与水云渔屋刻本孰先孰后，业界有太多的不同看法。孟宪钧老师对此有专门的研究文章，有兴趣的朋友可找来一读。此本难得者，是该书原为过云楼旧藏，且该书的书牌仍然在，故此书以 16 万元起拍，21.85 万元成交。

唐人写经本场上拍了一件，为《瑜伽师地论》残卷、《大般若经》卷一百九十九残卷（作为一个标的）。这两个残卷的尺寸都不大，前者为 70 厘米，后者为 45 厘米。这两个残卷以 8 万元起拍，成交价竟然高达 105.8 万元，由此可见敦煌写经在近些年的涨价速度。

中国的宋版书流传至今者，其实大多数都是南宋本，而真正的北宋本，且带有年款者却极其稀见，今日能够看到或有可能得到者，则基本是《福州藏》

的零本，而本场上拍的《六度集经卷第七》，其版本正是北宋元丰八年（1085年）福州东禅等觉院刻本。近二十年来的《福州藏》零本基本都来自于日本回流，且大多钤有“三圣寺”的印迹，另有日本藏家寺田望南的两方著名藏章，而该经也是如此。此拍品以55万元起拍，66.7万元成交。根据这些年的涨价速度来看，估计《福州藏》零本，尤其带有北宋年款者，价格还会一路上涨。

本场上拍的佛教文献总计有14件，流拍了6件。佛经类拍品，尤其是其中的稀见品种，一直是近几年的热点，然本场在这个版块内却有一件奇特之物，即为“佛经竹帙”。这种物品本是专门用于包裹经书之用，然原物留下来极少，当年只在敦煌藏经洞内发现过少数，近些年国内相关机构也有收藏，而此物却是第一次出现在拍场上。虽然这不属于佛经，但却属于附属之物，故该竹帙以3万元起拍，4.6万元成交。

红蓝印本也是泰和嘉成的强项，前几年该公司举办过几个专场，本场这类拍品虽然仅上拍了5件，然却有可称道之物。一是《沤梦词》，该词是民国著名藏书家邓邦述的作品，此上拍之物乃是该书的校样，由此可知，上面的墨笔校字应当是出自邓邦述之手，故该书以1万元起拍，1.725万元成交。还有《密韵楼七种》，民国蒋氏密韵楼刊蓝印本，七函十六册。《密韵楼七种》是民国间著名的精刻本，因这七部书是陆续刊刻，故能将这七部书的蓝印本凑齐也绝非易事，而本场一并上拍，自然引起了买家的喜爱。该书以 65 万元起拍，82.8 万元成交。

版画类拍品本场上拍了 11 件，流拍 2 件，其中较为少见者为《新刊出像补订参采史鉴唐书志传通俗演义题评》八卷，明万历刻本竹纸八册。此书内有插图八十余幅，郑振铎在《西谛藏书善本图录》中有著录。近些年明代版画类书籍，其中的稀见版本少有出现在拍场上，而本书虽然公共图书馆也有著录，然于今而言已是难得，故以 18 万元起拍，24.15 万元成交。

印谱类拍品上拍 11 件，流标 4 件。明代印谱本场上拍了一部，为《印史》，明天启间钤印本，白棉纸一函六册。此书公共图书馆也有多部著录，然像该书如此好品相者却很少见，可能是因为估价高达 50 万元，故而使该书流拍。而市场上对流派印谱则有更多关注，故而《西泠四家印谱》，清光绪十一年（1885 年）丁氏百石斋钤印本，一函十二册，则以 22 万元起拍，25.3 万元成交。

碑帖类拍品本场没有重头拍品，较为稀见者为《乾隆御书养正图解诗》拓本。此拍品为宫内原装，装潢很是漂亮，且拓功极精。近些年内府之物广受藏家关注，故此品以 20 万元起拍，23 万元成交。

2015 秋　杭州西泠印社

拍卖时间：2015 年 12 月 27 日 17:10

拍卖地点：浙江杭州世贸君澜大酒店五楼国际厅

本季西泠印社的古籍大拍分为两个部分，第一部分为“吉金嘉会·金石碑帖”专场，成交额为 1259 万元，成交率为 90.65%。第二部分则为古籍善本，成交额为 1260 万元，成交率为 74.1%。而图录也同样分为了两册，两场合在一起的成交总额为 2519 万元，成交率为 80.58%。

同样是出于市场考量，西泠印社将金石碑帖排在了前面，而这一部分又以戚叔玉旧藏作为排头兵。戚叔玉所藏碑帖在今年春拍时已经作为一个小专题上拍，当时的成交效果很好，而本场又上拍了 38 件，同样是 100% 成交。即此可见，碑帖拓片的收藏也同样重视名人效应。这个小专题中，有许多可称道的拍品，比如一组陈介祺收藏的十件古钟拓片。陈介祺是清代金石大家，他有多个堂号，其中最有名气者则是十钟山房，这个名称的来由就是他藏有十件古代的编钟。但是这十件合在一起的拓片却极少出现在拍场上，而今一并出现，当然引起买家的关注，故此件拍品以6万元起拍，48.3万元成交。

此专题还上拍了一批古兵器拓片，这类拓片虽然在市面上并不稀见，然而将其汇在一起，有76种之多，确实难得，且这些拓片上有一些名人的题跋，也是给这些兵器添彩之处，故这批拓片以5万元起拍，43.7万元成交。另有一件双钩本的《尹公阙》拓片，同时附有《晋韩寿神道碑》拓片。此拓片的难得之处是有许瀚的题跋，而许瀚为清末著名的经学家和金石学家，他的墨迹流传不广，故此物以5万元起拍，6.9万元成交。

全形拓是近几年的热点，本场上拍了两件名品，一是《师酉敦二器》。这两件青铜器本为阮元旧藏，阮元曾刻有《积古斋钟鼎彝器款识》，这两件青铜器拓片收录在该书中。到了咸丰年间，这两件青铜器归了吴云的两罍轩。到了民国年间，又归了周湘云，可见是流传有序的名器。而这两件青铜器的拓片，自然也成为了喜欢金石人的追逐之物。该件拓片上有赵叔孺的题记。名家题跋之物，当然不会便宜，

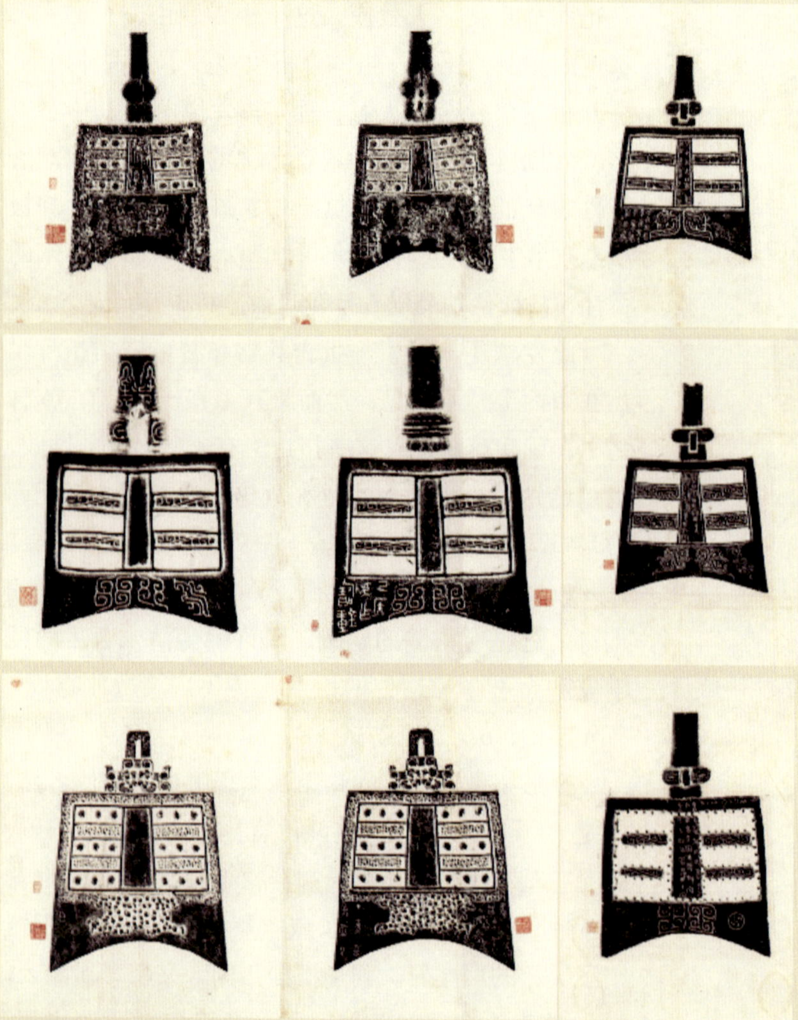

陈介祺藏古钟拓片

故此拓片以18万元起拍，59.8万元落槌。

另一件全形拓则是《汉雁足灯》，关于这个物件的拓片，不知道当年究竟拓了多少份，因为时常出现在不同的场次中，并且每一件都会有一大堆的名人题跋，而同样，每一件拓片也都能卖出善价，这真是件奇怪的事。本场也是如此。这件拓片上有阮元、汤贻汾等人的题记，另外还有黄易、翁方纲、张廷济等大名家的收藏印，故这件拓片以60万元起拍，82.8万元成交。

还有一件名人题跋的整张拓片则是《黄宾虹题跋、六舟手拓宋高宗赐韩世忠敕残石拓本》。这件拓片的残石是宋高宗所题之字，而内容则是赐给韩世忠者。此拓片由名僧六舟所拓，据说此石出土于苏州沧浪亭，因以往未曾有过著录，且拓片流传稀少，故尺幅虽然极小，但却引起许多买家的关注。这件拓片上有多位名人的跋语，似乎以黄宾虹最受关注，故此件拓片以12万元起拍，46万元落槌。

关于兵器类拓片，本场还有一件《汉建安弩机》拓片，清乾隆嘉庆间宋葆淳、翁树培手拓本。本拓片为册页装，里面同样有一大堆名人的跋语，其中以翁方纲和吴昌硕最受人关注，故此拓本以50万元起拍，92万元成交。

本场上拍的宋拓本有《雁塔题名帖》。西安慈恩寺大雁塔从唐代开始，当时中进士者都会登此塔，然后将自己的姓名刊刻在上面，不知道好莱坞的星光大道是否就是效仿雁塔题名。然这种题名的宋拓本却流传极其稀见，故此本的上拍引起了多位买家的关注，该品以30万元起拍，89.7万元落槌。

以稀见程度论，本场上拍的碑帖应属《北魏王子晋碑》为最。关于此碑的价值，图录中收有上图碑帖专家仲威先生的文章，文中详细论述了海内孤本的价值所在，其在文末称："笔者觉得此册的价值已不在宋拓还是明拓之间，因为碑帖若论文物价值，当首重传世的珍稀程度，次重椎拓之年代，此碑未见第二传本，故可称为'海内孤本'，其价值与地位完全可与赫赫有名的《张黑女墓志》埒名。"《张黑女墓志》是碑帖中的名品，仲威将其与之并称，即此可知该碑的价值所在，故此拍品以150万元起拍，230万元落槌。

古籍善本专场，将印谱部分排在最前面，这也是突破常规的做法，由此可窥今日之市场：虽然叫"古籍善本专场"，然而今日除了个别品种，一般而言，碑帖和印谱都要比古籍火很多。这种本末倒置的做法不知何时才能予以纠正。

本场上拍的印谱部分，排在前面的15件是朱孔阳先生的旧藏，这15件拍品同样是100%成交。此部分的第一件拍品为《清仪阁古印偶存》，道光八年（1828年）张廷济钤印稿本，一函六册。本书除了空白行格，余外题写的字迹均为张廷济亲笔书写者，其中在某页钤有一方朱记："购古印四十余年，去其复者得三百三十有奇，印三十五部，部六卷，朱纸工银六两。道光戊子夏日，叔未张廷济记。"此朱记后另有测海楼的藏印，由此可知，该书曾归真州吴氏。此为名家稿本，当然会引起藏家的关注，故此书以 4 万元起拍，23 万元成交。

《锦囊印林》四卷，乾隆十九年（1754 年）汪氏香雪亭钤印本，册页装三册。汪启淑所制印谱中，以此谱体积为最小，故而该谱也极其有名。然该谱流传极其稀见，国内公藏著录仅三部，前些年保利上拍一部，为我所买下，然本场上拍的这一部却已经被改装为册页。该谱的特殊之处就是其体积的小巧玲珑，改为册页之后，则无法看出原书的面貌，故而此部的成交价远低于保利上拍的那一部，为 8 万元起拍，16.1 万元成交。

《秦汉印统》，明万历吴氏树滋堂刻红印本，白棉纸八册。该书虽然是明代印谱，然书中的印章却是木板刻制，而非钤盖，正因如此，使得该书以往不受篆刻家的重视。然而明代印谱毕竟稀见，因此这类印谱在今天依然受到藏家的关注。更何况该谱虽不稀见，然而八册全本者却很少，故而此谱以 12 万元起拍，23 万元落槌。

本场的明代印谱还有《顾氏集古印谱》，明万历间顾氏芸阁钤印本，白棉纸三册。一般而言，业内认为最早的印谱是顾从德于明隆庆六年（1572年）所钤印的《集古印谱》，当时此谱钤盖了二十部，而今所见者只是零星的残本，因为该谱在当时就大受欢迎，但是钤盖又十分费时费力，且对印章有损伤。因此，顾从德又照原印仿制了一批印章，钤盖出一批印谱。然而这种印谱还是供不应求，于是，顾从德不再钤盖，而是将刻板的板框与印章一并刊刻在木板上，同时将其刷印出来。市面所见者，主要就是这第三种。而本次上拍的为第二种仿刻钤盖者，到今天依然稀见难得，故此谱以12万元起拍，39.1万元成交。

在朱孔阳小专题中，还有两件拍品不是印谱，但同样很有意思。一件是《御制文溯阁记》珂罗版底片。珂罗版所印之书在今天仍然流传较多，然印板底片却少有出现，去年我曾在苏州古籍书店内看到一箱，然其中的板片大多已经损坏，可见此物保存之难。而本场却上拍了一盒16块这样的玻璃板，且内容又与《四库全书》有关，这样的拍品属于印刷史上重要的物证。虽然底价仅定为2000元，却以3.68万元成交。另一件是《重刊增广分门类林杂说》，光绪三十四年（1908年）铁琴铜剑楼抄本，一函八册。铁琴铜剑楼所抄之书，在当今拍场上少有出现，虽然当年该楼有许多抄本传世，但大多藏

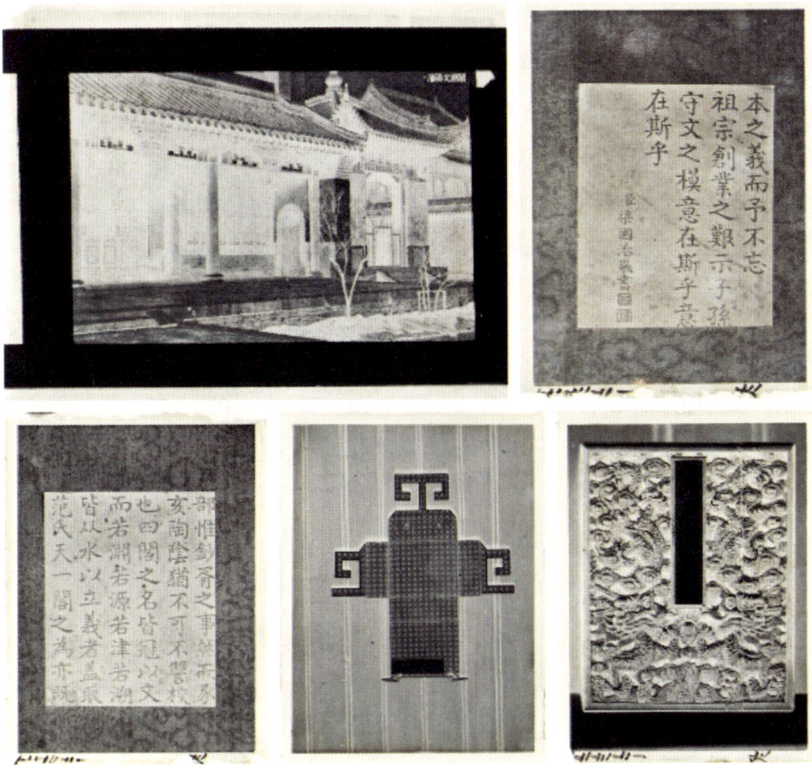

《御制文溯阁记》珂罗版底片

于公共图书馆，因此其所抄之书流传稀少，也就引起了买家的喜爱，故此书以8万元起拍，9.2万元成交。

除朱孔阳所藏印谱之外，本场上拍印谱类拍品39件，其中成交30件。较为难得者有《峰青馆印谱》稿本，此稿难得者则是因为有吴昌硕的题端，而书内还附有两幅钱瘦铁的照片，照片中所显现的内容是珍贵的史料佐证物，故此册印谱以8万元起拍，26.45万元成交。《齐鲁古印攈四卷》、《续齐鲁古印攈十六卷》，清光绪间钤印本，三函二十册。此谱也是印谱类中的名品，尤其前四卷，当时仅钤印了十部，故而每一部出现在市面上都会引起争抢。该谱以20万元起拍，41.4万元成交。《考古正文印薮》明万历十七年（1589年）钤印本，白棉纸五册。此谱当年编辑十分费力，前后历时二十多年，作者张学礼同时请到了多位名家共同摹刻古印，然后汇为此谱。这种制作印谱的方式为首次，故此谱以20万元起拍，40.25万元成交。

明版书本场最难得者有两部，其一是《祝子罪知录》，明万历间刻本，一函十册。此书的作者为明代画家祝允明，这部书从内容角度而言很是别致，从书名即可知道祝允明对中国历史上的圣人，比如商汤、伊尹、孟子等都颇有微词，与主流意识形态如此相悖，可见祝允明的思想十分奇特。再者，此书流传甚少，较为稀见。2005年，中国嘉德上拍了一批过云楼旧藏，其中就有该书，而本书的出现让藏家又一次见到了这部奇特之书，故此书以12万元起拍，24.15万元成交。

《宋文鉴》，明天顺八年（1464年）严州府刻弘治十七年（1504年）胡韶补修本，白棉纸四函四十

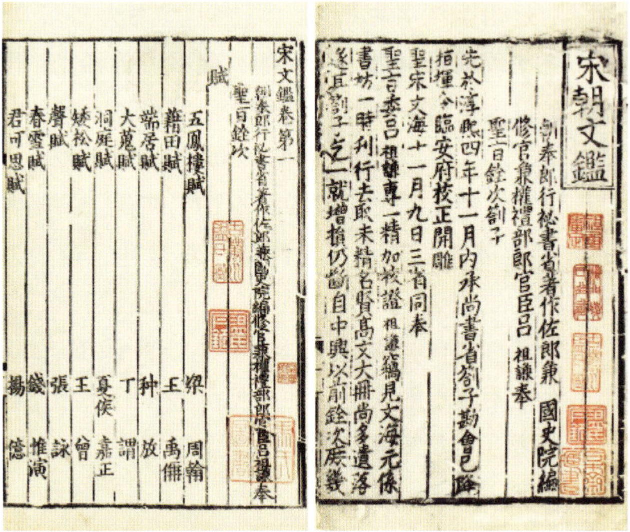

《宋文鉴》 明天顺八年严州府刻弘治十七年胡韶补修本

册。关于此书的递传，其实是由宋版改挖而成，我自己所藏的一部曾经拿到北大图书馆善本部进行比勘，能够看出我所藏之本仍然有些宋版书页在，而本场上拍的这一部，则已经是明代重新翻雕者。虽然如此，如此完整的一部也同样难得，故此书以40万元起拍，57.5万元成交。

本场上拍了一件稀见的版画书《青楼韵语》，明万历四十四年（1616年）武林刻本，一函四册。这部书的内容很奇特，所收均为妓女所作的诗词，这应当是中国第一本此类诗集。里面所收五百多首诗词，是由180位妓女所作，而书前所附的12幅版画，则是由徽派名家所刻，再加上本书为初印本，故而这些版画看上去十分明丽。此书流传稀见，国内公藏仅国图藏有一部，因此这部书成了本场的争抢对象。该书以 150 万元起拍，304.75 万元成交。

佛经类拍品、宋元版本场上拍了两件。这类拍品当然是市场的热点，在此就不再赘述。而内府刻本较为难得者有《御选唐诗》，清康熙五十二年（1713 年）内府刻朱墨套印本，开化纸二十四册。该书虽然也不属于殿版书中的稀见品种，然而品相如此上佳者，也属难得之物，故此书以 9 万元起拍，48.3 万元成交。

本场清刻本中的难得之物有《附释音礼记注疏》，清乾隆六十年（1795 年）和珅影宋刻本，四函三十册。和珅所刻之书一向稀见，虽然他的人品不足道，然其刻出的书却精益求精，这些年来，我仅得到过一部，而今所见者，也是第一次出现在拍场上。正因和珅之名，故此书以 6 万元起拍，8.625 万元成交。

2015秋　中国嘉德

拍卖时间：2015年11月16日13:30

拍卖地点：北京国际饭店国际厅南厅

嘉德的此次秋拍，古籍部分分为了两个专场，一是“笔墨文章—信札写本”专场，二是古籍善本专场。下文所论述者，则是后一个专场。本场上拍拍品233件，成交152件，成交率65.23%，成交总额1662.5万元。

嘉德的本次秋拍对竞买保证金作了更进一步的规定：将不同的场次分为了五种号牌，并且对应五种不同的保证金数额，这样的细分颇为少见。比如中国书画的大观夜场，不论注册客户与非注册客户，保证金则一律为300万元。而其他场次的书画，则注册客户为100万元，非注册客户为200万元。当代艺术、陶瓷、家居工艺品及古籍善本相应的保证金为50万元和100万元，而邮品钱币的保证金则分别为20万元和40万元。葡萄酒则不分注册与非注册，一律为10万元。由此可以间接地看出，古籍善本在整个艺术品市场中所处的位置。

从拍卖顺序而言，嘉德的本场大拍突破常规，将碑帖部分排在了本场的最前面，亦可见今日的市场热点所在。碑帖类拍品本场上拍93件，仅流拍8件，这对近几年的艺术品市场而言，已经是极高的成交率。

从近几年的成交情况来看，碑帖版块中全形拓及青铜器拓片似乎更受关注，故而本场将此类拍品排在了最前面。大盂鼎为清代出土著名青铜器之一，本场上拍的《周大盂鼎全形拓》，为清末拓本。此拓内有王同愈的题记，文中详细考证了该鼎的历史价值，故此拓片以8万元起拍，88万元成交。与之相应，本场还上拍了大盂鼎文字拓片，而没有器物的全形拓。这张拓片上有姚茫父的释文及考证文字，然而没有器物的全形拓，起拍价则降为3万元，而成交价则是42万元，由此可见全形拓的市场认可度。但事情往往也有例外，比如《散氏盘》拓片，此拓片仅有铭文而无器形，然拓片侧边有清代藏书家赵烈文的长跋，故而也受到了买家的喜爱。该拓片以6万元起拍，160万元成交。

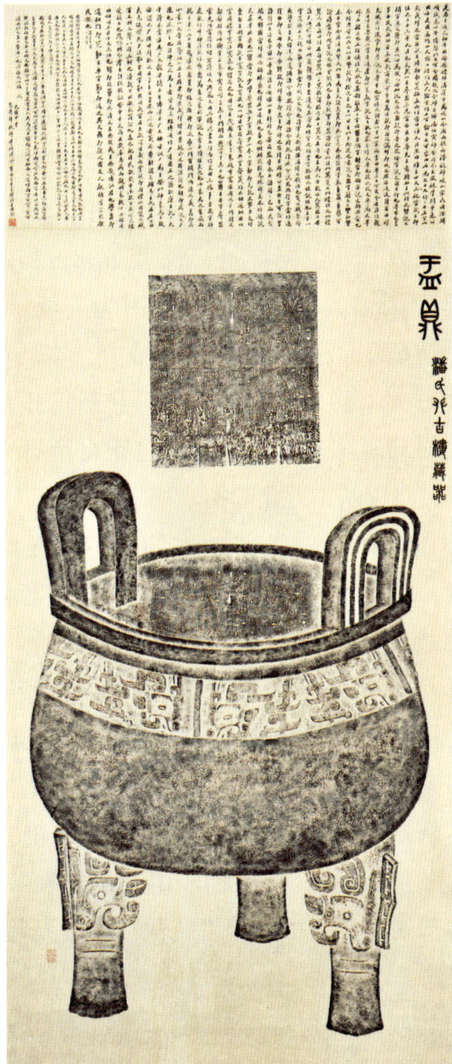

《周大盂鼎全形拓》 清末拓本

毛公鼎是迄今为止出土的青铜器铭文字数最多的一件，这件重器的流传故事在历史上太过有名，在此不再展开，然本次上拍的拓片也是上拓铭文，下拓器形，只是上面没有任何的题字，但仍然不影响该拓片的价值。此片以15万元起拍，52万元成交。秦商鞅方升，也同样是一件著名的古物，该拓片同样是上拓铭文，下拓器形。因为其流传稀见，故此拓片以6万元起拍，115万元成交。本场还上拍了一件金石大家陈介祺所拓古砖，虽然这拓片仅一张，然上面却有陈介祺的题字，这正是金石藏家所关注者，故此片以3万元起拍，16万元成交。

余外还上拍了一批剪条本的拓片，在此就不一一述及。而套帖则有《三希堂法帖》，此套帖为道光后带花边者，虽然从珍贵程度上讲要比不带花边者差很远，然这套拓片三十二册齐全，且带有4只旧木箱，品相完好，以12万元起拍，22万元成交。

藏书家墨迹也是嘉德古籍拍场中常年上拍的品种，然本场这类拍品却较少，较为难得者有“莫友芝所书八言联”。虽然莫友芝的书法留存较多，然此上拍之物却是莫氏所书较精者，故以2万元起拍，6万元成交。

上拍的明版书较难得的有《周易传义》，明嘉靖年吉澄刻本，白棉纸十二册。此书为著名的嘉靖本，然该拍品比其他的吉澄刻本多出一条刊记，这是该书的难得之处，故此书以10万元起拍，13万元落槌。于今市场而言，这是个很便宜的成交价。《书传大全》，明正统内府刻本，白棉纸十一册，虽然从内容上而言，这类书不受藏家所关注，但从版本的角度来看，此书自有其价值在，因而近些年涨价速度很快。然近三年来，这些书的价格略有下降，故75万元的起拍价让买家难以接受，致使流拍。《桯史》，明成化十一年（1475年）江浉刻本，黄棉纸四册，此版本极其稀见，可惜品相略差，故仅以20万元成交。

明代族谱类的拍品一直流传较少，本场的《新安黄氏会通谱》，明弘治十四年（1501年）刻本，黄棉纸四册，属于族谱类拍品中的稀见品种，且书后附有一些文集，故可将其视为明代稀见文集中的一种，然却以38万元流拍。

稿抄校类拍品以《华延年室题跋》最为难得，该拍品一册，为清代藏书家傅节子的稿本，可惜仅残存三卷，致使该书以30万元流拍。还有《湖吁集》，民国袁荣法写本。袁荣法是清代大藏书家袁芳瑛的后人，而后他去了台湾，曾经出过大部头的善本书志，然其所抄之书却流传稀见，故此本以3万元成交。

诰封类拍品本场上拍了两件，且以一件《清顺治二年诰封》最为难得。此件诰封所书年款为清顺

《清顺治二年诰封》

《河东盐池之图》

治二年（1645 年），有此款的诰封很稀见，故此拍品以 15 万元成交。

舆图类拍品以《河东盐池之图》最为稀见，此图为明万历二十四年（1596 年）所绘，虽然尺幅不大，但却极具史料价值。图录内印有相关专家对此图的研究文章，有兴趣的朋友可找来细看。此图以 50 万元的底价成交。

印谱类拍品本场上拍了 40 件，然却没有历史名谱。上拍之物中也有几部是市面上较少得见者，例如《历朝史印》，清道光间楚桥书屋钤印本，一函六册。此谱为第一次出现在拍场上，以 2 万元起拍，2.5 万元成交。《试篆印存》，清道光二十七年（1847 年）求是斋钤印本，一函八册，此谱并不稀见，然而所见者却有着很多细节上的不同。藏谱大家林章松先生在复旦大学讲座中曾经以此谱的不同版本为例，讲解该书中的细部区别。该谱难得之处，除了花栏上的区别，另外有林则徐和海源阁主人杨以增的序言。

版画类拍品本场最佳的一件则是《方氏墨谱》，此谱为明代著名的版画书，然因该谱在明代就有不同的翻刻本，至今相关专家也无法定论哪一个版本为方于鲁的真正原本，而本场上拍的这一部因为品相略差，故以 16 万元流拍。

宋元类刻本本场没有重头拍品，然《大方广佛华严经卷七十八》，元至正间刻本，经折装一册。而该书的字体跟寻常所见到的元刻佛经有较大的差别，可以说是元代刻经中的一个别格，极其少见，可惜该书残损较严重，以4万元流拍。《佛说一切如来真实摄大乘现证三昧大教王经卷第十八》，元刻《普宁藏》本。虽然《普宁藏》本于今而言并不稀见，然此本的特殊之处是后面有较长的尾题，由此可考此经的一些刊刻信息，这也是该经区别于其他零本之处，故而此经以15万元底价成交。

笺谱类拍品本场上拍了8件，而最有意思者是本场同时上拍了两部《萝轩变古笺谱》，且版本都是1981年上海朵云轩木版水印，将两部相同之书相同版本且相同品相者排在一起上拍，这在拍卖上较为少见。前一部拍得9.5万元，后一部则拍得10万元。

2016春　北京保利

拍卖时间：2016年6月5日 11:00

拍卖地点：北京四季酒店五层B厅

本场上拍拍品874件，成交719件，成交率82.26%，总成交额5215.3万元（含15%买方佣金）。本专场的重头拍品仍然是唐、五代的写经与刻经，其中最为重要的一件为《佛说弥勒上生经》，五代时期刻本，对于该经内容的描述，图录中写道："《弥勒上生经》全一卷，全称《观弥勒菩萨上生兜率天经》。是弥勒三部经之一，亦是六部经之一，是弥勒经典中最晚成立之作品，也是'弥勒净土'信仰所依据主要经典之一。内容叙述弥勒菩萨命终往生兜率天宫，为教化诸天，昼夜六时说法。其中对天宫之描写远较弥勒下生经为精彩，颇能动人心弦。又谓，欲往生天宫，必修行十善，念佛形象，口称弥勒之名。以此功德并可超越九十六亿劫生死之罪。《佛说弥勒上生经》之观点，与《观无量寿经》所说相通，故此二经可视为同时于四世纪末成立之经典。”而该经成为本场的重头拍品，并不单是内容上的稀见，更重要者，是去年保利秋拍上拍过一件类似的拍品，那件拍品有“天成二年”的落款，最终入藏国家图书馆，成为了国内公共图书馆有确切纪年者最早的刻本。而本拍品无论内容还是纸张字体及刻版风格等，均与“天成二年”相仿，因为“天成二年”以高价成交，而本拍品的估价仅为50万至60万元，最终的成交价则为506万元，成为本场成交价最高的一件拍品。

唐人写经部分还有多件，基本上都以较高的价格成交，比如《金光明经卷一》，此经为公元9世纪盛唐时期写本，首残尾全，长度达到了7.38米。该经25万元起拍，138万元成交。《说一切有部顺正理论卷第四十八》，公元8世纪盛唐时期写本，25万元起拍，230万元成交。《妙法莲华经卷二》，公元8世纪写本，28万元起拍，207万元成交。《大般涅槃经卷第十五》，六朝时期写本，此经长度虽仅1.09米，仍然以109.25万元成交。

刻经部分，除了前面的五代刻本，另有《大般涅槃经卷第七》，北宋福州东禅寺刻《崇宁藏》本，该卷仍然是日人寺田望南旧藏，此经以45万元起拍，70.85万元成交。佛经类拍品中，有一件特殊之物，乃是清雍正元年（1723年）内府刊刻的《御制摩诃般若波罗蜜多心经》，此经以满、汉、蒙、梵四种文字一同刊刻，而在装帧形式上，则是很少使用的推篷装。

在小专题方面，本场排在最前面者，乃是“金性尧先生旧藏”，这个专题总计有130组拍品。对于金性尧的介绍，图录中写道：“笔名文载道、星屋、辛沃等，浙江定海人。我国著名文史专家、资深出版人。金先生青年时代常与鲁迅先生书信往还。后参加校勘《鲁迅全集》，编辑《鲁迅风》周刊。另又主编《萧萧》、《文史》杂志等，蜚声文坛。共和国成立后历任春明出版社、上海文化出版社、中华书局上海编辑所、上海古籍出版社编辑、编审。”然而金性尧个人喜好藏书，却少有人得闻。图录还写道：“金性尧先生一生珍爱书籍，笔耕不辍，用功笃深。收藏大量明清善本并民国平装读本。其与周作人、阿英、金祖同等也曾有过收藏来往，在读书界颇负盛名。金先生自己写有《我与书》、《斗室微吟》、《堕甑录》等购书藏书记。晚年的金先生极大地焕发了购书和写作的热情，只要看到喜爱的书籍，便倾囊相购。”

从本场上拍的金性尧旧藏看，似乎他藏书的着眼点主要还是作为资料来使用，真正够得上善本级别的拍品并不多，当然，本场上拍之物，也许并非金性尧旧藏的主体，故本评论仅是着眼于现有的这130组拍品。这些拍品中没有明代嘉靖以前的刻本和写本，时代最早的当为《世说新语补》四卷，为明末刻本，竹纸一函四册，以7000元起拍，1.725万元成交。余外还有明末汲古阁所刻的《中州集》十卷，此书为后刷本，十二册原装，以9000元起拍，2.3万元成交。

金性尧专题的主体，则是成组上拍的普通古籍和平装书，比如拍卖公司将金氏旧藏中的石印本汇为一组，计79册，以2000元底价上拍，而成交价则为28750元。第78号拍品既有石印，也有少量刻本，同时还有《初期白话诗稿》的影印本，我将这个专题的细目列明如下：

《新增全图足本古今奇观》石印本，一函八册；

《昭昧詹言》正十卷续录二卷续八卷附改录一卷，一函四册石印本；

《满洲老档秘录》二册石印本；

《壮悔堂全集》二套共十二册，上海扫叶山房石印本；

《岳忠武王集》石印本一函四册；

《金石录》影印本五册；

《列仙酒牌》一册石印本；

《海日楼诗》一册木刻本；

《思痛记》一册木刻本；

《闺范四卷》影印本四册；

《绘图双珠凤全传》石印本一函六册；

《十竹斋笺谱》一册，是书共四册，此为其中之一，初版共计201部，内21部为赠送本，180部为发售本，此本为发售本第93部；

《初期白话诗稿》影印本一册；

《宋赵佶千字文卷》影印本一册，1958年7月初版。

这一组拍品的起拍价仅3000元，最终以63250元成交，不知道细算每个拍品的市场价值，合在一起后，是否会远超成交价。另外本专题上拍数量最大者，乃是金性尧旧藏的旧平装，这些书也同样是以几十册一组来上拍。而这些书每一组的起拍价均为1000元，成交价也同样是十倍以上。限于篇幅，在此无法一一列举细目。金性尧的这批130组拍品，总计流拍者仅5件，可见以较底的价格来上拍，确实能达到意外的好效果。

本场上拍的宋版书，除了佛经之外，另有两册

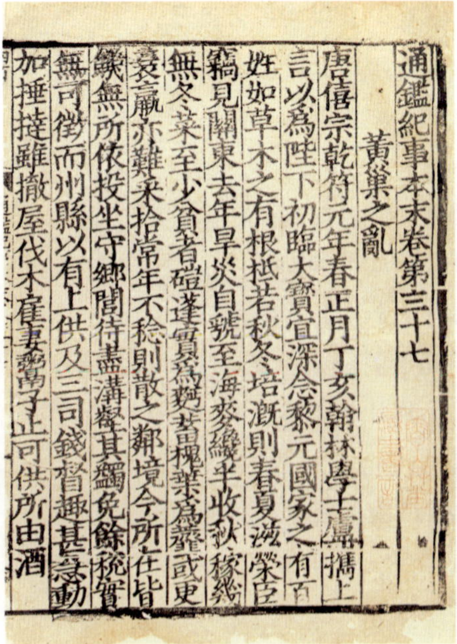
通鑑紀事本末卷第三十七
黄巢之亂
唐僖宗乾符元年春正月丁亥翰林學士盧攜上
言以為陛下初臨大寶宜深念黎元國家之有百
姓如草木之有根柢若秋冬培溉則春夏滋榮臣
竊見關東去年旱災自虢至海麥纔半收秋稼幾
無冬菜至少貧者磑蓬實為麪蓄槐葉為虀或更
衰羸亦難采拾常年不稔則散之鄰境今所在皆
饑無所依投坐守鄉閭待盡溝壑其蠲免餘稅實
無可徵而州縣以有上供及三司錢督趣甚急動
加捶撻雖撤屋伐木雇妻鬻子止可供所由酒

《通鉴纪事本末》
宋宝祐五年刻本

《通鉴纪事本末》，宋宝祐五年（1257年）赵氏刻本，即寻常所言的大字本。虽然大字本不如小字本珍贵，但到如今也成了难得之物，故此两册书分别以两个标的上拍，第一册为该书的第三十七卷，以38万元起拍，126.5万元成交；而第二册为第十二卷，起拍价为25万元，成交价为110.4万元。

元刻本非佛经类，本场上拍两件，《周易本义附录纂疏》十五卷，一函八册，该书以150万元起拍，293.25万元成交，为近些年难得的正经正史类全套元刻本。《通鉴总类》，该书的全本为二十卷，而本拍品仅存卷十七、十八，元至正二十三年（1363 年）吴郡庠刻本，一函二册。该书以 60 万元起拍，138 万元成交。

明刻本中，较为难得的拍品则是《心经附注》四卷，明弘治五年（1492 年）程敏政刻本，白棉纸，一函四册。约十年前，该书曾出现在德宝拍场中，而今上拍者应该是同一部书，虽然起拍价仅标为 3.5 万元，而成交价却是 33.35 万元。《六子书》，明嘉靖十二年（1533 年）吴郡顾春世德堂刻本，白棉纸，三函三十册。该书为明刻本中的名品，虽然在稀见程度上并不高，然却广受藏家所喜爱，近些年所见，大多为该部书的零种，全本颇不易得。该拍品虽然并非初印，却仍然以 25 万元起拍，56.8 万元成交。《临川先生文集》一百卷，明嘉靖三十九年（1560 年）何迁刻本，白棉纸，四函二十四册。该书亦属于明嘉靖本中的名品，虽然数次上拍，然均可拍得善价。此书以 28 万元起拍，54.05 万元成交。与三年前相比，这个价格有着较大幅度的回落，尽管如此，明嘉靖白棉纸本仍然是拍场上的中坚。在艺术品普遍下滑的今天，明白棉纸本依然能够得到买家的追捧。

从近两年情况看，套印本受到了买家的特殊关爱，例如《古文渊鉴》六十四卷，清康熙二十四年（1685 年）内府刻四色套印本，开化纸，四函二十四册。该书本为拍场中的常客，虽然此为内府本，但却流传较广，本场上拍的这一部，品相上佳，起拍价28万元，价格偏低，然成交价却高达70.15万元，这个价格又达到了几年前艺术品市场最为红火的时期。由此可见，漂亮之书无论流传多寡，也无论市场的好坏，在大多数的情况下，依然受到藏家的喜爱。

明代套印本，成交价最高的一部为《文致》不分卷，明天启元年（1621年）闵元衢刻朱墨套印本，白棉纸，一函八册。该书为闵凌刻套印本中流传较少的品种，故该书以20万元起拍，55.2万元成交。

清代精刻本，较为难得者有《无声诗史》，清康

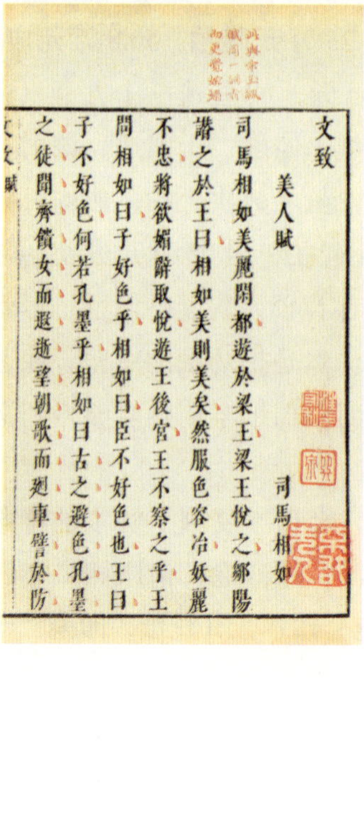
文致

美人賦 司馬相如

司馬相如美麗閑都遊於梁王梁王悅之鄒陽譖之於王曰相如美則美矣然服色容冶妖麗不忠將欲媚辭取悅遊王後宮王不察之乎王問相如曰子好色乎相如曰臣不好色也王曰子不好色何若孔墨乎相如曰古之避色孔墨之徒聞齊饋女而遐逝望朝歌而迴車譬於防

《文致》

明天启元年闵刻朱墨套印本

熙五十九年（1720年）李光暎观妙斋刻本，连史纸，一函六册，此书流传虽然并不稀见，但因为字体刻得实在漂亮，故而依然受到藏家所喜爱。此书以19万元起拍，29.9万元成交。

批校本中的重头，则为《淮南子》十二卷，清管庆祺过录顾千里批本，该书的底本为清乾隆五十年（1785年）武进庄逵吉校刻本，关于该书的价值，孟宪钧先生写了一篇长文，对该书进行了全面的研究，而这篇文章也收录在了图录之中，有兴趣的朋友可以找来作参考。此批校本一函六册，以16万元起拍，149.5万元成交。

本场特殊的稿本则为“梁思成古塔修建设计图”一幅。此图尺幅不大，为45×60厘米，而该图的右上方则有林徽因所写题记，可能正因为如此，使得底价仅是1万元的该图，竟然以207万元成交，可见名人效应是如此之大。

本场上拍了西文书77件，大多数均已成交，跟中国有关之书，乃是《北京游记》，1808年巴黎出版，全四册。书全名为《北京、马尼拉、毛里西亚岛游记》(Voyages a Peking, Manille Et l’le de France, faits dans l’intervalle des années1784—1801)，此书文字部分为三册，版画为一册，其内容则为北京、广州、澳门以及东南亚部分地区的建筑、街道、花园、剧院、服饰、风俗及市井生活。该书以9万元起拍，17.25万元成交。

2016春　北京海王村

拍卖时间：2016年5月20日

拍卖地点：北京市西城区琉璃厂东街115号中国书店三楼多功能厅

本次拍卖共分为四个专场：西文典籍版画、影像、宗教典籍、古籍善本资料。前两场与后两场各合并为一本图录。第一个专场总计上拍152件拍品，其中年代最早的为《上帝之城》，15世纪摇篮本一册。摇篮本是欧洲藏书史上的一个概念，其将1500年之前的出版物视为摇篮本，而本拍品在书脊上写有"1489"字样。因为欧洲书籍出现在中国拍场仅是近几年的事情，故对其外延与内涵，以及某一部书的特殊版本价值，国内的藏家了解较少，而该拍品在西方藏书史上有着怎样的价值，图录在提要中

Aurelius Augustinus.

Insultat babylon syon vrbs vt sancta resultet.

Urbs dicata do abel fundatur sanguine iusti.

In sathane sedez cayn istam condidit vrbem.

Mirifico poteris textos sermone libellos
Hosce: operepretium perlegere hospes: ades.
Nempe due currunt vrbes ab origine mundi:
Una Cayn: fratris altera structa manu.
Subdolus illam habitat: fraudis reus: improbus omnis.
Hanc pius: hanc simplex: pacificusq; pudens.
Illa luto torpet: vitijs corrupta nefandis.
Hec delecta manet caraq; sponsa dei.
Sed scelere implicitos manes petit illa profundos.
Hec virtute micans ethera leta tenet.
Illa sinistrorsum vel ad impia tartara tendit.
Hec dextro innitens calle vireta subit.
Hac iter Elysiũ duce puri fronde metalli.
Illac ditis hiat panda vorago fatim.
Has ter sex libris discreuerat atq; quaternis
Augustinus: opus forte magister agens.
Falsa etiam excussit cautus figmenta deorum.
Confutans verbis dogmata stulta suis.
Quoq; modo primum regalis machina mundi
Condita: nil falsis debeat illa deis.
Improbat atq; viros tenuit quos error auitus.
Spiritibus partem qui tribuere malis.
Unius imperio regitur bene principis orbis.
Nec fortuna graui nos premit arbitrio.

《上帝之城》摇篮本

也未曾有介绍。可能是这些综合的原因，使得该书以30万元底价流拍。建议拍卖公司在上拍西洋书时，最好能够将该书在西方市场中的历年成交记录附在图录中，以便买家对此有直观的认识。

国内买家对西洋珍本的理解，目前更多是停留在版画精美与否的层面上，故而插图多且精美，尺幅又大者，相对而言较受欢迎。比如《卢浮宫藏雕塑艺术珍品巨幅版画集》，此书精装一册，开本达到了62.8×47厘米，尺幅确实够大。出版于19世纪30年代的巴黎。此书以1.5万元起拍，2.07万元成交。

相较而言，当前收藏西洋书的中国藏家似乎更关心与中国有关的西方出版物，这类书一直是拍卖中的热点，而本场上拍的《哈珀中国及世界航海环游见闻录》正是这类题材。该套书21册，1780年法国巴黎出版，内收整页铜版画82幅，这些版画反映了西方探险家在东亚以及中国等地区所见到的风土人情。此书以2.5万元起拍，4.83万元成交。

影像类拍品的情况，与西洋书类似，凡是关于中国者，则受欢迎的程度较高。比如一张“李鸿章签名照片”，1897年摄制，蛋白纸基，照片的两侧有李鸿章的签名，以8000元起拍，6.095万元成交。晚清重臣中，李鸿章的照片并不稀见，而此幅却是首现拍场，能够拍得这样的高价，应该与照片上的签名有较大的关系。

还有一张“处决‘南武号’海盗着色照片”，1891年雅真照相馆摄制，蛋白纸基。这张照片牵扯到一段历史。1890年末，“南武号”商船被海盗劫持，该船隶属于英商得忌士洋行，1891年这股海盗被擒获，被押解到香港，而后被斩首，这张照片拍摄的就是外国人的监斩过程。照片为手工上色，可能是流传较多的原因，此张照片以2000元流拍。而同样题材者，还有一幅为19世纪70年代英国人威廉·桑德斯所拍摄，这张照片同样是斩头的场面，此照片以3450元成交。看来名家所摄的照片更能得到藏家的认可。

宗教典籍版块，较为难得的拍品有《大乘妙法莲华经》七卷，明宣德元年（1426年）刻本，此本为单刻经，所刻颇为精雅，且在卷末刻有“宣德元年九月龙泉住山比丘德始谨识”字样。此经首现拍场，以3万元起拍，24.15万元成交。《慈悲道场忏法》存九卷，明正统四年（1439年）陕西汉中府刻本。从内容来说，该经流传较多，然陕西汉中府所刻之书，却很少出现在拍场中，可能是这个原因，原为十卷本的该书，尽管缺少了第六卷，最终仍然以4.83万元成交。

唐人写经类的拍品，本场上拍一件《向出生菩萨经》，此经的字体属于典型的盛唐风格，残余部分为 2.75 米，而该经为第一次出现在拍场中，以 30 万元起拍，65.55 万元成交。

佛经部分拍品部头最大的为《龙藏经》，此经刊刻于雍正十三年（1735 年）至乾隆三年（1738 年）。该部大藏又名“龙藏”，此藏的经版系中国各大藏中唯一流传至今者，也正因为如此，这部大藏后世有过几次刷印。1987 年，在赵朴初先生的主持下，决定重新刷印这部大藏经，至 1989 年刷印完毕，总计刷制 50 部。而本次上拍的正是此次所刷者，可惜不全，存 715 函，7147 册。尽管如此，这部大藏仍以 100 万元起拍，126.5 万元成交。

本场还有一号拍品也是“龙藏”中的一函，此函计有十册，以 15 万元起拍，18.4 万元成交。如此

《龙藏经》 清刻本

对比起来，则上一部大藏经的成交价就显得颇为低廉。其实从版本而言，上一部大藏跟本函为同版，以目录版本界的观念，这部大藏就是递修本。因此从内容角度而言，递修本与原本没有太大差异。

佛经类拍品最有趣味性的一件，则是《护身根本经咒》，清光绪九年（1883 年）五台山极乐寺刻袖珍本。该经咒虽然刊刻的时间很晚，但却制作得十分精巧，其外观尺寸仅如火柴盒大小，然里面却是经折装，经文与版画俱佳，故这件袖珍品以 1.8 万元起拍，7.13 万元成交。

古籍善本资料类的拍品排在前面者，也有一件趣味品——“钦赐翰林匾”。这样的木质原匾为第一次出现在古籍善本的专场里。该匾尺幅不大，为 80×41 厘米，以 3.45 万元成交。虽然这类物品不属于书籍，但毕竟是跟读书有关的物证。

本场上拍了一些大部头典籍，以名气论，最为世人所知者，当为《全唐诗》，清康熙四十六年（1707 年）扬州诗局刻本。这部书的主持者乃是曹雪芹的祖父曹寅，而扬州诗局也是因为此书而得名。该书原装十二函一百二十册，唯一可惜者，不是开化纸所印，然书中钤有张伯驹的收藏印，为该书增色不少。此书以 25 万元起拍，98.9 万元成交。近二十年来，整部的《全唐诗》上拍过数回，此次为成交价最高的一部。

《全唐诗》 清康熙四十六年扬州诗局刻本

《皇清经解》，道光九年（1829年）学海堂刻，咸丰十年（1860年）补刊本，40函480册。这部大书有1412卷之多，是清代部头最大的经学著作，此书从道光五年（1825年）开始刊刻，用了五年时间方完成。但到了咸丰七年（1857年），英军攻打广州，使得这套书版受到了损坏，战争结束后，两广总督劳崇光组织人将损失的书版重新补配，而后再行刷印。今日所见者，即为补配后的刷印本，因为补配书页在书口下方会刊刻“庚申补刊”字样。近几十年来，市面所见的《皇清经解》绝大多数为补刊本，而未曾补刊的刷印本，在市面上仅出现过一部。从以往的成交情况看，补刊本的价格大概在15万元左右，而本部书的起拍价为20万元，故而流拍。

本场的大部头另外还有《十三经注疏》，清同治十年（1871年）广东书局翻刻武英殿本，一百二十册。此书以4.83万元成交，可谓是很便宜的一个价格。而本场还上拍了一部同治光绪间五局合刻的《二十四史》，这部书配有新的专用箱体，以55万元起拍，69万元成交。

非佛经类的原刻本，本场有《分类补注李太白诗》，元建安余氏勤有堂刻本，存卷一至卷十四。这类书在今日的拍场中，已经是难得的善本，唯一可惜者，是该书的全本为二十五卷，而拍品缺了后十一卷，故而以140万元底价流拍。

明嘉靖白棉纸本，本场上拍最有名的一部是《六家文选》六十卷，明嘉靖十三年（1534年）至二十八年（1549年）袁褧嘉趣堂刻本，白棉纸四函三十二册。这部书堪称明版书中的名品，各种讲述版本之书谈到明刻本时，都会提及该书，虽然该书并不稀见，但几乎每部都能够成交，故而本场的这一部，以90万元起拍，103.5万元成交。

《吕氏家塾读诗记》三十二卷，明嘉靖十年（1531年）傅凤翱刻本，两函十六册。这部书曾入过

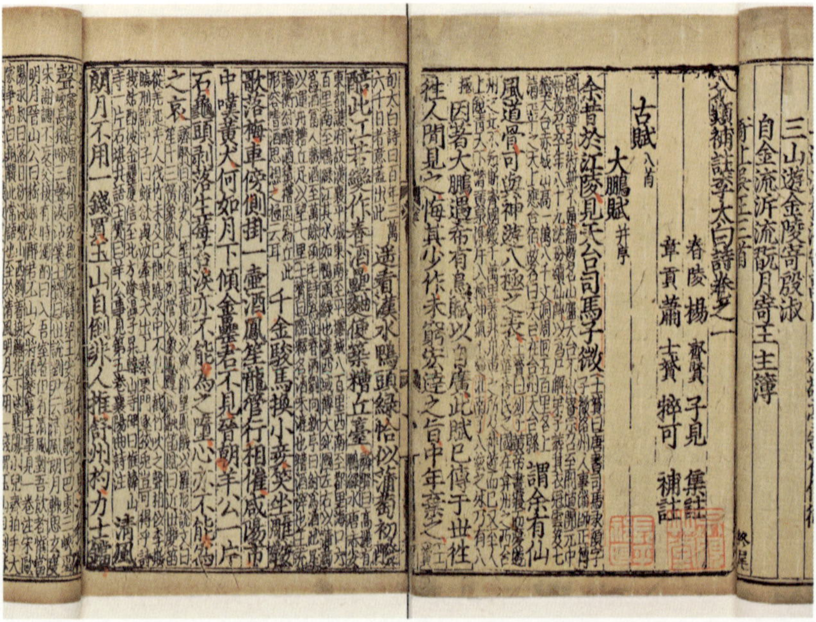

《分类补注李太白诗》 元刻本

官府，每册卷首钤有奉天府的满汉官印，曾为明代藏书家宋筠旧藏，唯一可惜者，是该部书改为了金镶玉，这种改装方式，在古代是针对残破书籍的一种抢救方式，而今有些书商为了增加册数而拆改原书，致使有些藏家不再喜欢新做金镶玉。有可能是这方面的原因，使得该部书以 32 万元流拍。

《白虎通德论》二卷，明嘉靖元年（1522 年）傅钥刻本。此书虽仅两卷，但却是古书中的名品，且该书经过了陶湘、张寿镛等大藏书家的递藏，故以

23万元成交。

闵凌刻套印本，本场上拍两部，其中一部是《南华经》十六卷，明凌氏刻四色套印本，一函八册。就目前情况看，闵凌刻套印以五色为最多，而四色套印本也很稀见，然市面所见的明代四色套印本，最为多见者即是这部《南华经》，可能是这个原因，使得该书以25万元流拍。另一件是《战国策》十二卷，明万历四十八年（1620年）闵氏刻三色套印本，虽然该书也不稀见，但两函八册之本却以30万元起拍，42.55万元成交，看来某部书是否受到市场的看重，有太多其他的原因包含在里面。

本场的批校本，以《前汉书》一百卷最为有名。该书是钟骏声通篇过录张惠言的批语。虽然张惠言并非治史专家，而钟骏声的过录本则又与之隔了一层，然而这位钟骏声是咸丰十年的状元，如此说来，整部书中的批语，则可视之为状元墨迹。可能正是因为如此，使得该书以28.75万元成交。

《花间集》十卷，清光绪间王鹏运刻《四印斋所刻词》一册，该书的封面有况周颐的长子况维琦题款一行，由此可知，他是在1952年将此书赠送给了陈运彰，而书内的批校则均为陈运彰所书。近些年来，陈运彰所藏及所批词集大量出现在上海博古斋拍场中，而今北京场中又出现这样一部，但仍然以2万元起拍，5.175万元成交。可见，陈运彰所批词集始终受到藏家的喜爱。

舆图类拍品，本场上拍19件，流拍仅2件，可见这类拍品渐热。本场拍品中较为难得的一件则为《大明九边万国人迹路程全图》，清康熙二年（1663年）刻本。此图原绘于明代末年，到康熙二年，由姑苏人王君甫刊印发行，虽然图中所绘有失比例，但却是早期的地图形式。该图两轴一套，可惜以3万元流拍。

拓片类拍品较难得的一件为《吴季子剑全形拓》，此剑原藏于清初收藏家孙承泽宅中，为其所藏三剑之一。该拓片上有多家跋语，且此拓片为第一次出现在拍场中，故该拍品以5万元起拍，6.21万元成交。

本场还有两个小专题，其中之一为“董作宾先生旧藏”。这个专题总计上拍20件拍品，全部成交，这些拍品有些是董作宾在龟甲拓片上的题记，还有一些是他手绘甲骨片。其中成交价最高的一件为“小屯南地所出大甲骨拓片”。这张拓片的尺寸是32×26厘米，为整块龟腹甲拓成者，拓片的右下方有董作宾的题字，其称这块拓片是“小屯南地所出第九次之存字最多者”，故而这一纸拓片以1万元起拍，20.125万元成交。董作宾所藏拓片及手绘拓片近几年已经上拍过多次，但依然能够受到买家的喜爱，可见，重要学者的学术史料，始终受到买家的追捧。

2016春　北京德宝

拍卖时间：2016年6月5日13:00

拍卖地点：北京市朝阳区东三环南路88号首都图书馆B座一层第二展厅

本专场拍品总数为329件，成交198件，总成交率为60.18%，总成交额为326.72万元，此价格不包含买方的15%佣金。

本专场的第一个版块为“稿抄校本·名家书法”，本版块的最佳之物为《明代刊书总目》二十六卷，王文进撰，民国三十六年（1947年）手稿本。王文进乃是民国琉璃厂三大书商之一，当年琉璃厂的古旧书经营与今天情况类似，也是分为古书和旧书两类，而搞旧书者，以“三王”名气最大，王文进为其中的一王，因字晋卿，世人多称其为王晋卿。

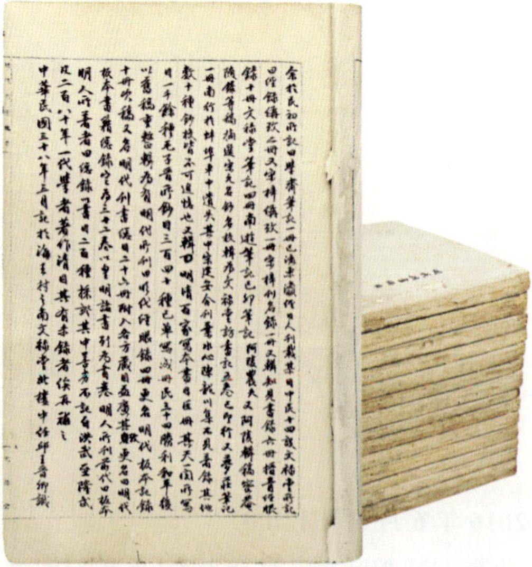

《明代刊书总目》二十六卷　民国手稿本

当年他与许多大藏书家都有交往，那些人的日记和跋语中常常会提起这位王晋卿。他的这部大手稿是第一次出现在拍场中，起拍价仅 2 万元，事先就有多位朋友表示对此有兴趣，最终以 30 万元落槌。

《钦定光禄寺则例》，清道光年间内府写本。该书为黄封面，再加上有黄绫签，仅从制式一眼即可知为内府之物。光禄寺是朝廷专门管理节气、祭典、婚丧等仪式的机构，而其制度则例几经变迁。该拍品应该是武英殿刊刻则例的底稿本，故有较高的史料价值，可惜此拍品仅存卷一至卷十四，一函八册，以 15 万元起拍，20 万元落槌。

《春花湿露》二卷十二回，民国间丽楼抄本，二册。丽楼乃晚清民国藏书大家叶德辉的堂号之一，故该品有可能正是叶氏抄本。此书的内容又是古代的淫秽小说，而叶德辉对这类小说颇有兴趣，曾专门搜集这类小说，汇刻为《丽楼丛书》。而此书却在《丽楼丛书》中未曾收录，这也正是该书的难得之处。故该书以5000元起拍，3.2万元落槌。

《杜工部集》二十卷，清光绪二年（1876年）广东翰墨园刻六色套印本，内有佚名批校，一函十册。翰墨园所刻该书为王世贞、王慎中、王士禛、邵长蘅、宋荦等名家所批校，而以不同颜色刊刻于眉端者，然此本又有人加上了自己的所批，不知道他何以能超越这几位大家而独出己见，这也正是研究杜诗批评史上的一件新物证，故该书以5万元底价成交。

《越南景兴二十八年敕命》，1768年写本，一卷。就目前市场流传情况来看，中国明清以来朝廷所颁布的诰命和敕命数量颇大，只是特殊年份者较为难得。而越南所出敕命流传情况的多寡，至少在中国市场上对此了解甚少。就目前情况看，二十余年来，越南敕命在此前仅上拍过两件，而以本件的年代为最早（景兴二十八年相当于乾隆三十三年），这件拍品以1.2万元底价成交。

本版块还上拍了一类特殊之物，比如“元至元

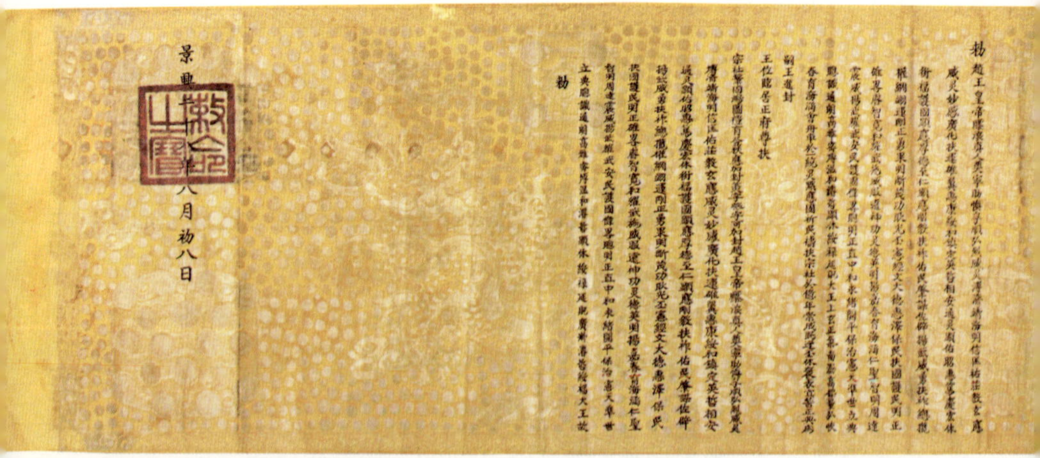

《越南景兴二十八年敕命》

宝钞”。这本非书类拍品，但就目前的古籍市场来看，凡是古代的纸质印刷品，基本都列入了古籍的范畴。元代的纸币流传稀见，而此张宝钞为两贯，不知道在钱币史上是否有重要地位。此拍品以 1 万元起拍，6 万元落槌，看来还是有识货之人。

同样属于纸类印刷品还有一张“川汉铁路股票”。股票、税票类也是一个专门的收藏门类，而搞纸币收藏者大多对此有一定兴趣。该股票的特殊性，是涉及了一段重要的史实。川汉铁路的建造，由四川总督锡良等倡议，由于各种原因最后引起了大骚乱，这就是历史上所说的“四川保路运动”，而正因为要平定这一事件，朝廷派端方前往，在途中他被杀死，以此为导火索，最终引发了辛亥革命。因此这张股票是在中国历史上极为重要的见证物。可惜，搞股票收藏者可能对这张股票的稀见程度有另外的认识，故此票以1.8万元流拍。此外，流拍的原因也有可能跟该股票上的年代添加有关系，因为川汉铁路创办的时间是光绪三十年（1904年），而这张股票却添上了“光绪二年八月”的字样，这也算是弄巧成拙的造假吧。

本专场的第二个版块为“元明古椠·清代精刻”。本版块难得之品有《佛说持明藏瑜伽大教尊那菩萨大明成就仪轨经卷一》，元普宁大藏本，经折装一册。在中国大藏经史上，元朝仅刊刻了这么一部大藏，但在元末的战争中，该寺与经版一同被焚毁，故《普宁藏》零本无递修一说，均为元刻元印之本。在这个角度而言，虽然《普宁藏》零本并不稀见，但也算是元代刊刻佛经的样本，而今这样的零本也变得不易得到。此经以3.5万元起拍，7.6万元落槌。

《新编事文类聚翰墨全书》存后集、甲集，四卷，一册，该书的版本项著录为“元末明初刻本”。关于该书的版本问题，学界有着不同的看法，然近些年所见该书零本，大多被拆改为一册一卷，而本书还保存着原装状态，为一册四卷。可能是因为此书并非稀见难得者，故以5.8万元流拍。

《新编方舆胜览》，元刻本，一函二册。该书的零册也是时常出现在拍场中，本书虽为金镶玉，却是旧物，并非近期改装者。从卷内的收藏印来看，此书曾经是叶盛箓竹堂架上物，而叶盛为明代早期著名的藏书家，这正是该书难得之处。可能是因为底价略高之故，这两册元刻本以底价 30 万元流拍。

《起信论疏笔削记》存十卷，明万历十二年（1584 年）慈圣宣文明肃皇太后印造本，经折装，十册。该经乃是万历皇帝的母亲李太后所施印，而由江南陈龙山家经房处刻印，卷尾有刊刻题款。关于李太后笃信佛教之事，历史上多有记载，而明末四大高僧之一的憨山德清，正是有李太后的支持，才在五台山成功举办了祝寿祈福大会，但也正因为如此，使得憨山大师卷入了万历皇帝与母亲之间的权力之争，最终落得流放岭南的结果。本经正是从另一个侧面间接地印证了那段历史。虽然仅残存该经的卷六至卷十五，但还是以 3 万元底价成交。

《有像列仙全传》存二卷，明万历二十八年（1600 年）汪云鹏玩虎轩刻本，二册。该书以刘向的《列仙传》为底本，用版画的形式为各位神仙造像。此书为徽派版画中的著名作品，郑振铎在《中国古代木刻画史略》中说："《有像列仙全传》的人物及线条和黄镐的《古列女传》的插图是异曲同工的，这是典型的最上乘的徽纸本刻画作品。"由此可知，该书内的版画在徽派刻书史上有着一定的地位。本书应为九卷，而此拍品仅存卷五和卷六，这两卷中有版画四十余幅，故仍然以 1.8 万元底价成交。

《陶人心语》五卷《续选》二卷《可姬传》一卷，清唐英撰，清乾隆间景德镇督陶官唐英家刻本，二函十册。该拍品为本专场的封面，而书的内容则是这位景德镇的督陶官唐英诗文集。这位唐英从雍正六年（1728 年）就在景德镇任此职，直到乾隆二十一年（1756 年）辞官，在这个职位上干了近三十年。就艺术品拍场市场来说，瓷器类中的珍品，最受藏家喜爱，而唐英在景德镇任职期间，主要工作就是督造官窑供内府，可惜那些著名的官窑上无法写上他的大名。而本拍品是其个人出资刊刻者，并且他自称“陶人”，可见他对自己的工作颇为热爱，这部书应当受到收藏陶瓷者的关注。该书以 4 万元起拍，12 万元落槌。这与清代的官窑比起来，

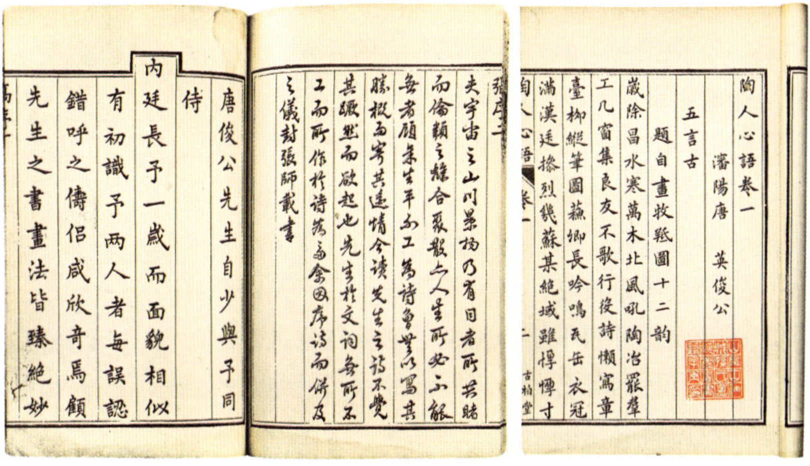

《陶人心语》 清乾隆刻本

价格差得实在太远。

《二家诗钞》二十卷，清康熙三十四年（1695年）刻本，一函五册。该书的编者为清初诗人邵长蘅，“二家”乃是指王渔洋和宋荦。关于宋荦是否能与王渔洋比肩，历史上对此大多不认同。有人认为因为邵长蘅当时是宋荦的幕僚，故有意抬高宋荦。真实的情况是否如此，专家们有不同的看法，但至少说明该书是历史上有名的一部诗集，这也正是此书的价值所在。该拍品以3万元起拍，5.5万元落槌。

《白香山诗长庆集》二十卷《后集》十七卷《别集》一卷《补遗》二卷《年谱》一卷《年谱旧本》一卷，清康熙四十一年（1702年）汪立名一隅草堂刻本。该书同样是清初刻本中的名品，其刊刻字体及版刻风格为康熙一朝写刻本的代表作之一，故此书虽然屡现拍场，但始终受到人们的喜爱。此拍品原装一函十册，以5万元起拍，9.5万元成交。

《毛诗名物解》二十卷，清康熙间刻本，开化纸，一函四册。此书流传稀见，虽为《通志堂经解》零本，却是以开化纸所印，从书内的钤章来看，该书曾归揆叙的谦牧堂，而揆叙则是著名词人纳兰成德之弟，由此可知本书乃是纳兰家族自藏之本。而此书中还有民国著名藏书家陶湘的藏印。陶湘的藏书中，专门将开化纸列为一个专题，这应当是他的首创，而他也因此有了“陶开化”的雅称。当年他所藏的这批开化纸印本，后来整批售给了宣统皇帝溥仪，此本应该是这批书中的遗散之物。该书以14万元起拍，15万元落槌。

本专场的第三个版块为“观翁批校·清代佳刻”，这里的“观翁”乃是指著名国学大师王国维。而本版块所上拍之书中，仅《元朝秘史》十卷续二卷有王国维的批校，该书的版本为清光绪三十四年（1908年）叶德辉观古堂刻本，而王国维的批校落款则为民国十五年（1926年）。此拍品一函六册，内有王国维用朱墨两色所书的批语。王氏所批之书，广受藏家喜爱，然在市面上流传较少，故该书的起拍价虽仅8000元，而成交价则达到了14万元。

《楚辞八卷楚怀襄二王在位事迹考》一卷末一卷，清乾隆三年（1738年）弱水草堂刻本，该书为清代《楚辞》研究专家屈复所注，乃是清代注释《楚辞》的名作，故是书以6000元起拍，2万元成交。

《避火图》，民国间刻本覆彩本，一轴。避火图类拍品偶尔会出现在拍场之中。在古代，这类物品的作用主要是防火，据说火神是女性，看到这样的图，因为害羞，于是会退避三舍。如此说来，古代的藏书楼中都至少应该有一卷此物，可惜未见前人著录过。但从版刻角度来说，这类物品也属古代版刻艺术的一个分支。本场上拍的这一卷注明为民国间所刻，可惜对这类图少有赏识者，故该图以3000

元流拍。

本场的第四个版块为“版画佳作·红蓝印本”。本版块中的《审音鉴古录》较为有名，此书的版本为清道光十四年（1834年）王继善刻本，一函八册。该书的内容是清代中期昆曲中的选本，而该书的刊刻者，其实并非王继善。该书序文的作者隐翁，在序言中称“辗转购得原版，携归江南”，而王继善此时在京任职。如此说来，此书的刊刻要早于道光十四年，可惜难知该书的实际刊刻者，这也给该书的版本研究留下了一个话题。此书以5万元起拍，7万元成交。

本版块还上拍了4部木活字本，其中以《万历野获编》较为难得，该书的刷印年代不可知，但从字体来看，应当是清中后期之物。此书流传较稀，《中国古籍善本书目》所著录的公藏中，仅南京图书馆一家有藏，而此书是六册原装，以3.5万元起拍，5.3万元成交。

本专场的第五个版块为“近现代印本·纸墨文房”，这个版块中以《民族文化宫基建工程档案》最为难得，这批档案数量较大，虽然这属于非书籍类拍品，但是民族文化宫曾是上世纪50年代北京十大建筑之一，故这批原始档案有很高的史料价值。此档案以1万元起拍，1.7万元落槌。

2016春　中国嘉德

拍卖时间：2016年5月16日13:30

拍卖地点：北京市东城区建国门内大街9号北京国际饭店会议中心

本专场分为两个场次，一为古籍善本，二为笔墨文章—信札写本。前一个专场拍品总数为258件，成交108件，成交率41.86%，成交总额2717.45万元。后一个场次上拍222件拍品，成交193件，成交率86.93%，总成交额2485.15万元。以上均含15%买方佣金。

在古籍善本图录的前方，有一段该公司古籍部总经理拓晓堂先生所写的《我想说的话》，细读他的这篇文字，方知原来这场拍卖结束后，拓先生就从嘉德公司退休了。虽然是荣休，但还是引起了不少朋友的些许伤感，毕竟拓先生是引领中国古籍善本走入拍场的开拓者，他在这个行业起到的中流砥柱作用是有目共睹的。在中国古籍走入拍场二十年的当口，我曾对他做过一个专访，请他系统地讲述这二十年来发生过的各种有意思的故事，而今他从这个岗位上“挥一挥衣袖，不带走一片云彩”，这份洒脱从图录上的这段话就能够完全得到展现。他这段话的最后几句是：“其实仔细想想，利益有限，精力有限，唯有情谊永存，天长地久。人生一世，再精彩的大戏，再辉煌的事业，终有谢幕之时。人生能够独享的和带走的只有一个情字，在内就是爱情，在外就是友情。谢谢大家一路相伴！”

这段话说得实在精彩，而这篇告别辞的上一段，则是拓先生讲述本场有些拍品是朋友们得知他将要荣休而特地友情提供者，为此本专场的第一个小专题被命名为“友情专题”。这种分类方式是嘉德的一个小发明。本专题上拍拍品38件，涵盖了手札、拓片、线装书、名人墨迹以及印章印谱等，拍品成交情况甚好，我挑选其中的几种略作点评。

本场的第一件拍品是明代书法家俞允文的一通手札。明代手札百余年来广受藏家关注，而该页手札又经过了魏锡曾、丁辅之等藏家的递传，故而这页手札以6万元起拍，8.28万元成交，也算是小小的开门红。嘉德公司在十几年前就上拍过不少明人手札，均能以很好的价钱成交，今天的这个成交价，并没超过以往的高点。

一组王引之等六人的七通手札，总计二十三页，除了王引之外，其他的人为吴嵩梁、钱维乔、吴锡麒、朱鹤年、陈嵩庆。经学大家王引之的手札流传较少，故而这组手札以15万元起拍，51.75万元成交。

还有一组手札，总计十二页，书写人均为书画大家赵之谦。赵之谦的墨迹一向受到人们的喜爱，尤其近代日本对他的东西最为追捧，这种风气也影响到了中国，故此拍品以18万元起拍，105.8万元成交。

本场还上拍了冒襄所书七言诗扇面一张。冒辟疆为明末四公子之一，其墨迹特受后世所宝爱，而这个扇面著录于1994年上海书画出版社所出的《明清名家书法大成》一书中，故此扇面以15万元起拍，32.2万元成交。

《魏书》存卷五十九、六十，宋蜀刻元明递修本。该册书的特殊之处，乃是用明代公文册子纸刷印者。公文纸印制之书，一直受后世藏家追捧，然这类书颇为少见，虽然是递修本，也同样十分难得。此书以无底价起拍，如此稀见难得之本，以这样的价格上拍，应该是友人以此来表达对拓先生的尊敬之情。该书的成交价格则为34.5万元。

陈寅恪自用印

还有一组有趣的拍品，为“陈寅恪自用印”。陈寅恪是国学大师，其在学术界的地位不用我置喙，他的印章一组十四枚，一次性出现在拍场中，这倒是难得的一件事。可惜的是，这些印章可能并非名家所刻，再加上底价不便宜，故而以180万元流拍。

本专场的第二个专题是“丸孙文库集藏”。此文库的主人是何方人士，图录未曾注明，然有一段说明文字，将这个专题称为“钱柳余韵”，故此文库上拍的21件拍品，全都是与钱谦益、柳如是有关联者。值得称道者有《牧斋初学集》，明崇祯十六年（1643年）瞿式耜刻本，四函二十四册，该书名气较大，然流传并不稀见，而上拍的这一部却钤有钱谦益的印章，这倒是本拍品的特殊之处。该部书以12万元起拍，48.3万元成交。《河东君小像册》，清余集、程庭鹭绘，旧册页装，一册。本册内有多幅柳如是小像，几百年来，关于钱柳的故事，有着太多的传唱版本，但凡是跟柳如是有关的绘画及史料作品，均受到藏家喜爱，故本诗册以35万元起拍，80.5万元成交。还有一件柳如是所绘扇面《桃花翠鸟图》，扇面为泥金地，落款为“如是女史柳是作”。柳如是的绘画作品流传较少，故这张扇面以20万元起拍，23万元成交。

本专场的第三个小专题则是“卢松安先生旧藏”，这个专题上拍13件拍品。卢松安是易学研究专家，他的易庐专藏现在大多保留在山东省图书馆，我曾在此馆的书库中看到了一整排卢先生所藏的易

柳如是绘《桃花翠鸟图》

学著作的不同版本。嘉德公司又从其后人处征集来这些拍品，这13部书均非易学著作，由此可知，卢松安当年的藏书并不都是同一类书。其中，《春秋经传集解》三十卷，明嘉靖间覆元相台岳氏本，六函三十册，该本是明代翻刻宋元本中的名品，而本部书钤有清初大收藏家孙承泽的藏印，且原装原函，品相上佳，故这部书以20万元起拍，55.2万元成交，成为本小专题中成交价最高的一部。《韩文公文抄》十六卷，明刻朱墨套印本，白棉纸，二函八册。此为明代套印本中并不稀见的品种，然该书的卷首钤有上海文管处的藏印，说明该书也属于抄家退赔之物，不知卢松安先生所藏之书是否也遭过此劫。这部书以15万元起拍，17.25万元成交。

唐人写经也曾经是嘉德公司的长项拍品，本场却仅上拍了3件，值得称道者为一件三段唐人写经，被许承尧裱成了手卷。许承尧是收藏敦煌遗物的名家，他曾任甘肃省府秘书长、兰州道尹等职，故有接触敦煌遗物的地利。这三段残经的左右两侧都有许承尧所写的跋语，可见其对这些残片也颇为钟爱。这三段残经以15万元起拍，71.3万元成交。

宋刻本则有《佛说大方广善巧方便经卷第二》，北宋大观三年（1109年）福州东禅寺刻崇宁大藏本，经折装，一册。今日所见北宋刻本，大多是佛经类，而本拍品为该部大藏中的零种。该经的首页钤有

“东禅”朱记，卷尾有刊刻列名，故是难得的北宋刻经标准物，可惜底价略高，以90万元流拍。

同样因价高而流拍者还有《范文正公集》存卷十六至二十，元天历元年（1328年）褒贤世家家塾岁寒堂刻本，一册，该书卷首钤有“晋府书画之印”，而卷尾则钤有“敬德堂图书印”、“子子孙孙永宝用”，由此可知，该书是明代晋府所藏，而藩王所藏之本，大多是皇帝所赏赐者。该册书保留着原始的蝴蝶装，为初印之本，然却以160万元底价流拍。

本场的重头拍品则是五部印谱的稿本，名气最大者是《十钟山房印举》，清同治十一年（1872年）陈氏十钟山房钤印本，十函一百四册。《十钟山房印举》是清代印谱中最著名者之一，而对于该印谱的不同版本，前人有过多方面的研究文章，本拍品乃是最初的手稿，由此可见，该拍品在中国印学史上有着何等重要的地位。这套手稿原藏于日本著名收藏大家金山铸斋先生处，而金山先生跟日本篆刻界的泰斗人物小林斗盦又同为一师。金山铸斋所藏之谱，嘉德曾经搞过专场拍卖，而本拍品则应是金山先生旧藏中的白眉，故这部稿本以690万元成交。

《松谈阁印史》，明万历四十三年（1615年）郭宗昌稿本，一函二册。这同样是一部印谱稿本，然该稿内有明末大书法家王铎的跋语，另有钱谦益的题记，而后递藏到了罗振玉手中，最后又有内藤湖

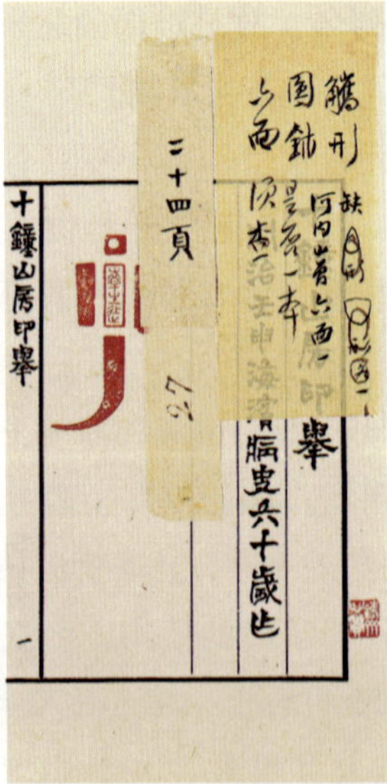

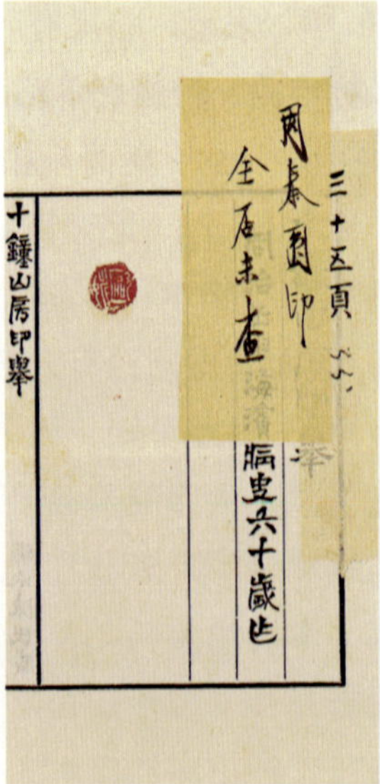

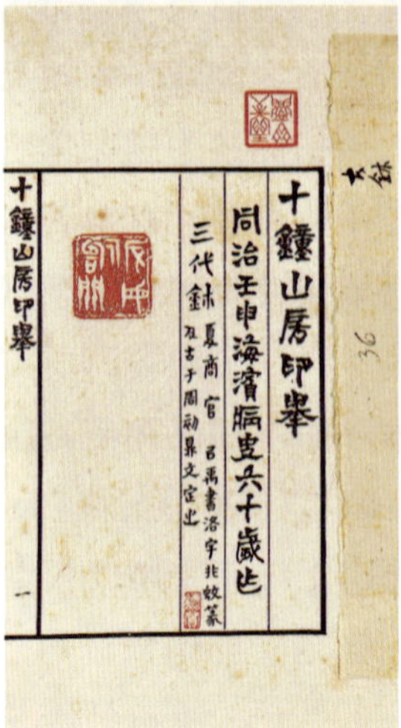

《十钟山房印举》

南的跋语。这么多大家集于一谱，其重要地位可想而知，故这部印谱以200万元起拍，310.5万元成交。

《双虞壶斋印集》，清道光间吴式芬稿本，六册。这也是一部著名印谱的原稿，而吴式芬又是金石大家，此谱虽然只是初稿，但依然颇不易觏。此谱以3万元起拍，6.325万元成交。本专场中还有几部印谱稿本，限于篇幅无法一一提及。

“笔墨文章—信札写本”专场里面也分了多个专题，排在最前面的是“焦菊隐先生旧藏”。这个小专题的前面印有焦世宏所撰《关于父亲——回忆我的父亲焦菊隐》一文，而后则有姜楠所撰《先生先去，一戏一格》长文，详述了焦菊隐的生平事迹。这个专题总计上拍20件拍品，100%成交。其中第一件拍品为老舍写给焦菊隐的书法作品一张，落款是1965年1月8日，转年老舍含冤离世。焦菊隐这20件旧藏，全部是以无底价上拍，而本书法作品最终拍得了51.75万元。另外还有沈尹默的书法，拍得了40.25万元；而老舍、胡絜青书画合璧作品则拍得了51.75万元。

本专场的第二个小专题是“戴兰生先生旧藏”，上拍7件拍品，全部成交。第三个专题则是“马宗霍先生旧藏”，上拍12件拍品，同样是100%成交。马先生旧藏之物在嘉德曾经做过几个专场，以往的上拍之物，大多是章太炎写给他的手札，本场同样以此类拍品为主体，比如一件章太炎写给马先生的一通五页手札，附有原封，以5万元起拍，17.825万元成交。

马宗霍旧藏中还有几件是他所收藏的书法作品，比如翁同龢所书七言联，这件书法作品与市面所见翁氏惯常书体有别，这也正是该件拍品的独特之处，故此副对联以3万元起拍，17.25万元成交。

本专场中另有“鲍耀明先生旧藏”小专题，这个专题上拍6件拍品，100%成交。鲍耀明先生的旧藏已经在嘉德公司上拍过多次，而其所藏的跟周作人有关的墨迹、手稿等等，往往能拍出很好的成绩，本场也同样如此。例如本场一件周作人写给鲍耀明先生的横批，虽然尺幅很小，仅18×48厘米，起拍价格竟然高达35万元，但仍然挡不住买家对此物的追捧，竟以184万元成交。

除了鲍耀明旧藏之外，本场另外上拍了两件周作人的墨迹，其中之一是周作人写给许广平的一页手札，此页手札的上款是“许女士”，周作人如此称呼许广平倒是很有意思。周作人这通手札的内容则是：“许女士鉴：寄下鲁迅书简一册，已收到。觉得有一点稍可惜。即所用系洋连史，如能用中国纸则更佳矣。《会稽郡故书杂集》原写本三册，已于二十三日交马幼渔先生收。以后需用时请即向其索取可也。专此奉复，即颂大安。七月廿七日。周作人启。”看来这封信写于鲁迅逝世之后，而许广平正在收集鲁迅遗稿筹备出版。她寄给周作人一册样书，而周认为此书印制用的是洋纸，也就是惯常所说的机制连史纸，所以周作人认为不如用中国手工纸来印刷更好。由这封信可知，鲁迅逝世后，许广平跟周作人为出版之事仍有交往。这通手札以 5 万元起拍，13.8 万元成交。另一件拍品是许寿裳写给许广平的两通手札，每通手札各一页，这两通手札也涉及印书之事，也是一个历史事件的证物。该拍品以 1 万元起拍，18.4 万元成交。

本专场中另有“袁光明先生集藏”，这个专题总计 8 件拍品，均为书法类，且其中 3 件是赵朴初先生的书法作品，因为赵先生的大名，这 3 件作品均拍出了很高的价格，比如赵朴初在 1988 年所书的十九言联，以 10 万元起拍，成交价高达 356.5 万元。

2016春　北京泰和嘉成

拍卖时间：2016年5月22日 9:30

拍卖地点：北京市朝阳区东三环北路8号亮马河大厦

泰和嘉成的古籍拍卖分为两个专场，即“影像·手迹·版画专场”和“古籍文献·金石碑版专场”。前一个专场上拍拍品270件，成交率为50%，成交总额330.22万元；后一个专场上拍拍品367件，成交率为68%，成交总额3037.5万元。将影像与手迹、版画汇为一个单独的场次，这是该公司的首创，但从成交率和成交额来看，仍然是以传统的古籍善本及碑帖为主打。

古籍善本专场排在最前面的是佛教文献，这个专题总计上拍35件拍品，尤为难得者是本场连续上拍了三件带卷前扉画的《碛砂藏》。关于《碛砂藏》卷前扉画，按照一般的说法，总计有八种不同的形式，而本场上拍的这三件，恰好是其中的三种。《二经同卷》，刊刻于元延祐二年（1315年）碛砂延圣院，经折装一册，该经卷尾有刊刻落款，此款成为了断代的确切依据。此卷经上还钤有黎庶昌和杨守敬的收藏印，可知这是二人当年从日本访得者，况且带有确切刊刻年款的《碛砂藏》零本较为少见，故该经以38万元起拍，109.5万元成交。《佛说信佛功德经》也是《碛砂藏》零本，此卷同样钤有黎庶昌和杨守敬的藏印。该幅版画与前一件《二经同卷》不同，且该版画收入了《中国美术全集》。然此经没有刊刻年款，故而被定为南宋刻本。此经以35万元起拍，64.4万元成交。

还有一件拍品也同样是《二经同卷》，然此二经却与第一卷不同。前一件《二经同卷》所收为《清除一切闪电障难随求如意陀罗尼经》及《佛说圣最上灯明如来陀罗尼经》，而本卷所收二经，分别是《佛说蚁喻经》和《观自在菩萨如意轮念诵仪轨》，并且该卷的卷前扉画也与前两件不相同，而相同者则是都有黎庶昌和杨守敬的藏印，可见这三件拍品为同一来源。本卷的起拍价是35万元，成交价则为63.25万元。

除以上三件外，本场还另外上拍了两件《碛砂

佛說信佛功德經　驅九

西天譯經三藏朝散大夫試光祿卿明教大師臣法賢奉　詔譯

如是我聞一時佛在阿拏迦城菴羅園中與大衆俱尒時尊者舍利弗食時著衣持鉢入阿拏迦城於其城中次第乞已復還本處收衣洗足敷座而食飯食訖已往詣佛所頭面禮足於一面立合掌向佛而作是言世尊我今於佛深起信心何以故謂佛神通最勝無比所有過現未來沙門婆羅門等尚無有能

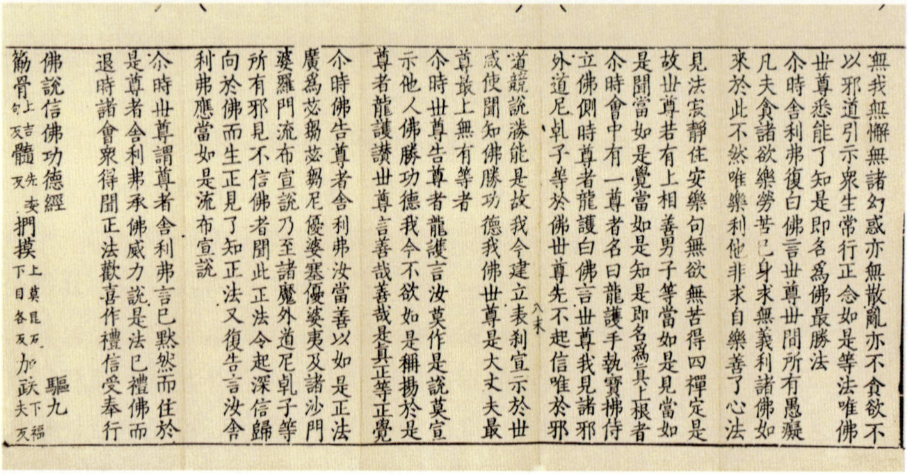

無我無懈無諸幻惑亦無散亂亦不貪欲不以邪道引示衆生常行正念如是等法唯佛世尊悉能了知是即名爲佛最勝法

尒時舍利弗復白佛言世尊世間所有愚癡凡夫貪諸欲樂勞苦已身求無義利諸佛如來於此不然唯樂利他非求自樂善了心法見法寂靜住安樂句無欲無苦得四禪定是故世尊若有上相善男子等當如是見當如是聞當如是覺當如是知是即名爲真上根者

尒時會中有一尊者名曰龍護手執寶拂侍立佛側時尊者龍護白佛言世尊我見諸邪外道尼乾子等於佛世尊先不起信唯於邪道競說勝能是故我今建立表刹宣示於世咸使聞知佛勝功德我佛世尊是大丈夫最尊最上無有等者

尒時世尊告尊者龍護言汝莫作是說莫宣示他人佛勝功德我今不欲如是稱揚於是尊者龍護讚世尊言善哉善哉是真正等正覺

尒時佛告尊者舍利弗汝當善以如是正法廣爲苾芻苾芻尼優婆塞優婆夷及諸沙門婆羅門流布宣說乃至諸魔外道尼乾子等所有邪見不信佛者聞此正法令起深信歸向於佛而生正見了知正法又復告言汝舍利弗應當如是流布宣說

尒時世尊謂尊者舍利弗言已默然而住於是尊者舍利弗承佛威力說是法已禮佛而退時諸會衆得聞正法歡喜作禮信受奉行

佛說信佛功德經　驅九

觔骨上吉反 髓先委反 捫摸上莫昆反下目各反 加趺下福夫反

《佛说信佛功德经》

藏》零本，其中一件为《大宝积经》卷五十四。该经难得之处是带有原函原签，这在今日流传的《碛砂藏》零本中颇为罕见。然该经卷前却没有扉画，因为《碛砂藏》贴扉画的方式是每十册装一函，仅每函的第一册贴有扉画，故同样为《碛砂藏》，因为该经无扉画，起拍价降为了 15 万元，成交价则仅为 17.25 万元。而另一件《碛砂藏》则为《佛说幻化纲大瑜伽教十大忿怒明王大明观想仪轨经》，经折装一册，起拍价同样为 15 万元，成交价则为 20.7 万元。由此可见，带扉画者与无扉画者有着多大的差距。

《大方广佛华严经疏卷九十三、九十四》，北宋大安二年（1210 年）两浙转运司刻本，经折装一册。中国刊刻之书中的宋刻本，其实大多指的是南宋本，北宋本极其罕见，即使有，也大多为佛经，且主要是《福州藏》零本。而本件并非《福州藏》系统，这正是其难得之处。该经年代的断定，是依据韩国版本学家千惠风所撰写的《义天的入宋求法与宋刻注华记版》一文，而千惠风本文的资料出处，则是根据《高丽史》卷二十的记载。从该件拍品的刊刻风格及其用纸来说，这的确是中土刻本，可能是因为底价高达 150 万元，致使该经流拍。

写经本场上拍一件，为《维摩诘经》卷下。此经首残尾全，拖尾远比寻常所见者要长许多，且卷尾不成燕尾形。从字体上看，这卷写经早于寻常所见的盛唐写经，故该经被定为公元6世纪写本。今日所见敦煌写经，大多为唐代中期以后者，而南北朝时期写经颇为罕见，故此经底价定为了180万元，而成交价则为264.5万元。

《大佛顶如来密因修证了义诸菩萨万行首楞严经卷八》，清乾隆内府刻本。该经的难得之处，乃是印经所用的纸张为宋版佛经的背面，以这种纸印造之经，当然数量极少。该册经卷首钤有龚心钊的藏印。龚为收藏大家，1960年，龚心钊的后人曾将家中珍藏的五百多件文物捐给了上海市文管会。近些年的拍卖上，时常能够看到龚心钊旧藏之物，大多为稀罕难得者，本件拍品也同样如此。故这件佛经虽然只是乾隆年代所刷印者，但起拍价高达50万元，成交价则为71.3万元。

佛经部分还有一件特殊的拍品：《大方广佛华严经卷第十一》，元明间云南地区刻本，经折装一册。该经的经名虽然较为多见，然云南所刻之经，且带扉画者，却颇为罕觏。云南地区早期所刻之经流传至今者颇少，尤其在中原地区很难见到，故这件经以6万元起拍，6.9万元成交。

关于清内府珍藏之物及刻写之书，本版块被命名为“御览”。这个版块的第一件拍品为《明文海》卷二百五十八至二百八十二，清乾隆《四库全书》写本，包背装十册。《四库全书》总计抄写七部，即

《明文海》 清内阁写本

北四阁与南三阁。北四阁在每册的卷末均钤有该阁专用之章，然此十册《明文海》未有之，以此推论，这十册《明文海》应当是南三阁之一。从质量角度而言，南三阁比不上北四阁，然而南方三阁中的扬州文汇阁和镇江文宗阁，在太平天国中被彻底烧毁，杭州的文澜阁虽然也受到了毁损，但经后来的几次补抄，使该阁基本恢复了原貌。如此论起来，其实南三阁中的文汇阁和文宗阁原本更为罕见，而这十册《明文海》究属南三阁中的哪一阁，则无法断定。尽管如此，于今而言，此拍品已属难得者，因为这十册书均带有原封面，而今所见的南三阁零本基本上很少带有封面。而且该书的卷首钤有广东藏书家莫伯骥的收藏印，莫氏五十万卷藏书大多不知下落。此拍品以85万元起拍，368万元成交。

《刍言》三卷，清乾隆年间四库馆臣誊写底本，一册。这也是与修四库有关的一件重要物证。当年纂修《四库全书》，其底本来源有两个重要渠道，一是从民间征集，二是从《永乐大典》中辑录，而此书正是从《永乐大典》中辑录出来者，且卷首钤有翰林院的大印，书内有较多的校改之处，可见该书确实是《四库全书》底本。书内钤有“东莞莫氏五十万卷楼劫后珠还之一”的藏印，即此可知，该书也是莫伯骥的旧藏。此书以15万元起拍，41.4万元成交。

与《四库全书》有关者，本场还上拍了三件拍品。一是《浮沚集》，此亦为南三阁零本，一册，该书以15万元起拍，46万元成交。而《金石经眼录》则可明确认定为南三阁中的文澜阁本，因为该书的版心刻有“癸亥补钞”字样。文澜阁经太平天国毁坏之后，当地的大藏书家丁丙、丁申兄弟组织人对残损部分进行了补抄，时间在光绪年间。到了民国四年（1915年），当时的浙图馆长钱恂又进行了二次补抄，此次补抄者，被称为“乙卯补抄”。到了民国十二年（1923年），张宗祥又进行了第三次补抄，此次补抄则称为“癸亥补抄”。而此件拍品前有谢国桢

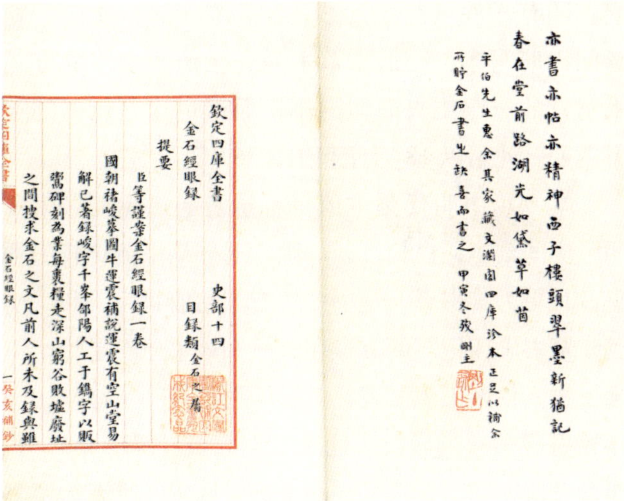

《金石经眼录》 清内阁写本

写于1974年的题记，由此可知，该册书原藏俞平伯家，是在该年由俞平伯赠送给谢国桢者。故此册书虽然仅是民国补抄之物，但因为涉及一些文人交往的资讯，这册书以20万元起拍，32.2万元成交。

本场上拍了三件宫中的藏书。《尚书孔传》十三卷，清乾隆四十八年（1783年）武英殿仿宋相台五经本，包背装一函五册，此书卷首钤有“养心殿宝”，知其乃原藏宫中之物，该书以50万元起拍，57.5万元成交。另一件《毛诗郑笺》存卷十五、十六，包背装一册，该书的版本同前一件，同样钤有“养心殿宝”，故此书以15万元起拍，23万元成交。还有一件《古今类书纂要》卷十一、十二，乾隆间内府写本，一册。该书是完全仿照刻本的方式书写，故一眼望去颇似刻本，而这也正是该书的难得之处。此书以18万元起拍，36.8万元成交。

本专场中明代刻本值得称道者有《孔子家语》，明隆庆间刻本，白棉纸，一函六册。该书流传较为稀见，且更为难得者，是书中钤有“怡府世宝”和“明善堂览书画印记”两方藏印，故知该书原本是怡亲王架上物。怡亲王名弘晓，其旧居近已得到了修复。当年怡府藏书数量极大，乾隆三十七年（1772年），弘历命开四库馆，要求私人藏家进呈底本，唯有怡亲王府不必执行这个命令，可见其在乾隆年间有着何等特殊的地位。怡府藏书直到同治末年才散失出来，被海源阁买去不少，故而怡府旧藏之物市面上并不多见。这部书以40万元起拍，46万元成交。

《野客丛书》三十卷附录《野老纪闻》一卷，明嘉靖四十一年（1562年）王榖祥刻本，白棉纸，二函十册。该书是明嘉靖本中的少见品种，故虽为金镶玉衬装，但仍然以40.25万元成交。

《陆象山全集》，明嘉靖间刻本，白棉纸，二函十六册。陆九渊虽然是宋代大儒，但今日所见他的文集却基本是明刻本。陆九渊全集分为二十六卷本和三十六卷本两个系统。本拍品流传很是稀见，且书中钤有“知圣道斋珍藏”印，知该书曾归乾隆年间收藏大家彭元瑞，故此书以38万元起拍，63.25万元成交。

《唐文粹》一百卷，明嘉靖三年（1524年）姑苏徐焴家刻本，白棉纸，三十二册。该书为嘉靖本中的名品，可能正因为有名气，使得该书流传较广，然此书以50万元底价流拍。而本场另一件《唐文粹》，则是明嘉靖八年（1529年）晋府养德书院刻本，该书也是嘉靖本中的名品。此拍品白棉纸，原装二十册，同样以55万元底价流拍。就稀见程度而言，晋府所刊该书要少于徐焴所刻。

明代套印本，以《西厢记》最为难得，该书的版本为明天启间闵刻套印本，一函四册。此为明代闵凌刻中的稀见品种，十余年前仅在上海上拍过一部。而本拍品虽然做成了金镶玉，但原书品相上佳，版画清晰无断版，且该书前所附版画为徽派名手黄一彬所刻，故而此书以118万元起拍，137.5万元成交。

本场的套印本中还有一件特殊的拍品，《星学》，清四色套印本，一函八册。该书是用红黄蓝黑四色来表现出各类图示。此物为首次上拍，以8万元起拍，9.2万元成交。

稿抄校本中未见重头拍品，较为难得者有《邓之诚1918年全年日记》，毛装十二册。邓之诚是民国年间收藏名家，其日记当然是很重要的物证，可惜这些日记不知何故被卖散了，在拍场中已经多次见过其不同年份者，故该拍品以12万元流拍。

清代精刻本中颇为难得者有《南丰先生元丰类稿》五十三卷，清康熙五十六年（1717年）顾氏刻本，开化纸，二函十六册。此书的刊刻颇为精雅，更为难得者，该书是用稀见的开化纸刷印，有广东藏书家吴荣光的收藏印记，故此书以45万元起拍，51.75万元成交。

本场上拍了七部活字本，其中难得者为《白氏长庆集》卷六十六至六十八，明兰雪堂铜活字本，

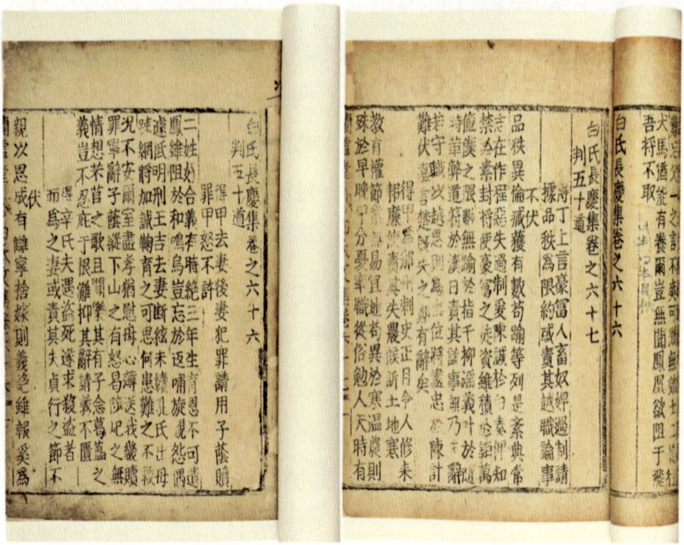

《白氏长庆集》 明兰雪堂铜活字本

一册。明早中期无锡华坚的兰雪堂印过一些铜活字本，这些书的底本大多为已经失传的宋本，到了清中期，包括黄丕烈在内的大藏书家都对这些铜活字本颇为看重，当时的价格也与一些宋版书相仿。而本场上拍的这一册，以20万元起拍，50.6万元成交。

印谱类拍品，本场上拍26件，按照图录的标示，这些印谱为同一藏家所提供。其中较为难得者，有《坤皋铁笔》等三种，清乾隆钤印本，开化纸，一函四册。此书为藏谱大家张鲁盦旧藏之物，该谱著录于《张鲁盦所藏印谱目录》中。此拍品以15万元起拍，20.7万元成交。

笺谱类拍品一向是泰和嘉成公司的强项，而本场上拍的《百花齐放》，1961年荣宝斋木版水印，一函二册，则为泰和嘉成公司的独特品种。近些年来，《百花齐放》上拍了数回，大多出现在该公司的拍场中，本拍品以8万元起拍，18.4万元成交。

手札类拍品，本场上拍36组，其中难得者有“梁启超致赵秉钧札”，一页。梁启超在本信札中谈到了蔡锷、蒋百里等，虽然寥寥几十个字，但也是难得的史料，故该页手札以5000元起拍，5.29万元成交。而本场上拍的其他手札中，大多品相较差，应该是出自同一个来源。这些手札中也有难得之物，其中有瞿启甲、袁同礼、陶湘、张枵、董康等藏书家的手札。

本场还上拍了一些老照片，其中有一组10件徐永昌将军旧藏。这组照片均为人物大照片，里面关涉到了许多重要的军事史料，故这10张照片100%成交。其中一张为“国民革命军北伐胜利南北各路军统领北平会议合影”，民国十八年（1929年）北平同生照片馆拍摄，银盐纸基。这张照片上有李宗仁、周佛海、白崇禧等重要人物，故这张照片以8000元起拍，16.1万元成交。

本场上拍了一组王重民手稿，此手稿总计分为了7组，全部成交。其中有王重民所书《徐光启传》的原稿，写于1961年。而本拍品中还附有该稿的出版物。这件稿本以8000元起拍，5.75万元成交。

2016春　杭州西泠印社

拍卖时间：2016年6月25日

拍卖地点：浙江省杭州市贸中心展览厅三楼

本专场分为两个版块，一是“吉金嘉会·金石碑帖”，二是古籍善本。这两个专场的成交情况分别为：前者上拍87件，成交74件，成交率85.06%，成交额997.05万元，后者上拍168件，成交134件，撤拍1件，成交率80.24%，成交额1192.435万元。以上两项均含15%买方佣金。

碑帖拓片类拍品是西泠印社拍卖公司近几年的努力方向，并且在这方面取得了较好的成绩。本专场的拍品数量虽然不是很大，但质量依然较为整齐。《曹望憘造像》拓本是造像类的名品，虽然屡屡上拍，但在大多数情况下，均能以好的价格成交，因为原

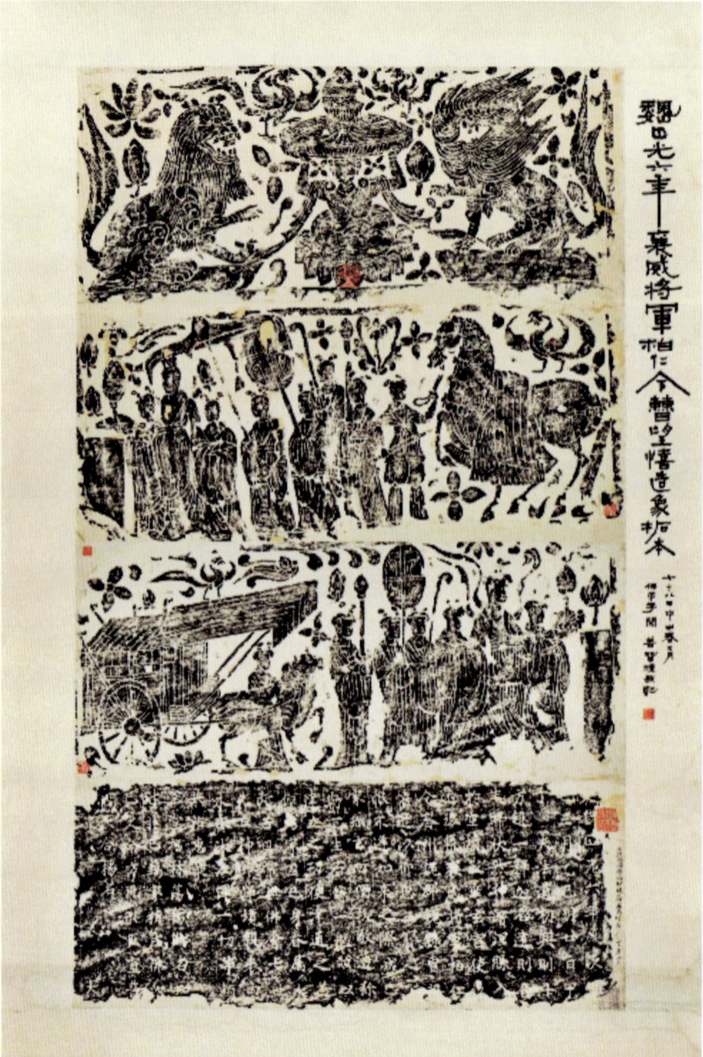

《曹望憘造像》拓本

石现藏法国，故从民国初年开始，此拓本就出现了翻刻本，且翻刻得质量较高，而此次上拍的该拓本则是原石所拓者，能够隐隐地看到原石上的鱼子纹，且有王秋湄的边跋，故该拓本以3万元起拍，11.5万元成交。《汉高君阙画像》拓本，也属造像类，其难得是上面有杨岘的题记，且该张拓片曾有过相关的出版记录。因此这张拓片以12万元起拍，20.7万元成交。

散氏盘为西周三大青铜重器之一，该盘出土于乾隆初年，阮元在任浙江巡抚时，曾仿制了一件，这件仿制品极酷原器。嘉庆十四年（1809年），散氏盘原器作为皇帝寿礼，入贡内府，此后外间难见拓本，直到1924年于养心殿重新发现该器，原器现藏于台北故宫博物院。正因如此，市面所见散氏盘拓片，大多是拓自阮元的仿器，而原物所拓者流传稀见。本场上拍的一纸《散氏盘》拓片，确实拓自原器，故以18万元起拍，21.85万元成交。

而有意思的是，与此相邻的拍品也同样是《散氏盘》拓片，这张拓片的边跋上说该纸乃是阮元所拓者，拓片中附有汪询的题签，上书“周散氏盘名，阮文达公手拓精本”，其依据应该是该拓片上所钤盖的“阮伯元手拓本”朱记。前面提到阮元曾仿制了一件散氏盘，而此拓本又为其手拓之物，那么此为原器所拓还是仿器所拓者，则可以此展开比勘。更有趣的是，该张拓片在民国年间曾出过石印本，而本拍品正附有该石印出版物。最终这张拓片以 1 万元起拍，8.05 万元成交。

虢季子白盘亦为西周三大青铜器之一，此盘出土于清道光年间的陕西宝鸡，同治年间该器归了直隶提督刘铭传，而此次上拍的《虢季子白盘》拓本正是刘铭传之孙刘朝望所拓。而后其将该拓片赠送了鲍立铉，这位鲍立铉是晚清民国间的金石收藏家。该拓本的上端有赵叔孺题款，两侧的边跋是过录陈介祺等人的考释文字，故该拓片也算是满披满挂之物。这件拓片以 18 万元起拍，34.5 万元成交。

本场还上拍了一件《秦铜权》拓本。权就是古代的秤砣，而这个铜秤砣上镌刻着秦始皇及秦二世的诏文，故而称为“秦权”。该器原藏吴大澂宅中，故拓片的上方有吴大澂所书长题。此拓片是吴大澂赠送给王懿荣者，赠者与受者均为金石大家，为此这件拓片以 12 万元起拍，57.5 万元成交。还有一件吴大澂题记之物，为旧拓四条屏，内容均是古玉、钱范等古器物。吴大澂在每个器物旁边都题写了文字，可见这是吴较为用心的题记，故该四条屏以 50 万元起拍，218.5 万元成交。

本场还上拍了一册多位大名家题跋的金器集拓。该拍品为潘祖荫旧藏，1 册 15 开，均为金器拓片，且拓片上有陈介祺等四位名家的诗文和题记。该拓本流传有序，有过多次展览出版记录，正因为如此，该册拓本以80万元起拍，132.25万元成交。

印谱类拍品一向是西泠印社的强项，因为西泠本身就是中国第一大印社，故每次都会有一批印谱出现在拍场中，本场也不例外。相比较而言，本场上拍的印谱平均质量较前略有下降，但仍不乏一些难得之品。比如《宝砚斋印谱》不分卷，清康熙五十五年（1716年）钤印本，一函两册。该谱虽非名谱，却稀见难得，且该谱前有民国二十四年（1935年）庞士龙的长题，这篇题记是考证宝砚斋印谱不同版本之间所收印蜕的区别，是难得的一篇考证文章。故该谱以5万元起拍，34.5万元成交。

《印存玄览》四卷，清顺治间胡正言蒂古堂刻本，开化纸一函二册。就目前而言，用开化纸来做印谱类书特别少见，虽然《印存玄览》非钤盖，而是木刻版，却为印谱中的别类，并且该谱流传稀见，国内公藏仅国图和南京图书馆两家有藏。私人收藏中，黄裳先生曾有一卷残本，著录于其《清代版刻一隅》中。而本场上拍者则为四卷全本，故该书以12万元起拍，42.55万元成交。

《麋砚斋印存》四集附续集，民国二十五年（1936年）宣和印社钤印本，五函二十八册。此谱虽为近代产物，然其为西泠派的名谱，且该部印谱正集、续集均全，颇为少见，故此印谱以25万元起拍，56.35 万元成交。

稿抄校本类拍品也是西泠印社拍卖公司近些年来下大力气重点开发者，并且给市场提供了不少难得一见的名品，而本专场这类的拍品亦有多部。比如《读书录》十一卷，明万历三年（1575 年）湖广布政司刻本，该书流传不广，更何况书内有清代经学家焦循的批校，更为该书增色。焦循所批之书，近十几年来仅在市面上出现过三部，而西泠印社的这一部，则是从日本回流者，更显其难得。该书以 12 万元起拍，16.1 万元成交。

《毛诗稽古编》三十卷，清乾隆三十六年（1771 年）孔继涵微波榭抄本，一函三册。孔继涵所抄之书，二十余年来仅在拍场出现过两部，此为第二部，虽然这两部抄本在字体上略有差异，但根据相关的著录，这两部书确实均为微波榭所抄，故而该书以 18 万元起拍，25.3 万元成交。

《列子》八卷，明嘉靖六年（1527 年）徐宗鲁樊川别业刻本，白棉纸，一函二册。该书为黄裳先生旧藏，卷末有他的题记。黄裳在题记中称该书是“来燕榭百嘉之一”。当年黄裳先生在藏书时，也对嘉靖本情有独钟，曾经想收集一百部这类刊本，以此来建成百嘉室，惜于历史的原因，他未能完成这个心愿，而该部书是他当年这个专题中的一种。其实，本书实为徐宗鲁所刻《六子全书》之一，虽然是一部零种，但因为有黄裳先生的题记，故该书以18万元起拍，20.7万元成交。

《文选》六十卷，明末汲古阁刻清康熙二十五年（1686年）钱士谧重修本，毛边纸，二十六册。该书内有王大隆的长篇题记，且著录于《蛾术轩箧存善本书录》，从书内的批校以及钤章来看，该书经过了王祖询、王荫嘉，而后到了王大隆手中。王氏两代人心血所聚之本，且有清晰的著录，然颇为可惜的是该书以28万元底价流拍。分析其原因，有可能是该书的底本较差。

本专场中列有一个小专题——浙江文献专题，总计上拍26件拍品。这些拍品除了线装书，还有国画、老照片、老地图等，其中难得的佳品有清乾隆间浙派诗人杭世骏的手稿本《全韵梅花诗》。该稿为册页装一册，此稿完成于雍正十年（1732年），初稿完成后，杭世骏抄录多本，分别寄给金农、马曰琯等人，请这些人对该组诗予以校正。因为杭世骏特殊的遭遇，使得该稿最终未能刊刻，直到光绪十四年（1888年）才由汪氏振绮堂将此诗刻入《道古堂集外诗》一卷中。这部稿本上有宣统三年（1911年）章钰的观款，后归收藏家戚叔玉。西泠印社从戚叔玉后人手中征集到了一批拍品，此为其中之一。该稿以28万元起拍，32.2万元成交。

《鄞志稿》二十卷，清乾隆间蒋学镛手稿本，十二册。蒋学镛乃是史学大家全祖望的入室弟子，而该稿又经过了徐时栋的批校，在民国年间张寿镛主持刊刻《四明丛书》，该部手稿又成为了这部丛书的底本之一。然《四明丛书》原底稿中的《鄞志稿》现藏于上海图书馆，经西泠印社拍卖公司工作人员核对，上图所藏的该书残稿乃是张寿镛刊刻《四明丛书》时的写样，而本拍品才是乾隆间蒋学镛的原稿，即此可知该稿的价值。这部手稿以80万元起拍，103.5万元成交。

本专场中的明刻本中也有较为难得者。《南丰先生元丰类稿》五十卷，明成化六年（1470年）南丰县令杨参刻，递修本，白棉纸，四函十六册。南丰先生正是唐宋八大家之一的曾巩，而《元丰类稿》又是他的代表作之一，而今出现在市面上的《元丰类稿》以此成化本为最早，故该书以28万元起拍，36.8万元成交。

《苏文忠公全集》一百十二卷《年谱》一卷，明弘治间刻本。该版本流传稀见，国内公藏著录者仅有国图一家，而国图所藏乃是傅增湘的旧藏之物。按照王重民《中国善本书提要》，当时的北京图书馆另外藏有该书两部残本，而本场上拍者，亦为残本，存五十四卷，基本上相当于整部书的一半，为二函十二册白棉纸本。虽然是残本，但亦属难得，故该书以50万元起拍，57.5万元成交。

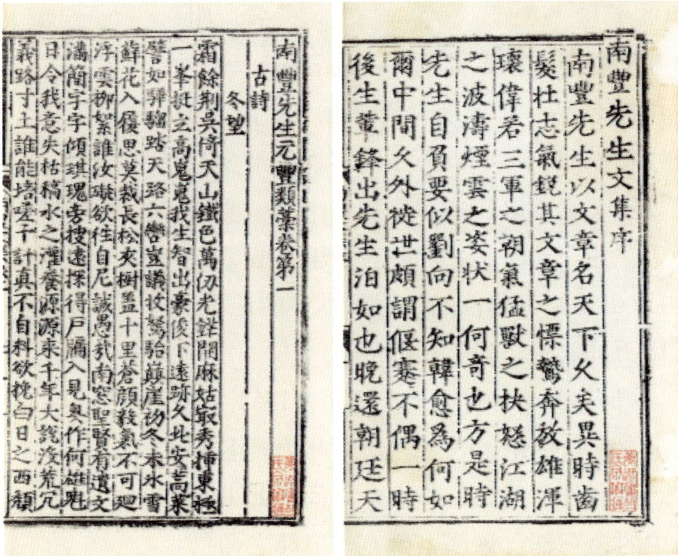

《南丰先生元丰类稿》
明成化刻本

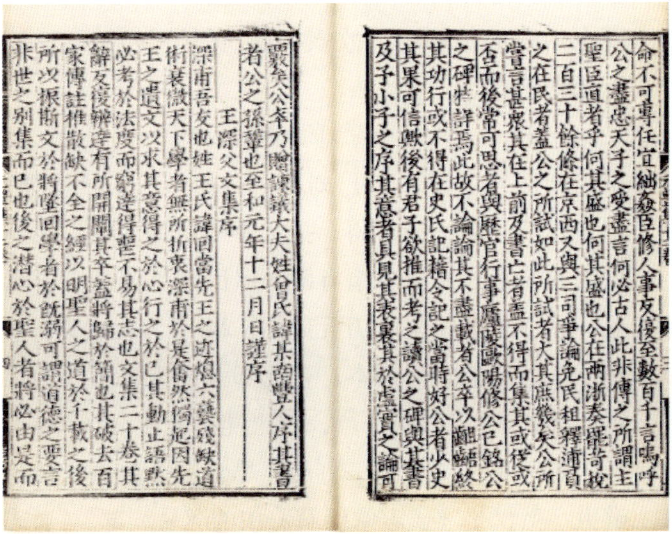

《苏文忠公全集》
明弘治刻本

《太玄经》十卷《说玄》一卷《释文》一卷，明嘉靖间孙沐万玉堂刻本，黄棉纸，一函五册。该书亦是嘉靖本中的名品。傅增湘《藏园群书经眼录》中录有何焯对该书的评价："此万玉堂本误处最少"，而缪荃孙在《艺风藏书记》中亦称赞该书为"明人翻刻宋刻最善之书"。此后潘承弼、顾廷龙所编的《明代版本图录初编》也称该书为明刻本中的佳本，故而该书以18万元起拍，20.7万元成交。

《盐铁论》十二卷，明嘉靖三十三年（1554年）张氏猗兰堂刻本，白棉纸，一函六册，此为著名的张之象刻本。该书流传稀见，二十余年间，此书是出现在拍场中的第三部。该部书钤有"申纬之印"，申纬是朝鲜古代名人，这也是其所藏之本第一次出现在中国的拍场中，故该书以30万元起拍，51.75万元成交。

《新安黄氏会通谱》十六卷《文献录》五卷，明弘治十四年（1501年）刻本，白棉纸，二函四册。明代早期族谱一向难得，拍场中则更为少见。虽然该书在5家公共图书馆有藏，但民间流传却十分稀见，故而这部书以12万元起拍，24.15万元成交。

本场上拍的清刻本，有几部大部头之书颇为难得。例如《通志堂经解》，清康熙十九年（1680年）通志堂刻本，二十函二百册，尽管这个数量已经足够大，然仅是《通志堂经解》中的《易》部。《通志堂经解》一书收录《易》部著作为三十九种，而该拍品为《易》部之书的全部，故而以60万元起拍，86.25万元成交。

《本草纲目》五十二卷，清顺治十五年（1658年）张朝璘刻本，连史纸四函四十册。《本草纲目》一书，乃是明代李时珍的代表作品，也是世界范围内最具影响力的中国著作之一，这部书被誉为“中国古代的百科全书”。虽然该书在明代就有几个不同的版本，然此顺治本却颇为稀见，国内公共图书馆中未见著录全本，而北大图书馆存有一部残本，为三十七卷。美国哈佛燕京图书馆藏有顺治本一部，而此本则是第一次出现在拍场之中，这部书以18万元起拍，27.6万元成交。

2016春　上海博古斋

拍卖时间：2016年7月3日9:30

拍卖地点：上海大剧院八楼宴会厅

本场上拍拍品776件，成交率为73.58%，成交总额为3536.42万元。本专场在拍品的顺序安排上，依然坚持着独有的方式：将普通古籍排在最前面。

本场宋刻本上拍了一部，为《晦庵先生朱文公集》，南宋咸淳元年（1265年）建宁府建安书院刻递修本，黄麻纸，十四册。该件拍品存目录卷及卷四十三、七十三、七十六至七十九、八十五、八十八至九十、九十四、九十六、九十八，虽非完帙，却是该书一次性上拍最多卷数者。从该书的留存情况来看，国内公共图书馆仅上图一家藏有完整一部，其余的著录均为残本，这也正是该拍品的难

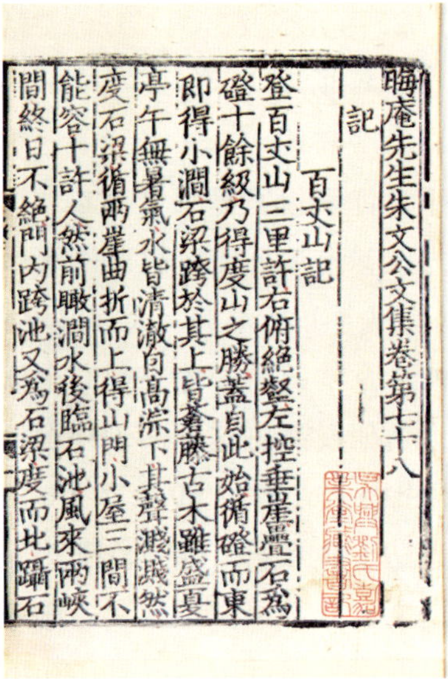
晦庵先生朱文公文集卷第七十八

記

百丈山記

登百丈山三里許右俯絕壑左控垂崖疊石為磴十餘級乃得度山之勝蓋自此始循磴而東即得小澗石梁跨於其上皆蒼藤古木雖盛夏亭午無暑氣水皆清澈自高淙下其聲濺濺然度石梁循兩崖曲折而上得山門小屋三間不能容十許人然前瞰澗水後臨石池風來兩峽間終日不絕門内跨池又為石梁度而北躡石

《晦庵先生朱文公文集》南宋咸淳元年建宁府建安书院刻递修本

得之处。此书原本藏在嘉业堂，且《嘉业堂善本书影》曾著录该书，故此书以 120 万元起拍，138 万元成交。

本场还有另外一部《晦庵先生朱文公文集》，其版本为明嘉靖十一年（1532 年）张大伦等刻本。其实该本就是翻刻咸淳元年建安书院本，但此翻刻却不是影刻，傅增湘曾说此张大伦本是“据宋建宁府刊本改易行款，缩减页数付梓也”。正因为如此，张大伦本的该书一直受目录版本界所重视。该拍品仅缺卷五十至五十二，而卷七十七有部分抄配，对于一百卷的大书而言所缺不多。本书仅以 8 万元起拍，

17.25万元成交。

本场成交价最高的一部书，乃是《国语》二十一卷附《古文音释》一卷，明嘉靖四年（1525年）许宗鲁宜静书堂刻本，黄棉纸一函八册。该书为天禄琳琅旧藏，故此书著录于彭元瑞在嘉庆二年（1797年）所编的《天禄琳琅后编》卷十四。从书中的钤章情况看，该书曾归上海出版商沈仲涛，不知为何他没有将这部书带往台湾。本书约在十年前首现拍场，当时以60余万元成交，而今的起拍价已经高达180万元，成交价则为667万元，这个价格创造了天禄琳琅旧藏明版书的最高纪录。关于天禄琳琅旧藏，就目前情况看，在市面能够得见的基本上是残本，而本书则为完整的一部，这也是该书难得之处。这个价格的出现，预示着天禄琳琅整部之书将更加受到藏家关注。

除了本部书之外，本场的明刻本中值得称道者还有不少，比如《孟子》十四卷，明初司礼监刻本，白棉纸，一函四册，此为八行十七字本，小字双行同，黑口四周双边，与此行格相同之明刻本，按照《中国古籍善本总目》著录，仅一家有存，故该书以25万元起拍，29.9万元成交。

《通志略》五十二卷，明嘉靖二十九年（1550年）陈宗夔刻本，白棉纸，二十册。该书流传较少，且此本钤有“愚斋图书馆”的藏印，故此书曾为盛

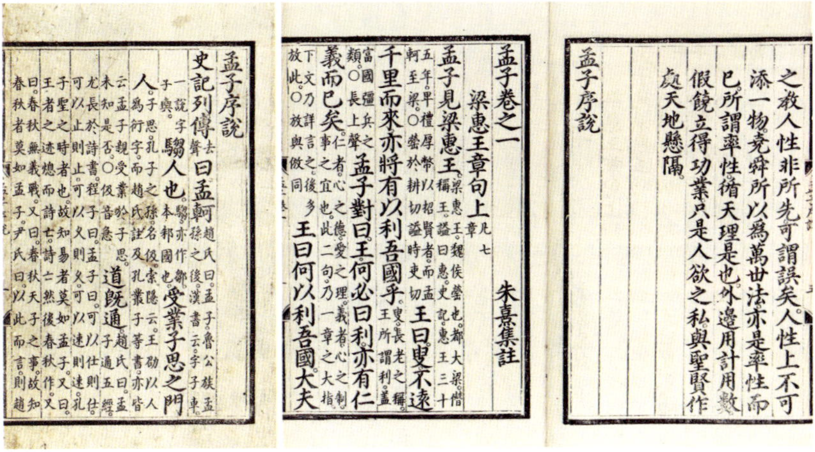

《孟子》 明司礼监刻本

宣怀架上物。当年盛宣怀曾多次从日本购书，不知该书是否也是得自日本。此书以 12 万元起拍，23 万元成交。

《国学纲目》四十卷《运气占候补遗》一卷，明嘉靖四十四年（1565 年）曹灼刻本，白棉纸，三十二册。该书首现拍场，可见市面流传之稀，然本书的序言及目录为抄配者，也正因为如此，这部书的起拍价仅 20 万元，而成交价则是底价加佣金 23 万元。

《新刻京本排韵增广事类氏族大全纲目》二十八卷，明万历三十七年（1609 年）陈氏积善堂刻本，竹纸，二函十六册。该本一望即知是书坊刻本，其刊刻草草，且密行小字，然该书流传却十分稀见，各种书目均未见有著录，且卷末有覆荷形书牌。该书中钤有不少日本人的收藏印记，故知此书来自日本。从书名而言，《中国古籍善本总目》也有著录，但却与此本行格不同，而与之行格相同者，则仅见清康熙刻本。如此推论起来，康熙本应该是从此本翻刻而来者，这也正是该书的价值所在。然此书的起拍价仅 10 万元，成交价也才 12.65 万元。

《玉台新咏》十卷，明崇祯赵氏小宛堂覆宋刻本，皮纸，一函二册。该书一向是藏书人的喜爱之物，且前人多视此本为宋刻，由此可见该书刊刻之精。这样的一函二册之书，起拍价就已高达 5 万元，而成交价则为 43.7 万元。看来无论市场的整体好坏，并不影响人们对真正的名品的喜爱。

《诗外传》十卷，明嘉靖间沈与文野竹斋刻本，白棉纸，一函四册。该书也是明刻本中的名品，而野竹斋所刻之书，皆能受到后世的好评，故此书虽为一函四册的金镶玉装，起拍价也是 5 万元，而成交价则是 31.05 万元。

《分类补注李太白诗》二十五卷，明翻刻元至大余氏勤有堂本，白棉纸，一函十二册。此书也是明刻本中的名品，且该拍品原为莫友芝、莫绳孙所藏之物，后归常熟藏书家曹大铁，故该书以 30 万元起拍，42.55 万元成交。

清内府刻本也同样为本场的重点。《御纂朱子全书》六十六卷，清康熙五十三年（1714年）内府刻本，太史连纸，一箱二十五册。该书流传较多，然本书难得之处是带有原木箱，且此木箱被视为宫中原物。从近些年的市场情况看，凡是跟皇家有关之物，均能受到买家青睐，故本部书以28万元起拍，32.2万元成交。

《御选唐诗》三十二卷目录二卷，清康熙二十五年（1686年）内府刻朱墨套印本，原装四函十六册。这部书为上等开化纸所刷印，展卷视之，确实能令人眼前一亮。且该书附有旧木箱，从箱体的材质及制作手法来看，这是日本人所制，木箱的内侧有日本人在昭和年间所写的题记。此书以28万元起拍，39.1万元成交。

《御制袖珍本盛京赋四体书墨拓》，清乾隆间内府拓本，经折装，四册。该拍品虽然是拓本，但也属宫中所制之物，且尺寸十分袖珍，为7.8×4.5厘米。而所拓则是用御墨，看上去十分地亮丽，故该拍品以18万元起拍，34.5万元成交。

《钦定篆文六经》，清康熙间内府刻本。该书的全本另有《四书》，而此拍品仅为六经部分，但同样较为稀见。此书用太史连纸刷印，原装二函十二册，以12万元起拍，23.575万元成交。

《世宗宪皇帝御制文集》三十卷，清雍正十二年（1734年）内府刻本，太史连纸，一函十六册。此为雍正皇帝的文集，因其在位期间主要精力放在整理朝政上，故其诗文集的总量较其父，尤其较其子都要差得很远。当下市面所见者，大多是乾隆皇帝的御制诗文集，雍正皇帝的文集流传则较为少见。此书以 8 万元起拍，11.5 万元成交。

稿抄校本部分值得称道者有《孳斋杂志》不分卷，清翁同书稿本，一函一册。该书未曾出版，仅有此稿传世。翁同书是常熟翁氏重要人物之一，他是翁心存的长子，翁同龢的哥哥。此稿多年前也曾出现在拍场中，当年的成交价不足 10 万，而本场则以 20 万元起拍，成交价更高达 60.95 万元，由此可见名家手稿在近十年的变化情况。

《岁寒传信录》，清初稿本，二函八册。该书的原作者为清初大儒孙奇逢，而此稿则是由其弟子赵御众所编订。据图录上的说明文字，该稿与后来刊刻的《夏峰先生集》有不同之处，这也是该稿的价值所在。此书以 8 万元起拍，20.7 万元成交。

《南山全集》十六卷，该书的作者为清初文人戴名世，因为“南山案”，他的著作全部被焚毁，后世戴名世的著作多以抄本形式流传，而此书序后有光绪十六年（1890 年）落款，故知该书的抄写时间。该抄本六册，以 1.2 万元起拍，2.415 万元成交。而与之相邻者，本场还上拍了一部《潜虚先生文集》十四卷，也是戴名世的文集，图录上著录为“清中期抄本”，原装十册，此书也是因其文集被毁版后流散在民间的传抄之物，以2.8万元起拍，4.6万元成交。

《史通通释》二十卷，清乾隆间浦氏求放心斋刻本，佚名过录清初冯舒、何义门等批校，一函六册。关于《史通》，后世多有研究，从这两家的批校可以看出他们的史观，且该书内有方功惠的藏印，知该书曾经藏于碧琳琅馆。此书以12万元起拍，17.25万元成交。

佛经部分的佳品有《大般若波罗蜜多经卷二百八十五》，宋刻思溪大藏本，一册。《思溪藏》乃是近十几年来市面上见到的最多零本的一部大藏。尽管如此，随着时间的递传，这些零本迅速地沉淀了下来，而今也同样不易得到。故本场上拍的这一册，以32万元起拍，36.8万元成交，为该部大藏中成交价适中的一册。

《大般若波罗蜜多经卷四百一》，元至元间杭州大普宁寺刻《普宁藏》本。这部大藏的零本同样流传较多，然此本的难得之处，则是卷尾刻有该经刊刻的年款。带年款的零本在《普宁藏》中较为少见，故此拍品以20万元起拍，23万元成交。本场还上拍了另外两件《普宁藏》零本，其中一件带有元至元十年（1273年）的年款，以11.5万元成交。另一件则无年款，以11万元底价流拍。

成卷的唐人写经，本场上拍了两件，一为《妙法莲华经》，图录标示为“七世纪中期写本”，该经的长度为5.5米，从字体上看，工整疏朗，确实是唐初所书者，故此卷经以80万元起拍，195.5万元成交。而另一件写经，同样是《妙法莲华经》，其长度竟然达到了9.4米。此经卷末有日本人的题款，故知该经来源于日本。此经以60万元起拍，69万元成交。

明代套印本，本场上拍了9件。其中较为少见者为《苏文忠公文选》六卷，明闵刻三色套印本，白棉纸，二函十二册。该书的卷首钤有“大西氏藏书”印记，此为日本著名收藏大家，故该书也是从日本征集来的。此书以28万元起拍，32.2万元成交。

清代的精刻本有《青邱高季迪先生诗集》，清雍正间文瑞楼刻本，开化纸，十二册。此书流传较多，然开化纸本却颇为少见，再加上该书刊刻得很是精雅，故该书由6万元起拍，28.75万元成交。《韩非子》二十卷，清嘉庆二十三年（1818年）全椒吴鼒影宋刻本，绵连纸，一函四册。此为清中期著名的影刻之本，故该书广受后世所关注。尽管该书已数次出现在拍场中，然绝无此本如此精雅者，故此本以10万元起拍，11.5万元成交。

本场还上拍了多部大部头之书，这也是博古

斋拍场中固有的特色。以数量论，则以《百衲本二十四史》为最大，此书820册，带有原木箱。该书虽然仅是民国间的影印本，但因其具有很高的版本价值，故该书广受学者和藏书家所喜爱。这部书以15万元起拍，28.75万元成交。

成批地上拍民国旧平装，这也是博古斋拍卖行一贯的特色。因为单价较低，这些拍品大多为成组上拍。本场也不例外，总计上拍了二十余组该类拍品。而名家签名本则有一组拍品，总计为229种235册，书中均有作者本人签名，其中有不少的大名头，比如巴金、柯灵、杨绛等。成批上拍作者签名本，以此次数量最多，故此号拍品以8000元起拍，2.875万元成交。

碑帖类拍品，本场以《玉版十三行》为最佳。该拍品的版本项著录为“清康熙间‘未进内府’前精拓本”。该拓本确实颇为精湛，并有多人跋语，故这件拍品以18万元起拍，25.3万元成交。

本专场内设了两个小专题，一是“朵云轩、荣宝斋木版水印系列”，此系列最难得者为《十竹斋书画谱》，20世纪80年代朵云轩木版水印精制。此书在1989年曾获得莱比锡国际图书艺术展国家大奖，当时该书制作了300部，而其中的前20部为特装本，带有专门制作的红木箱。此为20部中的第17部，故此谱虽然刊刻较晚，却以16万元的底价起拍，成交价则为 29.9 万元。另一个小专题则同样与朵云轩有关，乃是朵云轩刻制的木版书。这些书中名气较大的一部为《楚辞集注》，1979 年上海朵云轩影刻宋端平本。此拍品为毛装六册，应为当年的印样，故该书以 3.8 万元起拍，6.325 万元成交。

后记

2016年下半年，上海图书公司总经理朱旗先生前来北京公干，与他会面时，朱总告诉我，他已调到上海人民出版社工作，而今年正是上海世纪出版集团大踏步改革的一年，其中有五家出版社并入了上海人民出版社，摊子陡然扩大，工作量也就大了起来。而朱总在这百忙之中，仍问我有什么稿件可以放在其社出版。我们在聊天中偶然谈到了古籍拍卖述评，这些年来虽然也有不同的专家学者偶涉此域，但却一直没人如我这样一场一场地专写古籍拍卖。朱总认为这样的文章有着一定的史料价值，为此劝我结集出版。

恭敬不如从命，于是我将这两年所写的杂稿汇在一起，按照时间顺序，将其排列一番。因为当初在写这些文字时，并不是按照整本书稿的体例进行，故而在拍卖综述之外，我也写到了一些自己对某件拍品以及某场预展的一时感受，在汇稿之时，原本想将这类的枝蔓删掉，然思索一番，觉得这种文字也是一种历史真实，于是就按照该场拍卖的大致时间排序，以此作为拍卖述评的补充说明。

关于本书内的书影与配图，有些是我到拍卖预展现场专门拍摄所得，还有一些是我向拍卖公司索要的图录光盘。显然拍卖公司拍摄的书影更为清晰专业，而为了保持一份真实，故而将我所拍摄的书影也直接用在了本书中，未再向拍卖公司索要相应的书影，在此说明如上。同时也借此机会表达我对以上拍卖公司向我提供便利的谢意。

虽然这只是短短两年时间的记录，但若与我以前所出的《中国古籍拍卖述评》进行对比，则能够看出，在不到十年的时间之内，古籍拍卖市场发生了怎样重大的变化。爱好也有从众心理，原本未曾受到特别重视的碑帖、手札、唐人写经等物，这两年成为了三匹黑马，除此之外，原先的一些亮点版块，却渐渐星光黯淡了下来。究竟是哪些版块发生了这些变化，而又应当怎样解读这些变化，这当然是见仁见智之事。我觉得这是个有意思的问题，但不敢再掺杂更多的个人观点，还是留给读者更多的解读空间吧。

韦　力

图书在版编目(CIP)数据

蠹鱼春秋:古籍拍卖杂谈/韦力著.—上海:上海人民出版社,2017
ISBN 978-7-208-14661-7

Ⅰ.①蠹… Ⅱ.①韦… Ⅲ.①古籍-拍卖-中国-2014—2016 Ⅳ.①F724.59

中国版本图书馆 CIP 数据核字(2017)第 160873 号

责任编辑 朱 旗 高笑红 张钰翰
封面设计 陈 楠

蠹鱼春秋:古籍拍卖杂谈
韦力 著
世 纪 出 版 集 团
上海人民出版社出版
(200001 上海福建中路 193 号 www.ewen.co)
世纪出版集团发行中心发行 上海中华印刷有限公司印刷
开本 890×1240 1/32 印张 15 字数 326,000
2017 年 7 月第 1 版 2017 年 7 月第 1 次印刷
ISBN 978-7-208-14661-7/G·1864
定价 78.00 元